COSTA RICA
mit Ausflügen
nach PANAMA
und SAN ANDRES

Das Umschlagfoto zeigt die *Rain Forest Aerial Tram*, die Bananenverarbeitung in Siquirres, den Panama-Kanal aus der Luft und eine Parade in San José.

Autoren: Gabi und Klaus Heller
CIP-Einheitsaufnahme / Deutsche Bibliothek:
COSTA RICA mit Ausflügen nach PANAMA und SAN ANDRES

Fotonachweis: Hans Thierbach S. 136 u. 192 (2),
alle verbleibenden Aufnahmen: Gabi und Klaus Heller

Für ihren wertvollen Rat und die aktive Unterstützung bei der Bearbeitung dieser Auflage danken die Autoren Anke u. Christof Fielenbach, Peter Haiduk, Annamaria Hangöbl, Hubert Hinnenkamp, Birgit Iske, Robert Koch, Walter Rosenberg, Peter Schell, Lic. Vinzenz Schmack, Ruth u. René Spinnler, Martina u. Peter Wirges.

Fachärztliche Beratung zum Kapitel Gesundheitsvor- und -fürsorge:
Dr.med. Nikolaus Frühwein / Tropenmedizin, 80333 München
Dr.med. Raymund Lösch / Reisemedizin, 85414 Kirchdorf

Satz und Layout: Ernst Strecker, Gustl Lechner, Klaus Heller
Lektorat: Dr. Angelika Löbke-Reinl
Kartographie: Gabi Heller, Klaus Heller, Kurt Kritzinger
Scans und Farblithos: Satzwerkstatt GmbH, 81667 München

Druck und Bindung: Ebner Ulm   Gedruckt auf chlorfrei gebleichtem Papier.
Dieser Titel wurde nach den Regeln den neuen deutschen Rechtschreibung verfasst.

2. aktualisierte und stark erweiterte Neuausgabe 1999
Titel der Erstausgabe: *Kreuz und quer durch Costa Rica*

© HELLER VERLAG,   Postfach 1204,   D-82019 Taufkirchen bei München
Tel.: BRD 089-612 2829 (ISDN)   FAX: BRD 089-612 6869 (ISDN)

Auslieferung für Österreich: HILLSTEIN Verlagsauslieferung,   Rochusgasse 9,
A-5017 Salzburg   Tel.: A-0662-82 77 00   FAX: A-0662-82 77 00-82

Auslieferung für die Schweiz: PEGASUS Verlagsauslieferung, Dorfgasse 17,
CH-6030 Ebikon   Tel.: CH-041-440 88 46   FAX: CH-041-440 88 44

ISBN 3-929403-08-0   Printed in Germany   All rights reserved
Nachdruck, auch auszugsweise, Übersetzung und photomechanische Vervielfältigung nur mit Quellenangabe und schriftlicher Genehmigung des Verlags.

Alle Angaben wurden vor Ort sorgfältig recherchiert und mehrfach überprüft. Für Änderungen und Abweichungen wird keinerlei Haftung übernommen. Schriftliche Mitteilungen, die der Aktualisierung und Verbesserung zukünftiger Auflagen dienen, honoriert der Verlag mit einem Freiexemplar der Folgeauflage.
Diesen Reiseführer gibt´s in jeder guten Buchhandlung oder gegen Voreinsendung von DM 28,- (DM 24,80 für´s Buch zzgl. DM 3,20 Versand) direkt beim Verlag.

Inhaltsverzeichnis

Vorwort

Wir freuen uns, Sie durch Costa Rica und auf Ausflügen nach Panamá und die Isla de San Andrés begleiten zu dürfen. Sie haben eine gute Wahl getroffen, sowohl mit Ihrem Reiseziel als auch mit diesem Reiseführer. Das Büchlein passt in jede Jacken- oder Handtasche und vermittelt Ihnen auf Schritt und Tritt schnell, übersichtlich und kompakt das wichtigste Grundwissen über Land und Leute, die schönsten Reiserouten und die bedeutendsten Städte. Zahlreiche, in mühevoller Kleinarbeit vor Ort recherchierte Reisetips sollen dabei Ihren Urlaubsgenuß erhöhen.

Ob Sonnenanbeter, Naturfreund, Wassersportler, Abenteurer, Rucksack- oder Luxustourist, in Costa Rica kommt jeder auf seine Kosten. Auch Familien sind in dem kinderfreundlichen Land gerne gesehen und finden hier die nötigen Strukturen.

Costa Rica ist klein und überschaubar, unterstreicht seine Friedfertigkeit dadurch, dass es kein Militär unterhält und bietet seinen Besuchern eine ganze Menge unübersehbarer Vorteile, z.B.: die **niedrigste Kriminalitätsrate** auf dem amerikanischen Kontinent, den **höchsten medizinischen Standard Mittelamerikas** und last not least die **größte Artenvielfalt in der Tier- und Pflanzenwelt** auf diesem Erdteil.

Außerdem ist Costa Rica ein idealer Ausgangspunkt für Exkursionen nach Panama und auf die nahe Isla de San Andrés. Panama, das seit Noriegas Entmachtung politisch stabil ist, lockt mit einem Besuch bei urwüchsigen Indianerstämmen und dem Kanal, durch den die meisten Wirtschaftsgüter der Erde fließen. Die nur eine Flugstunde von San José entfernte Isla de San Andrés (Kolumbien) hat alles zu bieten, was man von einer Karibikinsel erwartet: weiße, palmengesäumte Sandstrände, smaragdgrünes Meer, Straßenleben mit Calypso- und Reggae-Livemusik, Hotels, Bars, Discos und Casinos.

Je öfter wir Costa Rica und Panama bereisten, desto mehr konnten wir neben den vielen Vorzügen und Annehmlichkeiten dieser Länder auch die Schattenseiten hinter der schönen Fassade erkennen. Am meisten trifft uns immer wieder der Umstand, dass der mit nordamerikanischer Werbeprofessionalität proklamierte Naturschutz und der so gerne glorifizierte Öko-Tourismus leider oft nur recht halbherzig oder überhaupt nicht in die Praxis umgesetzt werden:

Der tropische Regenwald auf der Halbinsel Nicoya wurde zugunsten von Weideland für die Viehzucht schon vor geraumer Zeit fast völlig abgeholzt. Die Regierung wollte aus diesem Fehler lernen und hat weite Teile des Landes als Nationalparks ausgewiesen. Aus diesen Nationalparks fahren jedoch tagtäglich Hunderte vollbeladener Baumtransporter und Costa Rica hat auch heute noch eine der höchsten Baumschlagquoten der Welt. Hinter vielen Wiederaufforstungsprogrammen, vor allem mit den landesuntypischen asiatischen Teakbäumen, verbergen sich mehr kommerzielle als naturschützerische Interessen.

Bei einem Besuch auf einer der vielen Bananenplantagen werden Sie nicht nur erfahren, warum die Banane krumm ist, sondern auch, dass die beliebte Tropenfrucht nur unter massivem Chemieeinsatz zur Exportreife gelangen kann. Die tonnenweise versprühten Pestizide gelangen über das Grundwasser ins Meer, wo sie der Tier- und Pflanzenwelt erheblichen Schaden zufügen. Korallenriffe gelten als die sensibelsten Indikatoren für den Zerstörungsgrad marinen Lebens. Vor Cahuita (Karibikküste) haben sie schon aufgehört zu wachsen und beginnen langsam zu verfallen. Die hohen Zölle der EU und der dadurch bewirkte Nachfragerückgang an Bananen aus Mittelamerika haben also durchaus auch eine positive Seite.

Nicht selten sieht man Zigarettenschachteln, Papierbecher und Coladosen aus Bussen und Taxis flattern und findet auch noch im tiefsten Urwald ganz und gar nicht biologisch abbaubaren Zivilisationsmüll.

Zahlreiche nationale und internationale Initiativen kämpfen um den Erhalt der einzigartigen Flora und Fauna der letzten Paradiese in Mittelamerika. Helfen Sie mit, sie zu erhalten und engagieren Sie sich im Rahmen Ihrer Möglichkeiten vor Ort für einen praktizierten Naturschutz!

Die Autoren wünschen Ihnen einen schönen Urlaub!

NICARA

La Cruz

Upala
Los Chiles

Liberia
Arenal

El Coco

Tilarán
Cañas
Monteverde
Volcá

Tamarindo
Santa Cruz

Nicoya

Puntarenas

Nosara

Carmona

Sámara
Paquera
Sar

Montezuma
Tárcole

HALBINSEL NICOYA
Jacó

Cabo Blanco
Esterillos

ISLA DEL COCO

COSTA RICA

© *Gabi & Klaus Heller*

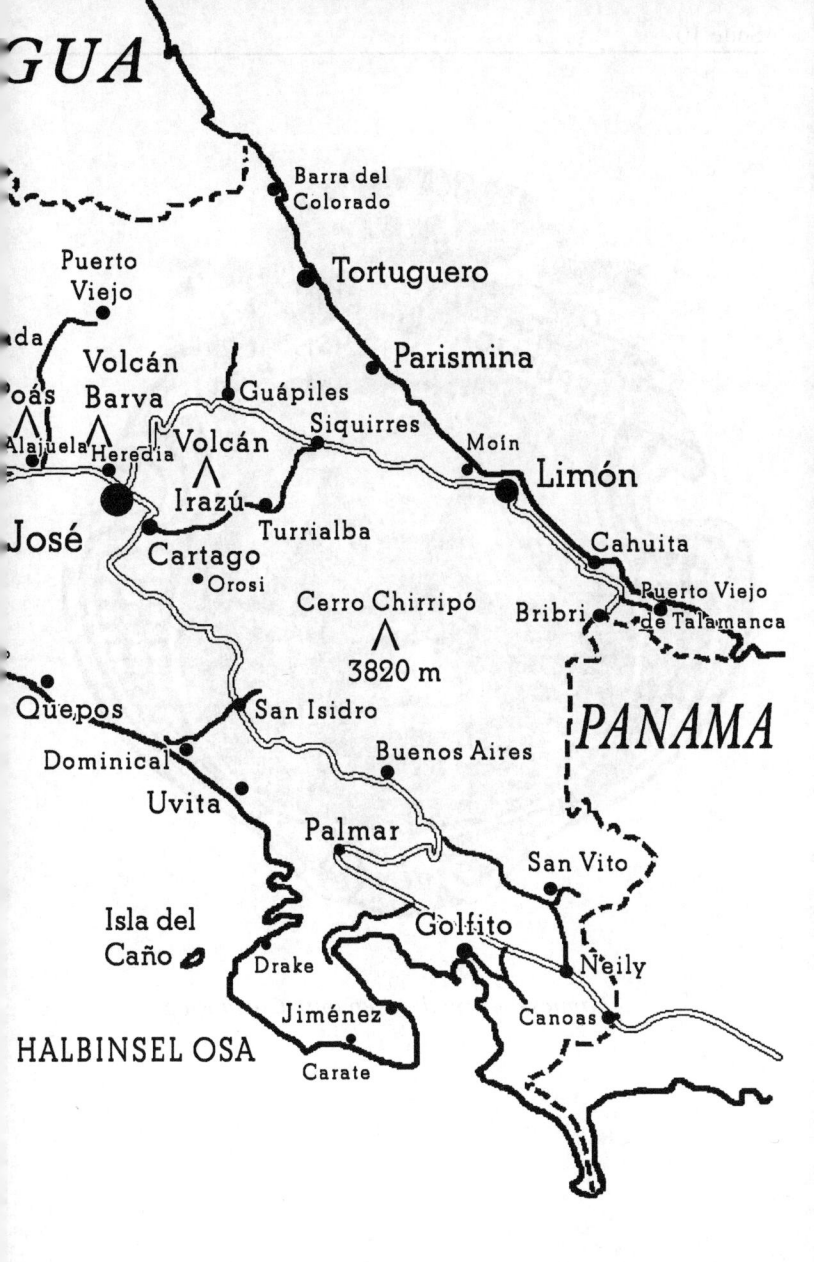

Landesemblem der Republik Costa Rica

Allerlei Wissenswertes

Geschichte

Die Geschichte des Landes kann man, wie die der anderen mittel- und südamerikanischen Länder, in eine prä- und eine postkolumbianische Zeit einteilen. Die Entdeckung Costa Ricas durch Christoph Kolumbus im Jahre 1502 stellt somit eine bedeutende Zäsur in der Entwicklung des Landes dar.

Präkolumbianische Zeit

Die Kulturen der Mayas und Azteken breiteten sich nicht soweit aus, dass sie Costa Rica im Süden erreichten. Das Land war zu jener Zeit dünn besiedelt und die wenigen Ureinwohner eher schlecht organisiert. Heute sind uns drei Indianerstämme bekannt: die Choretegas, die Huetares und die Bruncas.
Die *Choretegas* kamen vom Süden Mexikos und besiedelten den Nordwesten des heutigen Costa Rica mit der gesamten Halbinsel von Nicoya. Von der Kultur der Choretegas ist uns am meisten überliefert. Der Spanier Gonzalo Fernández de Oviedo lebte im Jahr 1529 für kurze Zeit mit Angehörigen dieses Volksstammes zusammen und hielt viel Wissens-wertes für die Nachwelt fest. Seinen Berichten nach gehörten sie wohl zum höchstentwickelten Volk des damaligen Costa Rica mit einer festen gesellschaftlichen Hierarchie, einem hochentwickelten Kunsthandwerk und Bewässerungsfeldbau. Ihr Hauptanbauprodukt war Mais. Ihre Toten wurden mit Grabbeigaben bestattet. Demzufolge glaubten sie also an ein Leben nach dem Tod.
Die bevölkerungsstärkste Gruppe aber waren die *Huetares*. Sie bewohnten die Karibikseite. Obwohl ihre flächenmäßige Ausbreitung am größten war, stellten sie die am geringsten entwickelte Kulturgruppe dar. Sie taten sich jedoch in der Fertigung von Steinskulpturen und Steinaltären hervor. Überreste davon sind noch im Nationalpark Guayabo sowie im Nationalmuseum und Goldmuseum von San José zu sehen.
Der Indianerstamm der *Bruncas* schließlich siedelte im Südwesten, dem heutigen Pacífico Sur. Obwohl sie Ackerbau, Jagd und Fischfang betrieben, waren sie ein kriegerisches Volk. Das Kriegswesen war hoch entwickelt. Der Grund dafür lag wahrscheinlich im Goldreichtum ihrer Region. Dadurch liefen sie ständig Gefahr überfallen zu werden. Aber dieser

Reichtum machte sie auch zu wahren Meistern in der Gold- und Kupferverarbeitung. Ein geheimnisvolles Relikt ihrer Zeit sind merkwürdige runde Steinkugeln, deren Sinn und Zweck zu erforschen bis heute noch nicht gelungen ist. Mancher wohlhabende Costaricaner hat sich eine solche Steinkugel in seinen Garten gestellt.

Postkolumbianische Zeit

Am 18.9.1502 landete Kolumbus auf seiner vierten und letzten Amerikareise an der Atlantikküste in der Nähe von Limón. Da die Eingeborenen die Fremden freundlich empfingen und gutgläubig ihre Goldschätze präsentierten, gelangten die europäischen Eroberer zu der Überzeugung, dass sie hier auf ein reiches Land gestoßen waren (Costa Rica = reiche Küste). Und damit begann der Untergang der Indianerkulturen.

Die Inbesitznahme des Landes gestaltete sich erst sehr zögerlich. 1540 wurde Costa Rica spanische Provinz und dem Generalkapitanat Guatemala angegliedert. Die spanische Krone setzte die Gouverneure der Provinzen ein.

1563 wurde die Stadt *Cartago* von Gouverneur Coronado gegründet und zur Hauptstadt erhoben. Dies blieb sie bis zum Jahre 1823.

Das 17. und 18. Jahrhundert stand im Zeichen der Besiedelung des Valle Central (Zentraltal). Trotzdem gelang die erhoffte Beschleunigung des wirtschaftlichen Aufschwungs nicht.

Im 19. Jahrhundert änderte sich nun die Lage grundlegend: Politisch gesehen wurde Costa Rica selbständig. Als Folge der napoleonischen Expansion verlor Spanien einen Großteil seiner Kolonien. Das Generalkapitanat Guatemala löste sich am 15. September 1821 vom Mutterland.

Für kurze Zeit wurde das Gebiet Teil des mexikanischen Kaiserreiches. 1823 kam es zum Konflikt zwischen den Monarchisten in Cartago und den Republikanern in San José und Alajuela. Dieser artete zu einem kleinen Bürgerkrieg aus, in dessen Folge sich das Land im Rahmen der *Vereinigten Provinzen von Zentral-Amerika* von Mexiko trennte und San José zur Hauptstadt ernannt wurde. 1838 erklärte die Regierung unter *Braulio Carrillo* den unabhängigen Staat Costa Rica und damit den Austritt aus der Zentralamerikanischen Föderation. Zehn Jahre später konsti-

Denkmal des Nationalhelden Juan Santamaria in Liberia

tuierte sich die Republik mit eigener Verfassung. Wirtschaftlich ging es ebenfalls aufwärts. Der Kaffee wurde zum Motor der Ökonomie und zum Hauptausfuhrprodukt. In diesem Rahmen trieb der Staat die Verbesserung der Infrastruktur voran. Die einflussreiche Schicht der Kaffee-Barone bildete sich. Zwischen 1835 und 1860 wanderten vermehrt Bauern aus Nordspanien ein, die den akuten Arbeitskräftemangel linderten und sich ein gewisses Auskommen in der neuen Heimat sichern konnten.

Eine Begebenheit besonderer Art ereignete sich im Jahre 1856. Der nordamerikanische Abenteurer *William Walker* plante von Nicaragua aus die Eroberung Zentralamerikas und dessen Umwandlung in ein Sklaventerritorium. Nachdem der Widerstand im nördlichen Nachbarland gebrochen war, marschierte Walker ungehindert südwärts bis zur Hacienda von Santa Rosa. Dem amtierenden Präsidenten Mora gelang es 9.000 Freiwillige aufzustellen, die den Yankee besiegten.

William Walker zog sich, verfolgt von den siegreichen Costaricanern, nach Rivas in Nicaragua zurück und verschanzte sich dort in einem hölzernen Fort. *Juan Santamaria,* einem Trommlerjungen aus Alajuela, gelang es durch den Kugelhagel zum Fort vorzudringen, den Holzbau anzuzünden und Walkers Männer endgültig in die Flucht zu schlagen.

Walker selbst wurde im Jahre 1860 in Honduras getötet, nachdem er noch mehrmals erfolglos versucht hatte seine Herrschaft auszudehnen. *Juan Santamaria* aber gelangte zu nationalem Ruhm, wenngleich er diesen nicht mehr genießen konnte, da er die heldenhafte Aktion nicht überlebte.

Im Jahre 1871 wurde der Grundstein für die Auslandsabhängigkeit des Landes gelegt. Der damalige Präsident der Republik, Guardia, unterzeichnete bei einer Londoner Bank einen Kreditvertrag über 3,5 Millionen Pfund Sterling zum Bau einer Eisenbahnlinie von der Hauptstadt nach Limón. Da nicht genug Arbeitskräfte vorhanden waren, heuerte man Tausende von jamaikanischen, italienischen und chinesischen Arbeitern an.

Der Kreditrahmen war schnell überschritten und hier trat der Nordamerikaner *Minor Cooper Keith* als zusätzlicher Geldgeber auf, der schließlich zum Direktor des Eisenbahnunternehmens avancierte. Es gelang ihm vor Ende des 19. Jahrhunderts die Bahntrasse fertigzustellen. Im Gegenzug dafür ließ er sich aber immer mehr Land bzw. Nutzungsrechte an Land, von der Regierung zusichern und dominierte so bald das Wirtschafts- und auch das politische Leben Costa Ricas. Den Schienen entlang legte seine Gesellschaft riesige Bananenplantagen an. Die Früchte wurden von Limón in die ganze Welt verschifft. 1899 fusionierte Keith mit einem skrupellosen Bostoner Fruchtimporteur zur *United Fruit Company*, die schließlich den Markt kontrollierte und bald auch in anderen lateinamerikanischen Ländern agierte. Ihre größte Bedeutung hatte sie jedoch in Costa Rica.

Der Begriff Bananenrepublik findet hier seinen Ursprung.

Zwischen 1870 und 1900 verdoppelte sich die Einwohnerzahl des Landes. Der Höchststand der wirtschaftlichen Blüte wurde nach dem 1. Weltkrieg erreicht, als der Kaffee- und Bananenexport noch stärker anstieg. Mittlerweile baute man auch Kakao, Zuckerrohr und Ölpalmen an.

Durch die Weltwirtschaftskrise 1929/30 und den damit verbundenen Verfall der Rohstoffpreise wurde das exportorientierte Land schwer getroffen. Es kam zu wachsenden sozialen Spannungen.

Um die Probleme zu bewältigen gründete man 1940 eine *Große Koalition* aller Parteien. Präsident wurde *Rafael Angel Calderón Guardia*, dessen soziale Reformen von der Mittel- und Oberschicht mit Skepsis beobachtet wurden. Er verbündete sich mit der katholischen Kirche und den Kommunisten (!) zu einem Vorläufer der *PUSC (Partido Unidad Social Cristiana).* Von ihm unterstützt, gelangte 1944 *Picado* zur Macht.

1948 stellte sich Calderón wieder selbst zur Wahl gegen den Konservativen *Ulate*. Letzterer gewann und Calderón vermutete Wahlbetrug. Die Wahlen wurden annulliert. Es folgten bürgerkriegsähnliche Unruhen, bei denen über 2.000 Menschen zu Tode kamen.

Die Opposition gegen Calderón und seinen Schützling Picado sammelte sich um den bis 1948 im Exil lebenden *José Figueres Ferrer,* der sich dann an die Spitze einer Interims-Regierung stellte. Die Banken wurden verstaatlicht, Frauen und Schwarze durften wählen und es wurden Reformen eingeleitet, die zu einem in Südamerika bis dahin unbekannten Modell des Sozialstaates führten. 1949 übergab „Don Pepe" Ferrer die Präsidentschaft an den rechtmäßig gewählten Kandidaten der Konservativen Ulate. In diesem Jahr wurde auch die heutige Verfassung in Kraft gesetzt, die die Wehrpflicht abschaffte und das Militär auflöste.

Heute ist Costa Rica der stabilste und friedlichste Staat der gesamten Region. Seit 1983 ist die aktive, autonome und unbewaffnete Neutralität des Landes in der Verfassung verankert. Trotzdem besteht eine starke wirtschaftliche Abhängigkeit von den USA, die sich auch politisch auswirkt. So konnten z.B. die nicaraguanischen Contras von costaricanischem Gebiet aus operieren.

Anfang der achtziger Jahre schlitterte die „Schweiz Mittelamerikas" in eine Rezession, die bis heute anhält. Sinkende Weltmarktpreise für Rohstoffe wie Kaffee, Bananen und Kakao gefährden die Wirtschaft und damit den Wohlstand der Bevölkerung.

Regierungsform, Religion, Sprache, Namen und Kultur

Regierungsform

In Costa Rica herrscht eine parlamentarische Demokratie, d. h. das Volk gestaltet das staatliche Leben in seinen wesentlichen Bestandteilen mit. Die demokratische Republik steht auf solideren Füßen als die der Nachbarstaaten, da der Unterschied zwischen arm und reich nicht ganz so krass ist. Es hat sich eine relativ breite Mittelschicht herangebildet, die politisch äußerst interessiert ist. Kennzeichen der Demokratie sind freie Meinungsbildung, Mehrheitsentscheidungen, Grundsatz der Gleichheit aller Bürger und allgemeine, freie, gleiche und geheime Wahlen.

Nach dem Bürgerkrieg von 1948 und der im Jahre 1949

neu ausgerufenen Verfassung hat sich eine pluralistische und repräsentative Demokratie etabliert, die in vieler Hinsicht liberaler ist als die der Vorkriegszeit.

Neben einigen kleineren Gruppierungen beherrschen zwei große Parteien die politische Szene: die PLN und die PUSC. In den letzten 25 Jahren haben sich ihre Differenzen unter dem Eindruck der defizitären Haushaltsentwicklung und der Auslandsverschuldung auf fiskalische und wirtschaftspolitische Probleme konzentriert. Ansonsten besteht jedoch ein weitgehender Konsens der beiden Großen.

Die PLN *Partido Liberación Nacional* ist als liberal links der Mitte einzuordnen und 1951 aus der *Partido Socialdemócrata* hervorgegangen. Ihre Anhänger finden sich im Mittelstand und teilweise unter der Zucker-, Viehzucht- und Industriebourgeoisie. Sie gilt als Verfechterin einer freien Marktwirtschaft mit stark sozialstaatlichen Komponenten. Friedensnobelpreisträger *Oscar Arias* stand bis 1990 an ihrer Spitze.

Der derzeitige Präsident der Republik *Miguel Angel Rodriguez* gehört der Gegenpartei PUSC (*Partido Unidad Social Cristiana*) an. Sie vertritt christlich soziale Prinzipien und ist als konservativ und rechts der Mitte einzustufen.

Seit 1969 gilt ein Gesetz, das die Wiederwahl des Präsidenten nach einer vierjährigen Amtsperiode ausschließt.

Religion

Mit der Ankunft der Spanier hielt der Katholizismus im Lande Einzug und verdrängte den Glauben der Indios. Heute gehören fast 95% der Bevölkerung der römisch-katholischen Kirche an. Sogar in der Verfassung ist die katholische Religion als Staatsreligion verankert, doch auch allen anderen Glaubensrichtungen wird die freie Religionsausübung garantiert. Es besteht jedoch strikte Trennung zwischen Kirche und Staat.

Sprache

Bis auf die Küstengebiete um Limón, wo das sogenannte Pidgin- Englisch gesprochen wird, spricht man überall Spanisch. Das „Latino"-Spanisch klingt allerdings im Gegensatz zum Hochspanischen etwas weicher. Zudem gibt es einige regional typische Ausdrucksweisen. Das Büchlein „Spanisch für Costa Rica" (Kauderwelsch - Band 113) geht sehr gut auf die sprachlichen Besonderheiten des Landes ein. Unser kleiner Sprachführer auf der hinteren Umschlaginnenseite vermittelt die wichtigsten Ausdrücke für den täglichen Gebrauch. Neben Spanisch wird in Großstädten und vielen Hotels auch Englisch verstanden.

Die meisten Buchstaben werden wie im Deutschen ausgesprochen. C spricht man, ausgenommen vor den Vokalen e und i, immer wie k und ll wie j aus. Für Calle (Straße) sagen Sie also „kaje". H spricht man überhaupt nicht und j und g wie unser ch. Hotel San José klingt wie „otel san chosé", wobei die Betonung auf dem e liegt. Das ñ spricht man wie nj aus. Zum Ort Cañas sagen Sie demzufolge „kanjas".

Namen

Die Costaricaner haben in der Regel zwei Vornamen und zwei Nachnamen. Die Nachnamen setzen sich aus den jeweils ersten Nachnamen der beiden Elternteile zusammen, wobei zuerst der Nachname des Vaters und dann der Nachname der Mutter genannt wird. Frauen behalten auch in der Ehe ihre Geburtsnamen.

In der Anrede wird meist der erste Vorname benutzt und je nach Geschlecht Señora / Señor oder, bei älteren Leuten, Doña/ Don vorangesetzt, z.B. Señora Ana oder Don Ronaldo.

Kultur

Costa Rica zieht die Besucher vor allen Dingen wegen seiner Naturschönheiten, nicht wegen seiner kulturellen Sehenswürdigkeiten an. Bis zur Mitte des letzten Jahrhunderts war es ein armes Bauernland und hat kaum nennenswertes Kulturgut hervorgebracht. Viele der ohnehin schon seltenen Zeugen der Indio-Vergangenheit wurden von den Spaniern zerstört. Das „Kulturereignis der Massen" ist der Stierkampf, bei dem in Costa Rica übrigens kein Blut fließt.

In den letzten 20 Jahren begann man das Kunsthandwerk staatlich zu fördern, was zu einer Wiederbelebung alter Traditionen geführt hat. Sie finden schöne Holzschnitzereien in *Sarchi*, Töpferware in *Guaitil* (Guanacaste) und Lederwaren in *Moravia*. Auf Gebrauchsartikel aus Pflanzenfasern wie

Deckengemälde im Teatro Nacional

Kokosmatten oder Hängematten, Taschen und Hüte, die aus Sisal, den Fasern der Agave, geflochten sind, stoßen Sie überall.

Besonders lieben die Ticos das Theater. Es existieren viele kleine Theatergruppen im Lande. Die *Tico Times* kündigt an, was gerade auf den verschiedenen Spielplänen steht.

Zwischen 1890 und 1897 wurde das *Teatro Nacional* (Nationaltheater) von den einheimischen Kaffee-Baronen errichtet. Der prunkvolle Bau ist dem Pariser Opernhaus nachempfunden und auch heute noch der glanzvolle Mittelpunkt des Kulturlebens in Costa Rica. Bereits seit dem letzten Jahrhundert unternimmt man Anstrengungen ein effektives Schul- und Bildungssystem in Costa Rica aufzubauen. 1848 wurde die Universidad Santo Tomás, die heutige *Universidad Nacional de Costa Rica*, gegründet. Im gleichen Jahr eröffnete man die erste Lehrerinnenbildungsanstalt. Dies war eine Sensation, bedeutete es doch für Frauen erstmals einen Zugang zu öffentlichen Aufgaben. In Spanien wagte man dies erst ganze 30 Jahre später! Seit 1869 ist die allgemeine Schulpflicht, die Kostenfreiheit des Schulbesuchs und die Verstaatlichung des Schul- und Erziehungswesens verfassungsmäßig verankert. Die Bildungsideale orientierten und orientieren sich am liberalen Gedankengut Europas.

Die *Educación General Básica* (allgemeine Grundschulausbildung) ist obligatorisch und umfasst drei aufeinanderfolgende Dreijahres-Zyklen. Nach dem zweiten Zyklus kann man zwischen einem akademischen und einem technischen Ausbildungszweig wählen. Die 10. - 12. Klasse ist nicht mehr Pflicht, aber ebenso kostenfrei. Mit dem erfolgreichen Abschluss der 12. Klasse erwirbt man die Zugangsberechtigung zur Hochschule.

Der Universitätsbesuch ist mit erheblichen Kosten verbunden. Darum eröffnet ein ausgeklügeltes Stipendiensystem auch ärmeren Begabten die Möglichkeit zu studieren.

Parallel zum Schulsystem für Kinder und Jugendliche wird auch ein breit gefächertes Erwachsenenbildungsprogramm angeboten. So fällt die Analphabetenquote (knapp 7 %) im Vergleich zu anderen lateinamerikanischen Ländern recht gering aus. Zwischen Stadt und Land besteht jedoch ein erhebliches Bildungsgefälle.

Ticos, Ticas und ethnische Minderheiten

In ethnischer und sprachlicher Hinsicht sind die Costaricaner das homogenste Volk Zentralamerikas. Gut 80 % der Bevölkerung stammen von Weißen spanischer Herkunft ab. Circa 15 % sind Mestizen, also Mischlinge zwischen Weißen und Indios (in anderen mittelamerikanischen Ländern meist über 50 %)! Viele von ihnen leben in der Provinz Guanacaste und haben sich den Weißen angepaßt. Costa Rica ist somit das „weißeste" Land Mittelamerikas. In den letzten drei Jahrzehnten hat sich die Bevölkerung nahezu verdoppelt (heute 3,5 Millionen)! Da die Kindersterblichkeit immer geringer wird und die Lebenserwartung stetig ansteigt, wächst die Bevölkerung auch in Zukunft (Wachstumsrate 2,5 %). Mit der steigenden Anzahl von Menschen werden die wirtschaftlichen Probleme gravierender.

Die Einheimischen nennen sich gerne selbst *Ticos*, bzw. *Ticas* (weibliche Form). Dies hat seinen Ursprung in ihrer Sprache. Die Verkleinerungsform von Substantiv und Adjektiv ist im Spanischen gebräuchlich (z. B. momento - momentito). Bei den

Costaricanern tritt an die Stelle des -tito das -tico (bzw. -tica).

Sie sind ein warmherziges und freundliches Volk und kommen Fremden stets höflich und hilfsbereit entgegen. Obwohl sie in ihren Traditionen verwurzelt sind, zeigen sie sich doch auf der anderen Seite modern und aufgeschlossen. So gelten z. B. freie, eheähnliche Lebensgemeinschaften nicht als ungewöhnlich oder gar anrüchig: 40 - 50 % der Neugeborenen kommen unehelich zur Welt! Über die Hälfte der Einwohner konzentrieren sich im Valle Central. Die Bevölkerungsdichte in den Küstenprovinzen ist entsprechend geringer.

Indios

Weniger als 1 % der Bevölkerung gehören heute den ehemaligen Ureinwohnern an. Sie wurden auf der Suche nach Land in Reservate oder in schwer zugängliche und schwer zu bewirtschaftende Gebiete wie das Talamanca-Gebirge zurückgedrängt. Viele sind arm und dem Alkohol verfallen.

1939 garantierte eine Regierungserklärung den *Indios* eigene Stammesgebiete mit Selbstbestimmungsrecht und einer Klausel auf Unveräußerlichkeit

Bribri-Indianer

indianischen Landes. 1945 wurde sogar ein „Rat zum Schutze der einheimischen Rassen" gegründet. Trotzdem sind viele Reservate durch die Ausdehnung von Großplantagen und die ständig fortschreitende Rodung inzwischen verkleinert worden oder ganz von der Landkarte verschwunden. Die Schulen für die Indio-Kinder nehmen keine Rücksicht auf deren Sitten und Lebensformen. Die alten Traditionen werden vernachlässigt. Stammesleben findet man höchstens noch bei den *Bribri* an der Südost-Küste nahe der panamesischen Grenze und bei den *Borucas* in der südlichen Pazifikgegend.

Schwarze

Hier sind in erster Linie Jamaikaner zu nennen, die im letzten Jahrhundert als Eisenbahn- oder Plantagenarbeiter aus der Karibik geholt wurden. Die meisten blieben in Limón und Umgegend, nicht zuletzt aufgrund eines von der Regierung erlassenen Verbots von dort wegzuziehen. Dies blieb in Kraft bis zum Jahre 1982.

Die schwarze Minderheit macht nur knapp 2 % der Bevölkerung aus. Ein Drang nach Assimilation ist kaum festzustellen. Die Schwarzen haben ihre protestantische Religion behalten, sprechen das Pidgin-Englisch der Karibik und ihre Sitten und Gebräuche unterscheiden sich maßgeblich von denen der spanischsprechenden Ticos.

Chinesen

Sie sind ebenfalls ehemals als Arbeitskräfte für den Eisenbahnbau angeworben worden, verbreiteten sich aber dann über das ganze Land und errichteten Läden und Restaurants. Die *Chinos* haben sich mehr und mehr der einheimischen Lebensweise angepaßt. Die Jüngeren sprechen spanisch, heiraten Weiße und konvertieren nicht selten zum Katholizismus. Trotzdem besteht ein starker Zusammenhalt und im Verhältnis zu ihrer relativ geringen Zahl (unter 1 %) üben sie beträchtliche wirtschaftliche Macht aus.

Flüchtlinge

Aufgrund der politischen und wirtschaftlichen Situation in ihren Heimatländern kommen viele Menschen aus Nicaragua, Panama oder El Salvador in das als sicher und wohlhabend geltende Costa Rica, das in seiner Verfassung das Recht auf Asyl verankert hat.

Ihre Hoffnungen und Erwartungen werden jedoch meist enttäuscht. Die Ticos sehen die Flüchtlinge als Gefahr für die ökonomische und politische Stabilität des Landes und machen ihnen den Aufenthalt nicht leicht. Sie werden höchstens als billige Arbeitskräfte auf den Kaffeefeldern des Hochlandes ausgebeutet.

Die sieben Provinzen Costa Ricas und die Isla del Coco

Im Staatswappen Costa Ricas (s.S. 10) sieht man sieben Sterne, die die Provinzen des Landes darstellen: San José, Alajuela, Heredia, Cartago, Limón, Puntarenas und Guanacaste. Die vier erstgenannten Provinzen nehmen großen Teils das zentrale Hochland ein. Dort ist die Bevölkerungsdichte am höchsten.

San José

Rund ein Drittel der costaricanischen Bevölkerung lebt in der Hauptstadt und der gleichnamigen Provinz. Die Kapitale ist in geographischer, wirtschaftlicher und kultureller Hinsicht das Herz Costa Ricas - und das, obwohl sie erst seit 1823 die Hauptstadtfunktion innehat.

Der ausländische Besucher kann ihr kaum entrinnen. Sie ist der Verkehrsknotenpunkt des ganzen Landes mit nationalem und internationalem Flughafen, Busverbindungen in alle Landesteile und dem Sitz aller größeren Leihwagenfirmen.

Die Entwicklung zur Metropole fiel mit der Blütezeit der Kaffee-Ära zusammen. Gleichbleibende Temperaturen um die 20 Grad Celsius, ausreichende Regenfälle und eine genau begrenzte Trockenzeit sind die idealen Bedingungen für den Kaffee-Anbau.

Mit ihren fruchtbaren vulkanischen Böden und dem Klima des ewigen Frühlings bietet die Provinz sowohl ein angenehmes Domizil als auch wirtschaftliche Anziehungspunkte. Immer mehr nordamerikanische Pensionisten, Aussteiger und Naturfreunde wissen die Vorteile dieses wunderschönen Landstrichs zu schätzen und lassen sich hier nieder.

Für den Touristen sind die internationalen Hotels, Restaurants und Bars, die Museen, das Teatro Nacional, der Mercado Central und die Plaza de la Cultura mit ihrem lebhaften und geschäftigen Treiben interessant.

Alajuela

Im 18. Jahrhundert drangen die Einwohner des Valle Central in Richtung Nordwesten vor. Besonders die äußerst fruchtbaren Hänge des Vulkans Poás reizten zur Besiedelung. Da jedoch die Glaubensausübung nur im entfernten Heredia möglich war, kam es 1782 zur Errichtung einer Kirche und, damit verbunden, eines Ortes, der später den Namen Alajuela tragen sollte.

In den Geschichtsbüchern tritt die Stadt im folgenden Jahrhundert gleich zweimal auf: 1823 verbündeten sich die Republikaner Alajuelas und San Josés gegen die Monarchisten in Heredia und Cartago. 1856 wurde der aus Alajuela stammende Juan Santamaria im Kampf gegen William Walker zum Nationalhelden des Landes (s. S. 14). Das Historische Museum der Stadt informiert darüber.

Außerdem verfügt die Provinz über viele andere Sehenswürdigkeiten wie den Arenal-See (zum Teil, der größere Teil gehört zur Provinz Guanacaste) und den Arenal-Vulkan, den Vulkan Poás mit seinem Nationalpark und Sarchí, der Wiege des einheimischen Kunsthandwerks.

Heredia

Die Stadtgründung Heredias verlief ähnlich wie die San Josés und Alajuelas. Wegen des weiten Weges zu den Kirchen der Städte Esparza und Cartago entschloß man sich mit dem Bau eines neuen Gotteshauses einen Ort zu gründen. 1763 erhielt der Ort von dem damaligen Präsidenten der Provinz Guatemala Don Gonzalo Fernández de Heredia (daher der Ortsname) den Titel einer „Stadt" verliehen. 1848 bekam die Stadt dann das umliegende Gebiet zur Verwaltung als Provinz zugesprochen. Das Wahrzeichen Heredias ist eine wuchtige Kirche im Kolonialstil aus dem 18. Jahrhundert. Die Stadt mit ihren zahlreichen Gärten und Parkanlagen trägt den Beinamen „Ciudad de Flores" - Stadt der Blumen. Hier hat auch die zweitwichtigste Universität im Lande, die Universidad Nacional, ihren Sitz. Sie genießt allerdings nicht ganz so hohes Ansehen wie die Universidad de Costa Rica in San José.

Heredia ist die kleinste Provinz. Zu Beginn der Kaffee-Ära war sie das Zentrum des Kaffee-Anbaus. Noch heute gibt es in der Nähe der Stadt eine Reihe von sogenannten „Kaffee-Fabriken", wo die frischgeernteten Bohnen gewaschen, getrocknet und exportfertig verpackt werden.

Interessant ist auch der Braulio-Carillo-Nationalpark mit den biologischen Stationen *La Selva* und *Rara Avis* zur Erforschung der Flora und Fauna des tropischen Regenwaldes und der *Rain Forest Aerial Tram*.

Orosi-Tal

Cartago

Die kälteste Provinz des Zentraltals ist Cartago mit seiner gleichnamigen Hauptstadt, die 1.500 Meter über dem Meeresspiegel liegt. Bis 1823 war Cartago die Hauptstadt Costa Ricas, dann musste es die Hauptstadtfunktion im Rahmen innenpolitischer Auseinandersetzungen (s. S. 13) an San José abgeben. Während der gesamten Kolonialzeit war Cartago sowohl Sitz des Kirchenoberhaupts der Provinz als auch der des Gouverneurs. Bis heute ist sie jedoch die traditionsreichste Stadt Costa Ricas geblieben. Ihre Geschichte ist fest mit dem größten Vulkan im Lande, dem *Irazú*, verbunden. Einerseits verhalf der fruchtbare Vulkanboden der Bevölkerung zu einem guten Auskommen, andererseits mußten die Menschen mit der ständigen Gefahr leben: 1841 und 1910 wurde Cartago total zerstört und mußte aus dem Nichts wieder aufgebaut werden.

Sehenswert ist der *Mercado Central*. Er offeriert ein breitgefächertes Angebot und ist schöner als der San Josés.

Die Orchideen-Farm *Lankaster Garden*, das malerische *Orosi-Tal* und die Flußniederungen des *Río Reventazón* bescheren dem Erholungssuchenden eine

Augenweide nach der anderen. Außerdem finden Sie in dieser Provinz den einzigen Nationalpark des Landes, der auch für Archäologen interessant ist, den *Guayabo-Nationalpark.* Hier wurde eine Siedlung ausgegraben, die auf vorchristliche Zeit zurückgeht!

Limón

Limón erstreckt sich entlang der gesamten Atlantikküste, verfügt aber nur über etwa 200.000 Einwohner!

Hier setzte Kolumbus 1502 seinen Fuß auf costaricanischen Boden. Um seine Schiffe zu überholen, ankerte er damals bei der Limón vorgelagerten Insel *Uvita.*

Der Name der Stadt (und damit der Provinz) ist zurückzuführen auf einen Zitronenbaum, den Arbeiter beim Bau des Hafens vorfanden. Sie glaubten an ein kleines Wunder, den Baum, dessen Früchten man heilende Kräfte nachsagte, in dieser Region zu sehen.

In der Kolonialepoche kam es kaum zu Kontakten zwischen dem Hochland und der Karibikküste. Erst in der zweiten Hälfte des 19. Jahrhunderts begann man mit dem Eisenbahnbau San José - Limón. Mit der Fertigstellung wurde schließlich *Minor Cooper Keith,* der Mitbegründer der *United Fruit Company,* beauftragt. Dafür und für die Bananenplantagen, die entlang der Bahntrasse angelegt wurden, benötigte man billige Arbeitskräfte, die nun aus der Karibik, insbesondere aus Jamaika, geholt wurden.

Das Klima mit seinen tropisch heißen Temperaturen, ohne jedwede Trockenzeit, ist für den Mitteleuropäer wohl das am schwersten verträgliche im ganzen Land.

Früher war Limón eine blühende Stadt. Seit jedoch die United Fruit Company den Ort verlassen hat, verfällt sie zusehends und die Bevölkerung verarmt.

Die Mentalität der Menschen läßt allerdings nicht viel Traurigkeit zu. Am 12. Oktober wird jährlich der „Dia de la Raza" gefeiert, das Karnevalsfest - ein farbenprächtiges Spektakel, das sich anzusehen lohnt!

Nördlich der Stadt mündet ein weitverzweigtes Kanalsystem *(Los Canales)* ins Meer, das entlang der Küste bis hinauf nach Nicaragua verläuft. Viele Plantagen können auch heute noch nur über diese Wasserstraßen erreicht werden.

In *Tortuguero* kommt es zwischen Juni und Oktober zu einem einmaligen Schauspiel der

Mangroven säumen den Kanal bei Parismina

Natur: Die grünen Riesenschildkröten kommen zu Hunderten an Land um ihre Eier abzulegen. Aus diesem Grunde und zum Schutz der angrenzenden Sumpf- und Urwaldlandschaft wurde 1970 der Nationalpark Tortuguero gegründet.

Zwischen Limón und Tortuguero liegt *Parismina*, das sich zu einem idealen Ausgangspunkt für Kanalexkursionen und Tierbeobachtungen entwickelt hat.

Südlich von Limón stoßen wir auf eines der beliebtesten Karibikziele: einen von Palmen gesäumten Strand wie aus dem Bilderbuch, der bei *Cahuita* beginnt und bis an die panamesische Grenze reicht. Die bunten Holzhäuser des Ortes mit ihren Wellblechdächern stehen meist auf Stelzen. Die Cahuita-Strände, das Hinterland und der Meeresstreifen davor wurden u. a. wegen ihres einzigartigen, leider auch schon bedrohten Korallenriffs zum Nationalpark erklärt (Camp-Möglichkeit vorhanden)!

Abenteuerlich ist eine Tour mit dem öffentlichen Bus die Küstenstraße hinunter bis zum Indianergebiet der *Bribri*.

Puntarenas

Puntarenas ist die größte der sieben Provinzen. Dieser Landesteil erstreckt sich entlang der gesamten Pazifikküste bis zur panamesischen Grenze im Süden und umfaßt zusätzlich noch die untere Hälfte der Halbinsel Nicoya. Die einzige direkte Verbindung zwischen diesen beiden Teilen der Provinz ist der See- oder Luftweg.

Wunderschöne Naturschutzgebiete wie der Manuel-Antonio-Nationalpark, der Carara-Nationalpark, der Nebelwald von Monteverde und das Corcovado-Gebiet im Süden gehören zu Puntarenas.

Generell kann man sagen, daß der nördliche Teil des Küstenstreifens mit seinen Badeorten, wie z. B. *Jacó* oder *Esterillos,* die Badetouristen und Wassersportfreunde anlockt, während der Süden eher dem Geschmack von Abenteurern und Individualtouristen entspricht.

Die Stadt *Puntarenas* mit ihrem erstaunlichen Grundriß (sie verläuft der Länge nach in West-Ost-Richtung) wurde auf einer Sandbank im Golf von Nicoya erbaut. Trotz der geringen Meerestiefe und der damit verbundenen schwierigen Zufahrt für größere Schiffe baute man sie im letzten Jahrhundert zum Hafenort für die Kaffee-Exporte aus.

Gegen Ende des 19. Jahrhunderts wurde dann die Errichtung einer Eisenbahnlinie mit Endpunkt Puntarenas beschlossen. 1910 ratterte der erste Zug vom Hochland hinunter zum bedeutendsten Pazifik-Hafen. 1930 wurde die Bahnlinie bereits elektrifiziert.

Heute ist *Caldera* die wichtigste Hafenstadt im Westen. Puntarenas dagegen blieb traditioneller Urlaubs- und Badeort, der mit Schwimmbad, Cafés, Restaurants und Strandpromenade für die Zerstreuung und Erholung seiner Besucher sorgt.

Guanacaste

Die Provinz gehörte zunächst zu Nicaragua bis sich seine Bewohner 1824 in einem freien Volksentscheid für den Anschluß an Costa Rica aussprachen. Die Menschen sind häufiger indianischer Abstammung als im Rest des Landes. Mit nur 22 Personen pro Quadratkilometer ist hier die geringste Einwohnerdichte zu verzeichnen. Dagegen liefern über eine Million Rinder das Fleisch für nordamerikanische Fast-Food-Ketten. Aus diesem Grunde wird Guanacaste auch oft der „Wilde Westen" Costa Ricas genannt. Das Viehzüchterland, das überwiegend aus Weidegebiet besteht, ist von allen Provinzen am trockensten. Lediglich in der Regenzeit wird die ausgedörrte braune Landschaft von einem satten, saftigen Grün überzogen.

Die Hauptstadt *Liberia* liegt äußerst verkehrsgünstig an der Kreuzung der Panamericana mit der Hauptstraße nach Nicoya. Sie hat sich zum Zentrum des Rinder- und Pferdehandels und zugleich zu einem wichtigen Holzumschlagplatz und -verarbeitungszentrum entwickelt.

1997 wurde bei Liberia der zweite internationale Flughafen des Landes (nach San José) eröffnet. Dieser erfüllt bislang jedoch nicht die in ihn gesetzten Erwartungen und wird nur vereinzelt von Chartergesellschaften angeflogen.

Im Osten bildet die *Cordillera de Guanacaste* mit ihren zahlreichen Vulkankegeln und einem Großteil des Arenal-Sees eine natürliche Barriere.

Der *Santa Rosa Nationalpark* im Norden ist sowohl wegen seiner vielfältigen Flora und Fauna als auch wegen der historischen Gedenkstätte, die an die 1856 gewonnene Schlacht ge-

Tica beim Rodeo in Filadelfia / Guanacaste

gen William Walker erinnert, von Interesse.

Der *Rincón de la Vieja Park* lockt mit seinen heißen Quellen und seinen Schwefellöchern am Fuße des Vulkans *Rincón*.

Im Zentrum der Halbinsel *Nicoya* liegt die gleichnamige Stadt mit ihrer schönen Kirche aus der Kolonialzeit. Von hier starten Busse in fast alle Küstenorte der Peninsula.

Guanacastes Strände bieten für jeden Geschmack etwas: Baden und Faulenzen, Wellenreiten, Tauchen und Hochseefischen sind möglich. Die Badeorte *Tamarindo*, *Nosara* und *Carrillo* werden in der Saison ab San José von SANSA und TRAVELAIR angeflogen.

Isla del Coco

Einen Sonderstatus hat das gerade 25 Quadratkilometer große, unbewohnte Eiland, das circa 300 Seemeilen vom Festland entfernt im Pazifik liegt. Die gesamte Insel wurde 1978 von der Regierung zum Naturschutzgebiet erklärt. Man findet hier sogenannte endemische Spezies, das heißt Arten, die nirgendwo anders vorkommen und teilweise biologisch gar nicht zuzuordnen sind. Bevor die Insel Naturschutzgebiet

wurde, haben zahlreiche Schatzsucher auf ihr gelebt und vor allem durch Sprengungen erhebliche Verwüstungen angerichtet.

Seit Jahrhunderten geht die Sage, dass Seeräuber hier ihre Gold- und Silberschätze versteckt haben. Insbesondere der legendäre „Lima-Schatz" soll auf der Isla del Coco verborgen sein. In Perus Unabhängigkeitskriegen gegen Spanien vertrauten Adel und Klerus dem Briten *Thompson* ihr Gold und ihre Juwelen an. Dieser sollte sie an einem sicheren Ort verstecken, verschwand jedoch damit auf Nimmerwiedersehen. Es wurde später vermutet, dass er den Schatz auf das kleine, vergessene Inselchen im Pazifik gebracht hat. Bei Stevensons berühmtem Roman „Die Schatzinsel" diente die Kokos-Insel als Vorlage. Wegen ihrer reichen Süßwasservorkommen und ihrer Unzugänglichkeit wurde sie schon vor Jahrhunderten von vorbeifahrenden Seeleuten und Piraten gleichermaßen geschätzt. *William Dampier* und *Lionel Wafer* waren zwei der bekanntesten Seeräuber. Heute tragen zwei Buchten ihren Namen.

Viele Schatzsucher sind gekommen und erfolglos - zumindest in materieller Hinsicht -

wieder gegangen. Aber bis in unser Jahrhundert hinein kamen sie im Glauben die einzig richtige Karte zu besitzen, auf der der Weg zum Schatz verzeichnet ist. 1894 wurde eine Hand voll Siedler unter der Führung des deutschen Abenteurers *August Gissler* auf der Insel zurückgelassen. Doch auch ihnen ging es in erster Linie um Gold und Silber. Gissler wurde sogar zum Generalgouverneur des Eilandes ernannt. Doch 1908 verließ er es ebenfalls - ohne den erhofften Schatz gefunden zu haben.

Der Reichtum der Isla del Coco besteht aus Natur im Urzustand: immergrüner Regenwald, zahlreiche Schluchten und Wasserfälle, herrliche Buchten (vorwiegend auf der Nord-Seite) und vor der Küste ein Unterwasserleben, das schon so bekannte Meeresforscher wie *Hans Hass* und *Jacques und Philippe Cousteau* angezogen hat. Dieses Paradies ist jedoch in Gefahr: Unkontrollierter Fischfang droht einige Arten auszurotten! Deshalb hat man rund um die Insel eine fünf Kilometer breite Schutzzone errichtet, die aber aus Geld- und Personalmangel nicht genügend überwacht werden kann.

Erst in der Verfassung von 1949 wurde die Isla del Coco offiziell zum Nationalterritorium Costa Ricas erklärt.

Ein Besuch auf der Insel muss auf 12 Tage begrenzt sein und es dürfen sich nicht mehr als 60 Personen gleichzeitig auf ihr aufhalten. Sie ist ausschließlich auf dem Seeweg zu erreichen. Die Überfahrt dauert je nach Seegang zwischen 30 und 36 Stunden.

Die Agentur „Okeanos" bietet auf ihrer für Taucher komplett ausgerüsteten Yacht 7-10 Tages-Touren an, die je nach Auslastung und Dauer zwischen 2.000 und 3.000 US$ pro Person kosten. Info und Buchung unter Tel.: 256-6428 (nach Martha fragen!).

Klima und Geographie

Klima

Der Urlauber findet hier keine vier Jahreszeiten vor, wie es in unseren gemäßigten Breiten üblich ist. Zwei Klimaperioden, die Trockenzeit und die Regenzeit, wechseln einander ab. Sie werden in erster Linie von der Niederschlagsmenge und weniger von der Temperatur beeinflußt.

Costa Rica ist ein regenreiches Land. Im Jahresdurchschnitt fällt circa 3.000 mm Niederschlag. Dieser ist aber innerhalb des Landes äußerst unterschiedlich verteilt. Im trockenen Guanacaste fällt z.B. nur 1.500 mm Niederschlag jährlich während es die Provinz Limón im gleichen Zeitraum auf die dreifache Niederschlagsmenge bringt.

Die von Nordwesten nach Südosten verlaufendende Kordillerenkette wirkt als Klimascheide: Im Osten liegt die tropische, immerfeuchte Karibikküste, im Westen dagegen verfügt die Pazifikregion über einen tropisch wechselfeuchten Charakter.

Der Küstenbereich an der Karibik kennt keine Trockenzeit! Die Niederschläge erreichen hier ihre Maxima jeweils dann, wenn die Sonne den südlichsten Stand (November - Januar), bzw. den nördlichsten Stand (Juni, Juli) auf ihrem Weg zwischen den Wendekreisen erreicht hat. Von Ende Oktober bis Anfang April kommt es häufig zu Steigungsregen an der Cordillera. Die Passatwinde treiben die feuchtheißen Luftmassen von Osten auf die Gebirgskette zu, wo sie aufsteigen und mächtige Wolken bilden, die sich in kräftigen Regengüssen entladen.

Auf der Pazifik-Seite existiert sowohl eine klar definierte

Klimatabelle San José

Monat	Höchsttemp.	Tiefsttemp.	Regentage pro Monat	Rel. Luftfeuchtigkeit
Januar	24°C	14°C	3	73 %
Februar	24°C	14°C	1	70 %
März	26°C	15°C	2	68 %
April	26°C	17°C	7	70 %
Mai	27°C	17°C	19	78 %
Juni	26°C	17°C	22	83 %
Juli	25°C	17°C	23	82 %
August	26°C	16°C	24	81 %
Sept.	26°C	16°C	24	84 %
Okt.	25°C	16°C	25	85 %
Nov.	25°C	16°C	14	79 %
Dez.	24°C	14°C	6	76 %

Regenzeit als auch eine klar definierte Trockenzeit. Letztere wird hier als „verano" (Sommer) bezeichnet. Sie hält ihren Einzug im November / Dezember und endet etwa im April / Mai. Die regenreiche Zeit in den übrigen Monaten nennt man dagegen „invierno" (Winter). Sie dehnt sich nach Süden hin immmer weiter aus, so dass im Bereich Pacífico Sur, einschließlich der Halbinsel Osa, auch hohe Niederschlagsmengen über acht bis neun Monate im Jahr verzeichnet werden.

Temperaturunterschiede sind weniger von der Jahreszeit, sondern eher von der Höhenlage abhängig. San José mit seinen 1.150 m über Normalnull rühmt sich des ewigen Frühlings mit Durchschnittstemperaturen von 21 Grad. *Die Küstengebiete dagegen messen durchschnittlich 10 Grad mehr!*

Geographie

Costa Rica liegt in Mittelamerika zwischen Nicaragua im Norden und Panama im Süden. Die westliche Begrenzung bildet der Pazifik, die östliche der Atlantik.

Mit seinen 51.200 km² ist es kaum größer als das deutsche Bundesland Niedersachsen. Die Nordwest - Südostausdehnung beträgt 470 km, die schmalste Stelle zwischen den beiden Ozeanen gerade 120 km!

Wie ein Rückgrat durchzieht die Kordillerenkette mit ihren zum Teil noch aktiven Vulkanen das Land. Eine Quersenke mit dem Arenal-Stausee und dem gleichnamigen Schichtvulkan trennt die *Cordillera de Guanacaste* im Norden von der *Cordillera de Tilarán*. Etwas östlich erhebt sich die circa 80 km lange *Cordillera Central* mit ihren aktiven Vulkanen *Poás, Barba, Irazú* und *Turrialba*.

Das Valle Central (Zentraltal) mit seinen fruchtbaren Böden und seinem angenehmen Klima unterbricht die Bergkette. Südlich schließt die *Cordillera de Talamanca* an, die bis nach Panama reicht und ganz im Süden fast die gesamte Breite des Landes einnimmt. Dazu gehört auch der *Cerro Chirripó*, mit 3.820 m der höchste Berg des Landes. Auf der pazifischen Seite ist ihr die *Cordillera Costanera* vorgelagert, die bis zum *Golfo Dulce* abfällt. Dieser trennt die Halbinsel *Osa* vom Festland.

Die pazifische Küste mit ihren weiten Stränden, Flußmündungen und Felsbuchten bietet mehr Abwechslung als die karibische, wo das Landschaftsbild fast ausschließlich von Mangrovensümpfen und Sandstränden bestimmt wird.

Flora und Fauna

Flora

Costa Rica beherbergt eine unglaubliche Vielfalt an Tier- und Pflanzenarten. Auf der Landbrücke zwischen dem nord- und südamerikanischen Kontinent stoßen Tier- und Pflanzengattungen beider Landmassen aufeinander.

Auch die starken Höhenunterschiede sorgen für Abwechslung: Oberhalb von 600 m besteht die Vegetation vorwiegend aus immergrünem Berg- und Nebelwald mit immensem Reichtum an Farnen. Im ganzen Land gibt es über 800 verschiedene Farnarten! In den Niederungen und Küstengebieten finden Sie dagegen tropischen Regenwald und Mangrovensümpfe.

Eine Unzahl von Orchideen, Ananas-, Bananen- und Passionsblumengewächsen sowie uns fremde Baumarten faszinieren die Naturliebhaber. Die *Ananas* ist die wichtigste Nutzpflanze aus der Gattung der Bromelien. Ihre eiweißverdauende Wirkung, für die das Enzym Bromelin verantwortlich ist, schätzten bereits die Indianer. Zur Gattung der Orchideen gehört die *Vanille*, die ihre Aromastoffe jedoch erst nach einem Vorgang, der sich Mazeration nennt (Gewebezerfall unter Wassereinwirkung und Luftabschluß), freisetzt.

Die *Banane* ist eine der ältesten Nutz- und Kulturpflanzen. Nur ihre weiblichen Blüten entwickeln Früchte, die zunächst nach unten wachsen und sich später der Sonne zuwenden. Darum ist die Banane krumm!

Bis die tropische Frucht für den Export bereit ist, sind viele Arbeitsschritte notwendig. Sie wird grün geerntet. Der Cortado (Schnitter) trennt die Stengel mit den Früchten von der Staude, die sodann abstirbt. Der Cargador (Träger) bringt die zentnerschweren, bananenbehangenen Stengel zu einer skiliftähnlichen Transportvorrichtung, wo oft bis zu 15 Stück an großen Fleischerhaken aufgehängt werden. Über ein kilometerlanges Transportnetz werden diese vom Carrero (Schlepper) häufig mit Hilfe von Zugtieren zu den Verarbeitungshallen gebracht. Dort trennen Arbeiter mit flinken Händen die Bananenbündel vom Stengel. Der

Teamarbeit: Einer wählt aus, einer schneidet, einer trägt.

körperlich etwas weniger anstrengende Teil bleibt meist den Frauen vorbehalten: Sie waschen die Bananen in riesigen Becken unter fließendem Wasser, sortieren sie nach Größe und Gewicht und verpacken sie versandfertig. Nach zwei- bis dreiwöchiger Schaukelpartie auf hoher See gelangt die tropische Frucht auf unseren Tisch.

Die Pflanze ist sehr anfällig für Krankheiten. Im Jahre 1930 wurde fast die gesamte Ernte von der sogenannten *Panama-Krankheit* befallen. Daraufhin wechselte man den Standort und legte neue Plantagen an der Pazifik-Küste an. Erst in den fünfziger und sechziger Jahren gelang die Zucht relativ resistenter Sorten und man nahm den Anbau auch an der Karibik-Küste wieder auf.

Wie die Banane, so wird auch der *Kaffee* in riesigen, künstlich angelegten Monokulturen angebaut, denen große ursprüngliche Waldflächen weichen mußten.

Die Haupterntezeit für die roten, reifen Kaffee-Früchte ist der Monat Dezember. Dann werden überall auf den großen Plantagen Tagelöhner angeheuert, die im Akkord ihre vor den Bauch gebundenen Körbe füllen. Emsige Pflücker schaffen eine Korbfüllung in etwa 20 Minuten und erhalten dafür 200

Kaffeeernte

Colónes, ein selbst für einheimische Verhältnisse eher kärglicher Lohn. Den Kleinbauern, die auf dem eigenen Grund und Boden arbeiten, geht es kaum besser. Sie müssen sich oft noch auf den großen Haciendas verpflichten. Außerdem helfen viele Kinder bei der Kaffeeernte mit.

Die Früchte werden mit dem Traktor oder manchmal auch noch mit dem Ochsenkarren zu den Kaffee-Fabriken transportiert. Dort erfolgt die Trennung vom Fruchtfleisch. Dann werden die Bohnen gewaschen, im Freien auf großen Betonflächen luft- und sonnengetrocknet und nach Größe sortiert. Es gilt der

Grundsatz: *je kleiner die Bohne, desto besser die Qualität!*
Doch obwohl in Costa Rica die besten Bohnen gedeihen, wird der Kaffeegenießer hier oft schwer enttäuscht: Selbst in teuren Hotels und Restaurants serviert man ihm nicht selten eine aromalose, lauwarme Brühe mit leicht bitterem Nachgeschmack. Woher kommt es, dass in einem Land, das neben Kolumbien die hochwertigsten Kaffeebohnen der Welt hervorbringt, nur ein drittklassiger Aufguß des edlen Lebenselixiers erhältlich ist? Dafür gibt es vor allem zwei Gründe: Die gute Qualität wird als Devisenbringer exportiert und im Lande selbst bleibt fast nur der Bruch.
Als zweiten Grund nennen Experten unterschiedliche Röstverfahren in Costa Rica und in den Verbraucherländern.
Neben der Röstung ist auch die Kaffeesorte maßgebend für die Qualität. Auf dem Weltmarkt dominieren der *Coffea Arabica* und der *Coffea Robusta (auch Coffea Rustica)*. Ersterer ist sehr aromatisch und wird von den Amerikanern und den Mitteleuropäern bevorzugt. In südlichen Ländern trinkt man dagegen lieber den Coffea Robusta, der stärker geröstet wird. Eine Gefahr für die Kaffee-Ernte stellt der sogenannte *Kaffee-*

rost dar. In Costa Rica trat er erstmals in den achtziger Jahren auf und vernichtete zeitweise bis zu 80 % der Ernte. Die befallenen Pflanzen altern früh und sterben ab.

Die meisten Kaffeesorten gelangen, ebenso wie die Banane, unter massivem Chemieeinsatz zur Reife. Dies gefährdet ernsthaft die natürliche Flora und Fauna. Der großflächige Pestizideinsatz vergiftet die Flüsse. Diese münden in die Ozeane und bedrohen mit ihrem Schadstoffgehalt im ganz erheblichen Maße das marine Leben.

KAFFEE BRITT und eine Hand voll kleinerer *Beneficios* (Kaffeesammelstellen) bauen biologisch an, wobei die Ernte naturgemäß etwas magerer ausfällt und das Endprodukt teurer wird.

Qualitativ hochwertigen costaricanischen Kaffee einer Kleinbauernkooperative bekommen Sie in Deutschland bei

HOCHLAND KAFFEE,
Hunzelmann GmbH & Co.
Chemnitzer Str. 13
70597 Stuttgart-Degerloch
Tel.: 0711-726 10 64
Fax: 0711-728 90 64

Der HOCHLAND KAFFEE ist auch auf dem Postweg zu beziehen.

Ebenfalls spezifisch für Costa Rica sind die *Würgfeigen*. Vögel fressen die reifen Früchte und verbreiten die Samen mit ihrer Ausscheidung weiter. *Heliconien* locken mit ihrem süßen Nektar besonders Kolibris an, die dann als Blütenstaubträger fungieren.

Der *Pochote-Baum* kommt nur in den zentralamerikanischen Trockenwäldern vor und ist für die dortige Holzindustrie von großer Bedeutung. Man erkennt ihn an seiner stachligen Rinde.

Der *Goldbaum* ist an der Pazifik-Küste Costa Ricas beheimatet. Zu Beginn der Trockenzeit wirft er seine Blätter ab und taucht dann ganze Landstriche mit seinen goldenen Blüten in ein Meer von Gelb. Der mächtige *Kapokbaum* (auch Ceiba genannt) wurde bereits von den indianischen Hochkulturen verehrt. Seine Äste sind oft dicht mit Bromelien und Orchideen besetzt.

Dem weißen Saft des *Milchbaums* (Baco, Mastate) wird heilsame Wirkung bei Magengeschwüren nachgesagt. Die grünen *Kokospalmen* vervollständigen das Bild eines wunderschönen, noch intakten Lebensraumes.

Fauna

Das häufigste „Haustier" auf dem gesamten amerikanischen Kontinent ist die *Kakerlake*, im spanischen Sprachraum liebevoll „La Cucaracha" genannt. Der für den Menschen völlig harmlose Müllvernichter schafft es immer wieder, vor allem die Damenwelt in helle Aufregung zu versetzen.

Auch *Ameisen* sind keine Seltenheit. In Costa Rica gibt es davon die exotischsten Arten. Eine davon ist die *Blattschneider-Ameise*, die mit ihrem scherenartigen Maul riesige Stücke aus Blättern schneidet und emsig durch die Gegend schleppt. Wer Kakerlaken und Ameisen als Haustiere wenig schätzt, sollte es vermeiden ihnen Leckerbissen wie Speisereste, ungespültes Geschirr, Bierdosen mit geringsten Restmengen u. ä. als Köder auszulegen.

Ornithologen und Schmetterlingsfreunde kommen in Costa Rica voll auf ihre Kosten. Der mit seinem leuchtenden, überdimensional großen und kräftigen Schnabel unverkennbare *Tukan* ist für Mittelamerika typisch. Aufmerksame und geduldige Beobachter finden den scheuen Vogel vor allem in den Küstenregionen und Nebelwäldern. Der auch auf der Rückseite des 5000-Colónes-Scheins abgebildete *Tukan* wird fälschlicherweise oft auch als Nationalvogel Costa Ricas angesehen. Der Landesvogel heißt jedoch *Yigüiro* und singt so schön wie er heißt.

Außerdem sind zahlreiche *Papageien*- und *Kolibri*-Arten in Costa Rica beheimatet. Die kleinen, wendigen Kolibris stehen ganz besonders auf Süßes. Sie werden vom Nektar der Heliconien, Orchideen und Passionsblumen angezogen. In den Urwäldern an der Küste sind *Riesen-Aras* mit einer Flügelspannweite bis zu zwei Metern keine Seltenheit. Mit ein bisschen Glück sehen Sie, z.B. in Monteverde oder auf der Isla Violín, auch einmal den legendären *Quetzal*, das Wappentier Guatemalas. Der gefiederte Schlangengott Quetzalcoatl mit seinem meterlangen Schwanz wurde schon in der indianischen Mythologie verehrt.

In Costa Rica konnten bisher 135 **Schlangen**-Arten gezählt werden, von denen aber nur 17 giftig sind. Wenn Sie nicht gerade auf eine riesige, aber ungiftige *Abgottschlange (Boa constrictor)* stoßen, die ihre Opfer (kleine Säugetiere und Vögel) vor dem Verspeisen langsam zu Tode drückt, werden Sie die gut getarnten

Ara

Kriechtiere nur schwer entdecken. Gerade das macht die giftigen Spezies so gefährlich (s. auch Kap. Gesundheitsfürsorge, S. 59).

Im ganzen Land, besonders aber im trockenen Nordwesten, gibt es viele *Leguane (Iguanas)*. Diese drachenähnlichen Wesen mit ihren Zacken auf dem Rücken muten wie Überbleibsel aus grauer Urzeit an.

Der *Pfeilgiftfrosch* ist zwar winzig klein, aber durch seine leuchtend rote Oberfläche weithin gut erkennbar. Bei Berührung sondert seine Haut ein giftiges Sekret aus, mit dem die Indianer früher die Spitzen ihrer Waffen tränkten. Für den Menschen ist das Gift nur dann gefährlich, wenn es ans Auge, an die Schleimhäute oder in die Blutbahn gerät. Potentiellen Angreifern wie Leguanen und Vögeln kann der kleine Frosch mit seinem Angstschweiß jedoch gehörig den Appetit verderben. Anstandsweise signalisiert er diese Gefahr jedoch durch seine grelle Warnfarbe. So hilft die Natur ihren Kreaturen nicht nur mit Tarnfarben, sondern auch mit Warnfarben zu überleben.

Zu Beginn der sechziger Jahre entdeckten Forscher eine endemische Krötenart (kommt nur in Costa Rica vor), die sogenannte *Goldkröte*. Sie lebt in

Höhen um 1.500 m. Die größte Chance ein Exemplar dieser Gattung anzutreffen bietet sich in Monteverde. Leichter ist es dagegen, in Küstennähe eine Riesenkröte vom Typ *Sapo Grande* auszumachen. Man muss nur frühmorgens oder spätabends dem unüberhörbaren Gequake nachgehen.

Nicht selten werden Sie *Affen* in freier Wildbahn antreffen: das *Kapuzineräffchen*, das *Totenkopfäffchen*, den mittelamerikanischen *Klammeraffen* oder den kaum zu überhörenden *Brüllaffen*.

Nicht zu vergessen sind natürlich auch die *Riesenschildkröten*, die zur Eiablagezeit ein faszinierendes Naturschauspiel bieten (siehe S.153, S.160 und S.188). Wissenschaftler versuchen noch immer die Frage zu klären, wie es den Tieren gelingt, nach Jahren wieder zum Strand ihrer Geburt zurückzufinden.

Abgerundet wird das Bild der einheimischen Tierwelt durch *Jaguar*, *Puma* und die ihrem Namen alle Ehre machenden *Faultiere*.

Nationalparks und Naturschutzgebiete

Anfang der siebziger Jahre stieg das Umweltbewusstsein und das Interesse, Gebiete zum Schutz und zur Erhaltung einheimischer Pflanzen- und Tierarten zu schaffen. Daraufhin wurden viele Nationalparks gegründet und einige kleinere Naturschutzgebiete und biologische Reservate auf private Initiative hin errichtet. 1979 wurde die Nationalparkstiftung *(Fundación de Parques Nacionales)* ins Leben gerufen, die den Ankauf privater Ländereien zum Zwecke des Naturschutzes unterstützt und finanziell fördert.

Es gibt 11 große Schutzzonen *(Areas de Conservacion)*, die sich in insgesamt rund 40 Nationalparks, private Naturschutzgebiete, biologische Reservate und Tierschutzgebiete unterteilen. Die Nationalparks sind meist mit Rangerstation, Picknickplätzen, Campingmöglichkeit, Trinkwasser, Parkplatz und Besucherzentrum ausgerüstet. Ausgewiesene Wege führen durch die Parks. Diese sollten auch nicht verlassen werden.

Tukan

Pfeilgiftfrösche

Riesenheuschrecke

Bananenschlepper

Bananen

Bougainvillea

Helikonien

Ingwer

Kaffeeernte im Orosi-Tal

Oft finden Sie am Eingang einen kleinen Lageplan zur besseren Orientierung.
Alle Nationalparks verlangen zur Zeit 6 US$ Eintritt pro Person und Besuch.
In den Schutzzonen *La Amistad Pacifico* (mit *Chirripó*-Nationalpark), *Osa* (mit *Corcovado*-Nationalpark) und auf der *Isla del Coco* ist Voranmeldung erforderlich. Die Anzahl der Personen, die sich gleichzeitig in einem dieser Nationalparks aufhalten dürfen, ist zum Schutze der Natur und zur Sicherheit der Besucher streng limitiert.
Am sichersten ist es, 3-5 Tage vor der geplanten Expedition einen formlosen Antrag mit den persönlichen Daten der Teilnehmer und dem gewünschten Zeitraum des Parkbesuchs an

die Verwaltung der Schutzzone zu faxen und einen Tag später telefonisch nachzufragen, ob der Antrag registriert wurde und der Parkbesuch in Ordnung geht. Sollten ausgerechnet am gewünschten Tag zuviele Gruppen gleichzeitig im Park sein, muß man schlimmstenfalls die eigene Tour um ein paar Tage verschieben.

Die Schutzzonen - *Areas de Conservacion*		
La Amistad Pacifico*	Fax: 771-3297	Tel.: 771-3755
La Amistad Caribe	Fax: 758-3996	Tel.: 798-3170
Arenal Norte	Fax: 460-0644	Tel.: 460-0055
Arenal Tilaran (Volcán)	Fax: 479-9654	Tel.: 695-5180
Cordillera Central	Fax: 290-4869	Tel.: 290-1927
Guanacaste (Santa Rosa)	Fax: 655-5598	Tel.: ohne Angabe
Isla del Coco* (via SJO)	Fax: 233-0365	Tel.: 233-4533
Osa* (Puerto Jiménez)	Fax: 735-5282	Tel.: 735-5036
Pacifico Central	Fax: 416-7161	Tel.: 416-6576
Tempisque	Fax: 659-9179	Tel.: 659-9039
Tortuguero	Fax: 710-7673	Tel.: 710-2939
* Limitierte Besucherzahl; Anmeldung erforderlich!		

Wirtschaft

Da das Land kaum über nennenswerte Bodenschätze verfügt, hat es sich vorwiegend auf landwirtschaftliche Erzeugnisse spezialisiert. Es dominieren Monokulturen wie Bananen, Kaffee, Zuckerrohr, Kakao und Ölpalmen, mit denen die höchsten Exporterlöse erzielt werden. Importe aus deutschsprachigen Ländern sind zu vernachlässigen. Abgesehen von einigen deutschen Arzneimittelfirmen beherrschen die USA und Japan den costaricanischen Markt. Die meisten Konsumgüter werden jedoch im eigenen Land produziert, worauf die Costaricaner besonders stolz sind.

Bananen

Den Grundstein für das führende Exportprodukt Costa Ricas, die Banane, legte der US-Amerikaner *Minor Cooper Keith* (s. S. 15) schon im letzten Jahrhundert. Die von ihm ins Leben gerufene *United Fruit Company* organisierte im großen Stil den Anbau, Transport und weltweiten Vertrieb der süßen, krummen Dinger. Nach dem 1.Weltkrieg expandierte der Bananenhandel weiter. 1930 beendete die *Panama-Krankheit* die lange Gewinnphase. Die Plantagen an der Karibik-Küste wurden fürs erste aufgegeben und hinterließen Arbeitslosigkeit und Armut bei der dortigen Bevölkerung. Nach dem Wechsel zur Pazifik-Küste trat die Krankheit hier ebenfalls auf. Erst durch die Züchtung resistenter Sorten konnten die Plantagen im Osten des Landes ihre Arbeit ebenfalls wieder aufnehmen.

Firmen wie *Chiquita*, *Dole* und *Del Monte* beherrschen auch heute noch die Wirtschaft des Landes. Die starke Abhängigkeit von den Rohstoffpreisen des Weltmarktes verhindert jedoch den Ausgleich der Zahlungsbilanz des Landes.

Kaffee

Das traditionelle Anbaugebiet für das braune Lebenselixier liegt im zentralen Hochland. Auch hier wurden, wie bei den Bananen, auf Kosten der Regenwälder die Anbauflächen ständig vergrößert.

Trotz steigender Ertragsmenge sank jedoch in den letzten Jahren der Erlös. Der Verfall der Rohstoffpreise macht sich gerade auf dem Kaffee-Markt besonders bemerkbar. Die Bohnen des Kaffeestrauchs, die vor 10 Jahren noch Devisenquelle Nr. 1 waren, nehmen inzwischen nach dem Wirtschaftsfaktor Tourismus und dem Bananenexport gerade noch Platz 3 ein.

Tourismus

Die Besucherzahlen haben sich zwischen 1988 (rund 330.000) und 1998 (rund 980.000) fast verdreifacht und sind damit der *wichtigste Wirtschaftsfakor* des Landes. Die Gründe dafür liegen sicherlich in der politischen Stabilität des Landes, der großen Anzahl von Nationalparks, der abwechslungsreichen Landschaft und den kilometerlangen, wunderschönen Stränden am Pazifik und auf der Karibik-Seite.

Der Anteil nordamerikanischer Touristen, der schon immer am größten war, nimmt gegenüber den europäischen Touristen weiterhin deutlich zu.

Seit *Condor* im November 1991 damit begann, San José zumindest in der Saison zwischen November und April regelmäßig anzufliegen, kletterten auch die Besucherzahlen aus Deutschland - mit Ausnahme einer kurzen Stagnation im Jahre 1995 - deutlich in die Höhe.

Zweifellos übt das pure Naturerlebnis die größte Anziehungskraft für Touristen aus. Wer jedoch etwas hinter die Kulissen blickt, merkt schnell, dass das Paradies noch lange nicht gerettet ist (s. a. Vorwort)!

Zuckerrohr-Plantage

Palmöl

Mit dem Sklavenhandel kam die in Afrika heimische Ölpalme nach Mittelamerika. Aber erst in neuerer Zeit ist der großflächige Anbau dieser Pflanze auf dem Vormarsch und ihre ökonomische Bedeutung nimmt stetig zu. In der Gegend von *Quepos* sieht man kilometerweit nur Palmenhaine.

Zuckerrohr

Als die Versorgung der USA mit kubanischem Zucker nach der Machtübernahme Fidel Castros ausfiel, hielten die Vereinigten Staaten Ausschau nach einem neuen Lieferanten. Costa Rica witterte hier seine Chance von der hauptsächlich von Kaffee und Bananen dominierten Exportwirtschaft etwas abzurücken.

Das Hauptanbaugebiet dieser relativ anspruchslosen Nutzpflanze befindet sich in der Gegend von *Grecia* und *Naranjo*.

Rindvieh auf typischer Guanacaste-Weide

Viehzucht

Die riesigen Weideflächen für die Rinderhaltung liegen vorwiegend im trockenen Nordwesten des Landes. Hier entstand durch großflächige Rodungen eine Savannen- und Weidelandschaft mit optimalen Bedingungen für die Viehzucht, jedoch katastrophalen Auswirkungen auf die Umwelt. Tier- und Pflanzenarten starben aus, der Boden wurde und wird ausgelaugt. Hier wird besonders deutlich, wie sehr wirtschaftliche über ökologische Aspekte dominieren.

Kreuzungen auf der Basis des Zebu-Rindes sind sowohl dem tropischen Klima als auch der Trockenzeit am besten angepasst und liefern eine gute Fleischqualität.
Hauptabnehmer des Fleisches sind vor allem die großen Fast-Food-Ketten Nordamerikas.

Kakao

Von eher geringer wirtschaftlicher Bedeutung für das Land ist die Kakaoproduktion.
Anbaugebiete liegen an der Karibikküste und im Südwesten bei *Golfito*. Dort wird der

Anbau voraussichtlich aufgegeben, da die Pflanzen von einer kaum auszurottenden Krankheit befallen sind und außerdem der Weltmarktpreis äußerst niedrig ist.

Man spielte allerdings schon früher mit dem Gedanken den Kakaoanbau in Costa Rica völlig zu stoppen. Das Landwirtschaftsministerium empfahl, ihn durch andere Plantagen zu ersetzen. Die Qualität des Produkts war nie so hoch wie die der afrikanischen Kakaobohnen. Dazu ist das Klima zu feucht.

Forstwirtschaft

Die Baumbestände des Landes werden noch immer durch ständigen Raubbau drastisch reduziert. Die Baumschlagquote ist eine der höchsten in der Welt! Wer gegen bestehende Schutzgesetze verstößt wird in der Regel nur mit Geldstrafen belegt, die bei den Gewinnspannen im Holzgeschäft leicht zu begleichen sind.

Aufforstungsprogramme, die oft auch den Anbau landesuntypischer Hölzer wie z.B. Teakholz fördern, sind häufig mehr gewinn- als umweltorientiert.

Seit Anfang der achtziger Jahre setzt man in Costa Rica zunehmend auf die Produktion nichttraditioneller exportorientierter Güter wie tropische Pflanzen, Gewürze, Mais, Reis, Ananas, Melonen, Nüsse und Kokosnüsse.

Praktische Reisetips

An- und Abreise

Einreisebestimmungen

Deutsche, Österreicher und Schweizer benötigen für den Aufenthalt in Costa Rica bis zu 90 Tagen kein Visum. Dies gilt sowohl für Touristen als auch für Geschäftsreisende. Wenn Sie nach 90 Tagen für mindestens 3 Tage das Land verlassen (z.B. zu einem Kurzurlaub nach *Panamá* oder auf die *Isla de San Andrés / Kolumbien*), können Sie wieder ohne Visum weitere 90 Tage in Costa Rica bleiben. Für längere Aufenthalte müssen Sie bei der costaricanischen Vertretung in Ihrem Heimatland ein Visum beantragen, das bei der Einreise nach Costa Rica nicht älter als 30 Tage sein darf. Zuständig sind:

* Botschaft der Republik Costa Rica in Deutschland
  Langenbachstraße 19
  D-53113 Bonn
  Tel.: 0228-54 00 40
  Fax: 0228-54 90 53

* Botschaft der Republik Costa Rica in Österreich
  Schlöglgasse 10
  A-1020 Wien
  Tel.: 0222-804 05 37
  Fax: 0222-804 90 71

* Botschaft der Republik Costa Rica in der Schweiz
  Thunstraße 150 E
  CH-3074 Muri bei Bern
  Tel.: 031-952 6230
  Fax: 031-952 6457

Die Telefonnummern der deutschen und der schweizer Botschaft in Costa Rica finden Sie auf der vorderen Umschlaginnenseite.
Österreich unterhält derzeit keine eigene Botschaft in Costa Rica. Zuständig wäre die österreichische Botschaft in Mexiko, Tel.: 00525-251 97 92 oder im Amtshilfeverfahren (Ausnahme) auch mal die deutsche oder schweizer Botschaft.

Zoll

Bis zu 2 l alkoholische Getränke und bis zu 400 Zigaretten dürfen Sie zollfrei einführen. Sofern Sie elektronische oder optische Geräte mitnehmen, sollten diese Artikel nicht gerade originalverpackt und mit Preisschild versehen sein. Für eingeführte Neuwaren werden erhebliche Zölle erhoben. Ein Film in der Kamera und eine Kassette im Walkman reichen in der Regel als Beweis für den zollfreien Eigenbedarf.

Empfehlungen fürs Reisegepäck

- Pflegeleichte Sommer-kleidung
- genügend Socken und Unterwäsche
- eine Garnitur warme Kleidung (für kühle Abende im Hochland)
- Badeanzug / Badehose
- Sonnencreme und Lippenschutz
- Insektenschutzmittel
- Moskitonetz
- Sonnenbrille (starke Tönung)
- Schirmmütze mit Nacken-schutz oder breitkrempiger Sonnenhut
- Badetuch
- Regenschirm
- Regenumhang

- wasserdichter Campingbeutel
- Plastiktüten
- feste Wanderschuhe
- leichte Sandalen
- Stabtaschenlampe
- Multifunktionstaschenmesser
- Kompass
- Brillenputztuch mit Anlaufschutz
- Taschentücher
- Tubenwaschmittel
- Fleckenentferner
- Waschbecken-Stöpsel
- Wecker
- Ohrstöpsel
- Wörterbuch
- Fotoausrüstung, Filme
- Fernglas
- Kurzwellenempfänger

Ausrüster für Individualreisende:

GLOBETROTTER AUSRÜSTUNGEN
Denart & Lechhart GmbH
Bargkoppelstieg 12
D-22145 Hamburg
Tel.: 040-679 66 179
Fax: 040-679 66 186

GLOBETROTTER AUSRÜSTUNGEN
Denart & Lechhart GmbH
Bundesallee 88
D-12161 Berlin
Tel.: 030-850 892-0
Fax: 030-851 11 69

LAUCHE & MAAS
Alte Allee 28
D-81245 München
Tel.: 089-820 66 77
Fax: 089-83 12 88

DÄRR
Expeditionsservice
Theresienstraße 66
D-80333 München
Tel.: 089-28 20 32
Fax: 089-28 25 25

Ankunft

Bei Ihrer Ankunft am internationalen Flughafen *Juan Santamaria* werden Sie meist von einer ganzen Horde von Hotelanbietern, Taxifahrern und Geldwechslern umlagert. Hier sollten Sie neben Ihrem Gepäck vor allem Hand- und Brieftasche gut im Auge behalten.

Das *Taxi* zur Innenstadt kostet zwischen 13 und 15 US$ und wird billiger, wenn Sie sich ein Sammeltaxi *(Collectivo)* nehmen. Die Fahrtdauer beträgt etwa 20 bis 30 Minuten.

Natürlich können Sie auch für ein paar Colónes mit dem oft recht vollen *Bus* nach San José fahren oder gleich einen *Leihwagen* mieten.

Flüge ab Deutschland

Flüge von Deutschland, Österreich und der Schweiz nach San José / Costa Rica kosten je nach Reisesaison, Fluggesellschaft und Abflughafen zwischen 1.500,- und 2.400,- DM.

Für Flüge in den Monaten Dezember und Januar wird eine frühzeitige Buchung dringend empfohlen.

Die gängigsten Verbindungen sind:

CONDOR 1 x wöchentlich ab Frankfurt über Tampa (von November bis April).

BRITISH AIRWAYS 1 x wöchentl. von vielen europ. Flughäfen über London-Gatwick.

MARTIN AIR 2 x wöchentlich ab Amsterdam (Zubringer aus ganz Europa: KLM).

CONTINENTAL täglich ab Frankfurt oder Düsseldorf über Newark / NY.

AMERICAN täglich ab Frankfurt über Dallas / TX.

UNITED täglich ab Frankfurt oder München über Washington D.C. (Zubringer aus ganz Europa: Lufthansa).

IBERIA werktäglich ab vielen europäischen Flughäfen über Madrid. Ab München, Düsseldorf und Zürich mit Direktanschluß; ab Frankfurt/M., Hamburg, Berlin, Stuttgart, Genf und Wien mit 1 Übernachtung in Madrid auf Kosten der Fluggesellschaft.

Tip: Billigflug nach Miami buchen und von dort mit LACSA (2 x täglich) oder AMERICAN AIRLINES (2 x täglich) weiter nach San José. Das kann in der

Nebensaison die Flugkosten spürbar senken. In der Hauptsaison ist dagegen Vorbuchung dringend anzuraten und der Preisvorteil auf dieser Strecke unsicher.

Günstige Flüge gibt's bei:

TRAVEL OVERLAND
Barerstr. 73
D-80799 München
Tel.: 089-27 27 63 00
Fax: 089-307 30 39
http://www.travel-overland.de

FLUGBÖRSE HAMBURG
Grindelallee 138
D-20146 Hamburg
Tel.: 040-4108075
Fax: 040-4107745

GLOBETROTTER
TRAVEL SERVICE
Neuengasse 23
CH-3001 Bern
Tel.: 031-326 6060
Fax: 031-326 60 66

Deutsche Tourenveranstalter

COLIBRI UMWELTREISEN
Sophienstr. 5
D-10178 Berlin
Tel.: 030-283 90-232/-233/-234
Fax: 030-283 90-234

MONDO TOURS
Spengler Str. 17
D-90443 Nürnberg
Tel.: 0911-26 84 39
Fax: 0911-28 76 227

WINDIGO REISEN
Carsten Luks
Jamnitzer Straße 15
D-81543 München
Tel.: 089-65 18 182
Fax: 089-62 42 02 82
e-mail: windigo@t-online.de

IKARUS REISEN, JAHN REISEN, MEIER's WELTREISEN NUR und TUI vertreiben ihre Tourenangebote über zahlreiche Reisebüros.

**Österreichische
Tourenveranstalter**

SPORT AGENTUR STROBEL
Hauptplatz 3
A-8940 Liezen
Tel.: 03612-25 343
Fax: 03612-25 343-9

**Schweizer
Tourenveranstalter**

SALINA TOURS
Malzstr. 21
CH-8036 Zürich
Tel.: 01-466 68 68
Fax: 01-466 68 00

Fremdenverkehrsamt
Tourismusbüro Costa Rica
Kartäusergasse 26
D-50678 Köln
Tel.: 0221-310 18 42
Fax: 0221-310 18 43
e-mail: amik@magicvillage.de

Sprachreisen
INSTITUTO DE ESPAÑOL
„COSTA RICA"
Lothar Bernert
Nibelungenstraße 9
D-63785 Obernburg
Tel. & Fax: 06022-8075
e-mail: tww-lb@t-online.de

Schiffsreisen
Wer in unserer heutigen,
schnelllebigen Zeit noch die
Muße findet, auf hoher See den
Atlantik zu überqueren, kann
sich glücklich schätzen.
Zwei deutsche Reedereien haben auf ihren Bananenfrachtern
ein paar blitzsaubere Doppelka-
binen eingerichtet. Die gut erhaltenen Kühlschiffe fahren
meist unter liberianischer Flag-
ge mit russischem Kapitän und
fremdländischer Besatzung und
bieten je nach Schiffstyp Platz
für 6-12 Passagiere.

Das Abarbeiten der Passage-
kosten an Bord ist heutzutage
nicht mehr möglich. Die Fahr-
ten, die ja immerhin runde 3
Wochen Vollpension und un-
eingeschränkten Meeresblick
bieten, kosten zwischen 2.600,-
und 3.200,- DM (einfach!). Je
nach Frachtaufkommen fahren
2-4 Schiffe pro Monat.
Die Route beginnt in Hamburg
und führt über Guadeloupe und
Martinique nach Moín, dem
wichtigsten Hafen Costa Ricas
am nördlichen Stadtrand von
Limón (Karibikküste).

Schiffspassagen vermitteln:

HORN-Linie
Süderstraße 75
D-20097 Hamburg
Tel.: 040-23677-113
Fax: 040-23677-265

Frachtschiff-Touristik
Kapitän Peter ZYLMANN
Exhöfter Damm 12
D-24404 Maasholm
Tel.: 04642-60 68
Fax: 04642-67 67

Ausreise

Ihren Abflugtermin sollten Sie
3 Tage vor dem gebuchten
Rückflugtag bestätigen lassen.
Diese bei internationalen *Lini-
enflügen* üblichen *Flight Recon-
firmation* können Sie entweder
telefonisch bei Ihrer Fluggesellschaft oder über die meisten
costaricanischen Reisebüros
und Tourenveranstalter erledi-
gen.
Wegen der Ausreiseformalitä-
ten und der oft schleppenden
Abfertigung empfehlen wir, 2
Stunden vor Abflug am internationalen Flughafen Juan Santamaria zu sein und noch *mindestens 35 US$* oder den Gegen-
wert in Colónes bar zurückzule-
gen. Die Taxifahrt ab Zentrum
San José kostet etwa 15 US$
und die vor dem Einchecken zu
entrichtende Flughafengebühr
(= Ausreisegebühr = *Impuesto
de Salida*) lag bei Redaktionsschluss für diese Ausgabe bei
17 US$. (Preise können wäh-
rend der Verkaufsperiode dieses Reiseführers steigen!)
Für *Charterflüge* (z.B. *CON-
DOR*) ist keine *Flight Reconfir-
mation* nötig. Auch ist bei
Charterflügen die Ausreisegebühr bereits im Preis enthalten.

Gesundheitsvor- und -fürsorge

Costa Rica hat das beste Gesundheits- und Sozialsystem unter den lateinamerikanischen Ländern. Zumindest die Privatbehandlung in San José - als Inhaber einer Reisekrankenversicherung sollten Sie sich das leisten - entspricht dem gewohnten europäischen Standard.

Auch wer sich schon lange eine markantere Nase oder ein strafferes Ohrläppchen wünscht und für derartige Luxusoperationen zu Hause tief in die Tasche greifen müsste, kann sich in San José relativ preiswert eine neue Visage schnitzen lassen. Die plastischen Chirurgen des Landes sind der Geheimtip für liftungsbedürftige Jahrgänge aus Amerika und Europa, die vom ersparten Differenzbetrag locker ihren Costa Rica-Urlaub finanzieren und sich auch noch während der Rekonvaleszenzphase den kritischen Blicken ihrer Lieben entziehen können. Zu den besten Adressen gehören *Dr. Pino*, Tel.: 220-0224, Fax: 231-6017 und *Dr. Fournier*, Tel.: 222-1010, Fax: 255-4370.

Gesundheitsvorsorge

Impfungen

Grundsätzlich sind für Costa Rica *keine* Impfungen vorgeschrieben. Statistisch gesehen bringt jedoch jeder Urlaub auf Grund der verstärkten Freizeitaktivitäten auch ein erhöhtes Verletzungsrisiko mit sich. Ein guter Grund also, den Impfschutz gegen *Tetanus* (Wundstarrkrampf) wieder aufzufrischen, am besten gleich in Kombination mit einer *Diphtherie-Impfung*. Auch das Risiko einer Infektion mit *Poliomyelitis-Viren* (Auslöser der Kinderlähmung) ist in Mittelamerika höher als in Europa. Die letzte (Schluck-)Impfung sollte daher nicht länger als 10 Jahre zurückliegen.

Eine Immunisierung mit *Gamma-Globulin* kann empfohlen werden, da sie für etwa 3 - 6 Monate sowohl Schutz gegen Hepatitis A (Gelbsucht) bietet als auch die Abwehrkräfte steigert. Wer häufig in ferne Länder reist, begegnet dem Ansteckungsrisiko mit Hepatitis A und B am besten mit einer *TWINRIX-Impfung,* die mindestens 1 Jahr, bei Impfwiederholung sogar 10 Jahre lang guten Schutz gegen diese tückischen Lebererkrankungen bietet.

Vorbeugemaßnahmen gegen *Typhus* (Tabletten) sind bei Reisen unter zweifelhaften Hygienebedingungen zu empfehlen, z.B. wenn Sie an Straßenständen oder in kleinen, einheimischen Restaurants essen wollen.
Gelbfieber und *FSME* gibt es in Costa Rica *nicht.*

Malaria

Malaria tritt in Costa Rica nur selten und nur in der minder gefährlichen Form *Malaria Tertiana* (Erreger: Plasmodium vivax) auf. Mit Ausnahme der Städte besteht jedoch landesweit in allen Höhenlagen unter 700 m ein grundsätzliches Risiko. Der Überträger, eine Mücke mit dem klangvollen Namen *Anopheles*, wird erst nach Einbruch der Dunkelheit aktiv.
Auf Empfehlung erfahrener Tropenmediziner haben wir bei unseren zahlreichen Costa Rica-Expeditionen an Stelle aufwendiger Chemoprophylaxe immer alternative Schutzmaßnahmen gewählt:

• Tragen von *hellen, langärmeligen* Hemden und *langen* Hosen zur Abenddämmerung; *körperbedeckende* Schlafkleidung.

• Verwendung von Insektenabwehrmitteln wie *Autan* (Chemiekeule, aber auch im Freien gut wirksam) oder *Zedan* (Naturprodukt, nachts im Gesicht auftragen, auch für Kinder).
• Verwendung eines *Moskitonetzes* (Bezug: s. Ausr. S.53).
• Abbrennen von *Mosquito Coils* (Moskitospiralen) vor dem Einschlafen (in Apotheken nach *Espirales* fragen).
Sicherheitshalber empfiehlt sich, besonders bei längeren Urwald-Expeditionen, die Mitnahme eines Notfallmedikaments. Den bei uns unter dem Handelsnamen *Resochin* bekannten Wirkstoff Chloroquin gibt es in Costa Rica in jeder Apotheke rezeptfrei unter dem Namen *Aralen.*

Nahrung und Wasser

„Boil it, cook it, peel it - or forget it" heißt eine alte Tramperregel. Auf gut deutsch: Essen Sie nichts, was nicht geschält (Obst), gekocht oder gut durchgebraten ist. Das gilt sicherlich auch für Costa Rica.
In San José und in den größeren Städten des Landes hat das Wasser Trinkqualität und kann zumindest in Hotels und Restaurants, die oft zur zusätzlichen Sicherheit ihrer Wasser-

Kleine Reiseapotheke

- **Augentropfen:** Yxin, Berberil
- **Ohrentropfen:** Otalgan
- **Nasenspray:** Otriven
- **Halstabletten:** Neo Anginin
- **Antiallergikum** zur Behandlung von Sonnenbrand und Mückenstich: Soventol Gel
- **Virostatikum** gegen Lippenherpes: Zovirax Creme oder Aciclovir Ratiopharm
- **Durchfallmittel:** Perenterol, Tannacomp, Imodium
- **Wasserentkeimungstabletten:** Micropur
- **Antibiotika:** Ciprofloxacin, Baktrim, Tetracyclin (Beratung und Verschreibung durch Hausarzt vor der Abreise)
- **Kopfschmerzmittel:** Aspirin, Paracetamol
- **Desinfektionsmittel:** Dibromol farblos
- **antibiotische Wundsalbe:** Betaisadona
- **Abszess-Salbe:** Ilon-Abszess-Salbe
- **Verbandspäckchen**
- **Heftpflaster mit Schere**
- **Sicherheitsnadel**
- **Fieberthermometer**

einspeisung noch Filter vorschalten, bedenkenlos getrunken werden. Im Hinterland ist jedoch Vorsicht geboten.

Hier sollten Sie Eiswürfel in Getränken meiden, selbst zum Zähneputzen nur Mineralwasser benutzen oder das angebotene Leitungswasser selbst entkeimen. Folgende Verfahrensweisen haben sich bewährt:

1. Wasser mindestens 5 Minuten *abkochen* (muß so lange sprudeln!). Dafür benötigen Sie entweder einen Tauchsieder oder eine Kaffeekanne mit integriertem Kocher. Diese Utensilien kaufen Sie am besten in San José, da sie für Costa Rica 110 V-tauglich und mit einem Flachstecker nach US-Norm ausgestattet sein müssen.

2. Wasser mittels Silberionen (*Micropur,* 2 Std. Einwirkzeit) entkeimen. Die Methode eignet sich gut für klares, aber bakteriologisch nicht einwandfreies Wasser, ist geschmacksneutral und konserviert das behandelte Wasser gleichzeitig bis zu 6 Monate.

3. Entkeimungsfiltration mit einem hochwirksamen Keramik-Silber-Filter. Damit können Sie auch aus trübem Wasser noch bakteriologisch einwandfreies Trinkwasser zaubern. Der *Katadyn Mini Filter* hat sich bestens bewährt und passt in jeden Waschbeutel.

Sonne

Die Sonneneinstrahlung ist vor allem in den Küstenregionen sehr intensiv. Je nach Hauttyp sollten Sie sich daher gut mit Sonnencreme und Lippenpomade schützen und Ihren Körper langsam an die UV-Strahlen gewöhnen. Bleiben Sie am ersten Badetag nicht länger als 15 Minuten an der Sonne! Sonnenschutzmittel mit den gängigen Lichtschutzfaktoren gibt's in allen Landesteilen. Bei Touren an der Karibikküste oder im Südwesten des Landes hilft eine Schirmmütze oder ein breitkrempiger Hut, immer kühlen Kopf zu bewahren.

Was aber, wenn´s nun mal passiert ist? Abends rötet sich die Haut, beginnt zu brennen und zu jucken? Sofort bei den ersten Anzeichen dieser Art der Haut soviel Flüssigkeit wie möglich zuzuführen hilft meist, Schlimmeres zu verhindern. Besonders gut eignen sich hierfür Gels, z.B. *Soventol*-Gel, das in jede Reiseapotheke gehört, oder reine *Aloe Vera*. Die kühlenden und wasserspendenden Mittelchen müssen allerdings bis zum Abklingen der Symptome alle 2 Stunden aufgetragen werden und weitere Sonnenexpositionen sind in dieser Zeit unbedingt zu vermeiden!

Gesundheitsfürsorge

Durchfall (Diarrhoe)

Durchfall ist die mit Abstand häufigste Urlaubsplage. Ein leichter Reisedurchfall, wie er oft innerhalb der ersten 3 Tage nach Ankunft auftritt, ist meist auf den veränderten Bio-Rhythmus, Klimawechsel, Stress, generelle Reizüberflutung und last not least die Umstellung der Ernährung zurückzuführen. Wirklich schwere Durchfälle hingegen haben ihre Ursache immer in der massiven Aufnahme von Bakterien und Viren, am häufigsten über verunreinigtes Wasser (auch als Eiswürfel in Getränken), Milchprodukte und ungeschältes Obst.

Die meisten Durchfallerkrankungen können durch konsequente Einhaltung folgender Verhaltensweisen innerhalb weniger Tage gestoppt werden:

• 12 bis 24 Stunden absolute *Nahrungskarenz* einhalten.

• *Viel Trinken* (mind. 3 Liter / Tag), am besten den milchigweißen Absud von gekochtem Reis, Kokosnusswasser oder stark gezuckerten Tee mit einem Schuß Orangensaft. In jedem Fall sollte zum *Elektrolytausgleich* pro Liter Flüssigkeit ein Teelöffel Salz beigegeben werden.

- Am zweiten Tag damit beginnen, den Magen-Darmtrakt mit *geriebenen Äpfeln, Bananen und Speisen aus gekochter Yucca* langsam wieder an seinen Arbeitsalltag zu gewöhnen.
- Dreimal täglich einen Teelöffel fein zerkauter *Papayakerne* einnehmen.
- *Perenterol* (Hefepräparat) ist eines der wenigen völlig unbedenklichen Mittel, das Sie rezeptfrei in jeder deutschen Apotheke erhalten und dessen prophylaktische Einnahme Sie vor durchfälligen Reaktionen schützen kann.
- *Loperamid-Präparate (Imodium, D-Stop)* wirken wie ein „chemischer Stöpsel", indem sie einfach den Darm stilllegen. Diese rein symptomatische Durchfallbekämpfung mag im Einzelfall durchaus einmal angenehm und angebracht sein, löst jedoch das Problem im Grunde nicht: Die Krankheitskeime bleiben länger im Darm und vermehren sich fröhlich! Außerdem kann eine Überdosierung des Medikaments zu gefährlichem Darmstillstand führen.

Bei wirklich massiven Durchfällen, die mit Fieber einhergehen und sich auch nach zwei Tagen mit den oben beschriebenen Therapien nicht lindern lassen, sollten Sie unbedingt einen **Arzt aufsuchen.** Ist dies nicht möglich, z.B. während einer längeren Dschungeltour, so müssen zusätzlich zu den genannten Maßnahmen schwerere Geschütze aufgefahren werden. Die Mittel der Wahl sind *Baktrim* (2 x 2 Tabl.) oder *Tetracyclin* 250 mg (4 x 1 Kapsel). Wer seine Reiseapotheke auf den neuesten Stand gebracht hat, kann den unerwünschten Darmbakterien besonders wirkungsvoll und nebenwirkungsarm mit sogenannten *Gyrasehemmern* (z. B. Ciprofloxacin) zu Leibe rücken.

Furunkel

Furunkel, Karbunkel und Abszesse gedeihen unter schweißtreibenden Bedingungen ganz besonders gut. *Ilon-Abszess-Salbe,* bei den ersten Anzeichen mehrfach täglich auf das Hautknötchen aufgetragen, bringt dieses meist völlig zum Verschwinden. Größere Abszesse müssen schnellstens von einem Arzt geöffnet werden.

Schlangen

Nur wenige der über hundert Schlangenarten Costa Ricas sind wirklich gefährlich.

Nur wenige der 135 Schlangenarten Costa Ricas sind giftig

Giftschlangen greifen von sich aus keine Menschen an, sondern wehren sich nur, wenn sie sich bedroht fühlen. Den Biss einer Giftschlange erkennt man an den zwei punktförmigen Einstichen, die ihre Fangzähne in die Haut bohren. Ungiftige Schlangen hinterlassen dagegen den gesamten Abdruck ihres meist zweireihigen Gebisses.

Über optimale Erstmaßnahmen sind sich die Fachleute uneinig: Die einen proklamieren nach wie vor das Einschneiden zwischen den Bisswunden und Aussaugen des Gifts, andere wiederum halten dagegen, die gerinnungshemmende Wirkung mancher Schlangengifte könnte zu einer unstillbaren, starken Blutung bei einem Einschnitt führen.

In folgenden Maßnahmen ist sich die Fachwelt jedoch einig:

• Betroffenen Körperteil möglichst wenig bewegen.

• Lockeren Verband über der Wunde anlegen.

• Oberhalb der Wunde Stauung anlegen und alle 20 Minuten für 1 Minute lockern.

• Betroffenen so schnell und so schonend wie möglich in das nächste Krankenhaus transportieren.

• Übeltäterin identifizieren. In Costa Rica gibt es 2 Gegenmittel: Das *Suero Anticoral* gegen das Gift der Korallenschlange und das *Suero Antiofidico Poli-*

valente Liofizado gegen alle anderen Schlangengifte.
Und noch etwas: Handeln Sie unbedingt ruhig und überlegt! Ihr letztes Stündchen hat noch lange nicht geschlagen! Die meisten Bisse, auch der „tödlichsten" Schlangen, werden überlebt.

Hexenmeister

An der Karibikküste gibt es in vielen Dörfern noch einen *Witch Doctor*, häufig auch eine Frau. Die Hexenmeister(innen) genießen oft ebensoviel Ansehen wie echte Ärzte. Aberglaube, Quacksalberei und Mystik mischen sich hier mit echter Kenntnis nützlicher Naturheilverfahren. Sollten Sie also in Parismina oder Cahuita gerade mal eine Grippe oder eine leichte Magenverstimmung haben, fragen Sie ruhig nach dem *Witch Doctor* und genießen Sie das Erlebnis!

Krankentransporte

Das Rettungswesen wird in Costa Rica vorwiegend durch das Rote Kreuz *(Cruz Roja)* wahrgenommen.
Jede Provinz hat ihre eigene Notrufnummer:

Alajuela	441-3939
Cartago	551-0421
Guanacaste	666-0994
Heredia	237-1115
Limón	758-0125
Puntarenas	661-1945
San José	nur 128

Sollten Sie besser englisch als spanisch sprechen, so vermittelt die Notruf- und Auskunftsstelle der Tourismusbehörde unter Tel.: **800-0123456** (24 Std.) Ihren Hilferuf weiter.
Zahlreiche Erste-Hilfe-Stationen und Kleinkrankenhäuser sichern landesweit mehr oder weniger flächendeckend die medizinische Erstversorgung. Europäischen Standard können Sie jedoch nur in den Privatkliniken der Hauptstadt erwarten. Lassen Sie sich also in entsprechend schweren Fällen per Krankenwagen oder Buschflugzeug nach San José bringen.
Empfehlenswert sind:
• Clínica America,
San José Süd,
Tel.: 222-1010
• Clínica Bíblica
Av.14 zw. C Ctrl. u. C 1
Tel.: 257-5252
• Clínica Catolica
Stadtteil Guadalupe
Tel.: 225-5055
Anschriften und Telefonnummern deutschsprechender Ärzte finden Sie auf der vorderen Umschlaginnenseite.

Sicher reisen

„Gelegenheit macht Diebe" sagt ein altes Sprichwort. Tatsächlich ist linear mit dem zunehmenden Tourismus in den letzten Jahren auch die Zahl der Gewalttakte gestiegen. Der Autor hat selbst einmal miterleben müssen, wie unter den Augen Hunderter von Passanten mitten im Stadtzentrum blitzschnell ein braver Tourist „ausgezogen" wurde: Drei junge Männer hielten ihn zunächst mit einer harmlosen Frage an, umringten ihn und nahmen ihm Brieftasche, Pass, Geldbörse, Goldring, Halskette und Uhr ab und verschwanden in drei verschiedene Richtungen. Das Ganze dauerte dreißig Sekunden und der Tourist war chancenlos. Die meisten Diebe und Räuber tummeln sich logischerweise immer da, wo die fetteste Beute herumläuft: in der Hauptstadt. Zu zweit oder in einer Gruppe sind Reisende sicher.

Wenn Sie alleine unterwegs sind, sollten Sie folgendes beachten:

• Pass, Flugticket und wertvoller Schmuck gehören in einen Safe. In allen großen Banken und Hotels wird man Ihre Wertsachen gerne für ein paar Dollar pro Tag für Sie in Verwahrung nehmen. Hotelsafes haben den Vorteil, daß sie 24 Stunden zugänglich sind und die großen Häuser verwahren Ihre Wertgegenstände meist auch dann, wenn Sie nicht ständig dort zu Gast sind.

• Tragen Sie immer eine Kopie Ihres Passes und Ihres Führerscheins bei sich. Dies wird bei Kontrollen anstandslos akzeptiert.

• Stecken Sie stets nur soviel Bargeld ein, wie Sie bei Ihrem Einkaufs- oder Nachtbummel im Einzelfall ausgeben wollen.

• Gehen Sie rasch und zielstrebig weiter, wenn Sie eine Gruppe verdächtiger Gestalten mit Zurufen und Fragen stoppen möchte.

Unsere Tips sollen Sie keinesfalls von ausgiebigen Erkundungen der Stadt abhalten. Die Kriminalitätsraten in Frankfurt, Wien und Zürich liegen immer noch um einiges höher als die von San José und wenn Sie sich richtig verhalten, wird Ihnen nichts passieren. Lassen Sie sich auch nicht dadurch verunsichern, dass fast vor jedem besseren Geschäft und Lokal Wachen mit Schlagstöcken und Revolvern stehen. Die Costaricaner sind im Grunde ein recht friedfertiges Völkchen, aber ein bisschen Macho- und Wildwest-Gehabe gehört eben zur Mentalität und soll nicht Sie, sondern die Bösewichte abschrecken.

Zuweilen werden Ihnen *Drogen*, vor allem Marihuana, Kokain und Crack angeboten. Bitte lassen Sie sich auf keinen Fall darauf ein. Polizei und Justiz reagieren last not least wegen des starken internationalen Drucks mit äußerster Härte, wenn sie jemanden beim Handel, Besitz oder Konsum von Drogen erwischen.

Alkohol am Steuer ist auch in Costa Rica verboten und erhöht zweifellos die Unfallgefahr im ohnehin gewöhnungsbedürftigen Straßenverkehr dieses Landes.

Das costaricanische Recht orientiert sich an der römisch-germanischen Rechtsordnung. Die Rechtsverhältnisse von Personen regelt das Zivilgesetzbuch *Código Civil* und das Handelsgesetzbuch *Código de Comercio.*

Sollten Sie tatsächlich einmal in Schwierigkeiten geraten, so gilt als oberster Grundsatz: **Machen Sie der Polizei gegenüber keine Angaben**, auch wenn Sie sich in englisch verständigen könnten. Sie haben das Recht in Ihrer Landessprache (deutsch!) vernommen zu werden, Ihre Botschaft und einen Anwalt zu verständigen. Folgende Anwälte sprechen deutsch und sind im Notfall immer für Sie da:

• Frau *Liliana Garcia-Vega*, Av. 10, zw. Calle 21 u. 23, Haus Nr. 2142, San José, Tel.: 233-5522, Fax: 233-5233.

• Herr *Maynor Serrano Mattey,* Barrio Francisco Peralta, 50 m südl. des Goethe-Instituts, Haus Nr. 55 S, (am Ende der C 29, Ecke Av. 1), San José, Tel.: 225-8527, Fax: 280-6131, Mobil: 382-0669.

Beide Anwälte sind gleichzeitig auch Notare und holen nicht nur deutschsprachige Urlauber aus dem Knast, sondern prüfen für Sie auch Grundbucheinträge und beraten Sie in allen Rechts- und Eigentumsfragen. Hierfür müssen Sie allerdings einen Termin vereinbaren.

Mit Kindern unterwegs

Die Costaricaner sind außerordentlich kinderfreundlich und lassen keine Gelegenheit aus, dies zu demonstrieren. Mit Kindern erntet man hier - ganz im Gegensatz zu einigen mitteleuropäischen Ländern - schnell Pluspunkte.

Die Autoren waren selbst mit ihren Kindern im Säuglings- und im Kleinkindalter in Costa Rica unterwegs und hatten unter Beachtung der gesundheitlichen Vorsorgemaßnahmen keinerlei Probleme.

Besonders wichtig ist für Kinder:

* Nur Mineralwasser oder gefiltertes, abgekochtes oder entkeimtes Wasser trinken (siehe S. 61).
* An heißen Tagen darauf achten, dass Kinder *regelmäßig viel trinken,* am besten Tee, Mineralwasser, Wasser (s.o.) und Fruchtsäfte.
* Bei starkem Flüssigkeits- und Salzverlust durch Schwitzen oder Durchfall sollte bei Kleinkindern einmal täglich ein *Elektrolytausgleich* durch Zugabe von 1 Beutel *Oralpädon* (aus deutschen Apotheken) oder *Parlac* (aus einheimischen Apotheken) auf 250 ml Tee oder Fruchtsaft erfolgen.
* Auch bei kurzzeitiger Sonnenexposition immer *Sonnencremes mit hohem Lichtschutzfaktor* auftragen.

Kindernahrung, Fläschchen, Schnuller, Windeln und Plastikspielzeug sind in San José und größeren Touristenorten (z.B. Jacó) problemlos erhältlich. *Perenterol, Fencheltee, Kindertee* und *Humana-Heilnahrung* oder gleichwertige Produkte sind in Costa Rica nicht zu bekommen. **Wir empfehlen die Mitnahme aus Deutschland.** Sofern Sie mit dem Leihwagen durchs Land reisen, sollten Sie einen **Auto-Kindersitz** von zu Hause mitnehmen oder frühzeitig bei Ihrem Autoverleiher vorreservieren. Größere Kinder sitzen am sichersten hinten.

Straßenverkehr

In Costa Rica fährt man - ebenso wie im deutschen Sprachraum - auf der rechten Straßenseite. Für Touristen mit einer Aufenthaltsdauer bis zu 3 Monaten genügt deren nationaler Führerschein. Wer länger bleibt, muß die einheimische *Licencia* erwerben (problemlose Umschreibung nach Blutdruck- und Sehtest). Die erst 1988 für alle Fahrzeuge eingeführte Anschnallpflicht wurde im August 1997 per Gesetzeserlass wieder aufgehoben. Natürlich steht es jedem frei, den Gurt über die Brust zu ziehen und wir empfehlen, diese sinnvolle, von zu Hause gewohnte Sicherheitsvorkehrung zumindest bei Überlandfahrten unbedingt beizubehalten!

Innerhalb geschlossener Ortschaften ist die erlaubte Fahrgeschwindigkeit auf 40 km/h, außerhalb geschlossener Ortschaften auf 80 km/h begrenzt, soweit nicht anders ausgeschildert.

Die Benzinpreise liegen etwa zwischen den Durchschnittspreisen in Europa und denen in den USA, d.h. Benzin ist deutlich billiger als in Deutschland, Österreich und der Schweiz. Die meisten Tankstellen öffnen um 6.00 Uhr und schließen um 18.00 Uhr. Es empfiehlt sich, in größeren Städten stets vollzutanken, da die Möglichkeiten dazu im Hinterland manchmal begrenzt sind.

Der Stadtverkehr in San José ist chaotisch, vor allem zu den Stoßzeiten, wenn sich der bestialisch stinkende Verkehrsbrei mühsam durch die engen Gassen der Metropole quält. Die meisten Pkw-Lenker fahren defensiv, lassen einfädeln und erwarten dies auch von anderen Verkehrsteilnehmern. Es wird gerne gehupt und gelacht, selten jedoch geschimpft und gedroht. Größere und stärkere Fahrzeuge wie **Busse und Lkws haben immer Vorfahrt** und man hüte sich vor einer Kraftprobe nach offiziellen Verkehrsregeln!

Ein rechteckiges, weißes Schild mit der schwarzen Aufschrift „NO HAY PASO” bedeutet soviel wie „Hier geht´s nicht rein” und entspricht unserem runden, roten Verbotsschild mit dem weißen Querbalken. Wer das Schild übersieht, fährt gegen eine Einbahnstraße und kann großen Ärger bekommen.

Gelbgestrichene Bordsteine bedeuten Parkverbot, rotgestrichene Halteverbot.

Die Ampeln hängen häufig - wie in den USA - in der Straßenmitte, was für Europäer etwas gewöhnungsbedürftig ist. Sofern der Verkehrsfluss es erlaubt, dürfen Sie - ebenfalls wie in den USA - an roten Ampeln rechts abbiegen.

Offizielle Parkplätze sind tagsüber schwer zu bekommen. Fragen Sie nach einem *Parqueo Publico* (kostenpflichtig, bewacht). Nachts bieten oft selbst ernannte Parkwächter am Straßenrand ihre Dienste an. Sie tun gut daran, etwa 100-200 Colónes pro Stunde „Schutzgeld” zu bezahlen.

Alle Autobahnen sind - mit wenigen Ausnahmen - nach unserem Verständnis eher gut ausgebaute Landstraßen. Für die ständige Wartung der *Autopista* werden geringfügige, je nach Streckenabschnitt unterschiedliche Benutzungsgebühren erhoben.

Naturgewalten wie Erdrutsche und Steinschlag und ihre Folgen gehören geologisch und klimatisch bedingt zum Alltag in Costa Rica und müssen immer wieder aufs Neue bezwungen werden. Ein vorsichtiger, vorausschauender Fahrstil ist hier unbedingt angebracht! Überholverbot gilt grundsätzlich auf allen Brücken und bei durchgezogener Fahrspurlinie. Mit tiefen Schlaglöchern, Fröschen, Rindern, Kindern, abgestellten Fahrzeugen oder anderen, unvorhersehbaren Hindernissen auf der Fahrbahn muss jederzeit und auch nach jeder Kurve gerechnet werden.

Zweige, Äste oder Grünzeug jeglicher Art auf der Fahrbahn haben in Costa Rica die gleiche Bedeutung wie in Mitteleuropa das Warndreieck. Nachts wird häufig unbeleuchtet oder nur mit Standlicht gefahren.

Wer ein Fahrzeug nach Costa Rica einführt, muß mit horrenden Zollgebühren rechnen. Kauft man das Fahrzeug im Lande, so dauert die Zulassung meist zwei bis drei Monate. Die *Inspección* - entsprechend unserem TÜV - ist nur alle 10 Jahre vorgeschrieben! Seit 1996 zeigt sich Costa Rica jedoch besonders umweltbewußt und verlangt einen Abgastest, ähnlich der deutschen ASU. Der *Ecomarchamo* wird jährlich in dem Monat fällig, der der letzten Ziffer des Autokennzeichens entspricht.

Orientierung

Den spanischen Eroberern haben wir es zu verdanken, daß alle costaricanischen Städte nach dem gleichen, einfachen Schachbrettmuster angelegt sind: Die *Avenidas (Av.)* verlaufen stets von Ost nach West und die *Calles (C)* von Nord nach Süd. Zentraler Ausgangspunkt ist immer die Kreuzung *Avenida Central* und *Calle Central*. Von dort aus werden die Calles Richtung Osten in ungerader Reihenfolge (C 1, C 3, C 5 usw.) und Richtung Westen in gerader Reihenfolge (C 2, C 4, C 6 usw.) gezählt.

Die Avenidas zählt man von der Av. Central (= 0) ausgehend Richtung Norden in ungerader und Richtung Süden in gerader Reihenfolge. Dem System zufolge kann also niemals z.B. die Calle 6 auf die Calle 5 folgen. Hier liegen fünf Straßen dazwischen (C 3, C 1, C 0, C 2, C 4).

Wenige Ausnahmen bestätigen die Regel: In Limón werden die 6 Avenidas und 8 Calles der Stadt in direkter Reihenfolge durchgezählt.

Nicht nur einmal haben wir an der Hotelrezeption den verzweifelten Versuch eines Touristen beobachtet, eine „genaue Adresse mit Straße und Haus-

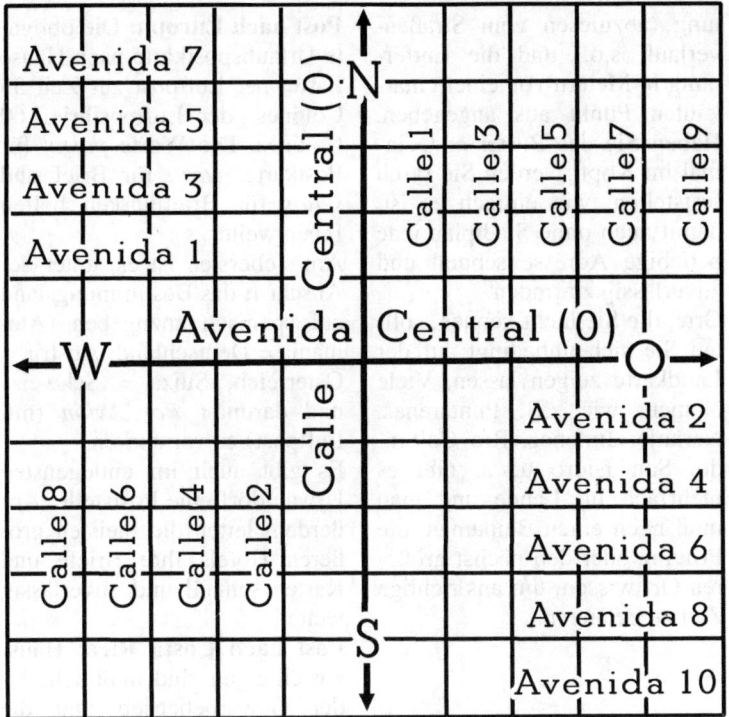

Nr." zu bekommen, damit er nach dem Stadtbummel auch wieder zurückfindet. Hausnummern sind jedoch in diesem System unüblich und selten. Vielmehr wird zuerst die Avenida oder Calle genannt, in der sich das Gebäude befindet und dann die beiden Querstraßen, die den Häuserblock einsäumen. Die Angabe Correo Central C 2, Av. 1 y 3 bedeutet also, daß das Hauptpostamt in der Calle 2 zwischen den Avenidas 1 und 3 liegt. Da jeder Häuserblock, *Cuadra* genannt, eine Seitenlänge von nur etwa 100 m mißt, stehen auf dem in Frage kommenden Streckenabschnitt nur wenige Gebäude und die richtige Adresse ist schnell gefunden.

Neben den Schachbrettkoordinaten wird gelegentlich auch noch zur Präzisierung einer Ortsangabe die Himmelsrichtung (abzulesen vom Straßenverlauf, s.o.) und die Entfernung in Metern von einem markanten Punkt aus angegeben. Haben Sie das Raster erst einmal im Kopf, werden Sie rasch feststellen, wie einfach es ist, damit auch ohne Stadtplan jede beliebige Adresse schnell und zuverlässig zu finden.

Orte, die Sie nicht kennen, sollten Sie sich unbedingt auf der Landkarte zeigen lassen. Viele Namen, wie z.B. Puntarenas, Naranjo, Jiménez, Río Colorado, San Isidro u.v.a. gibt es mehrfach im Lande und man muß noch einen Beinamen, die Provinz oder den nächst größeren Ort wissen, um ans richtige Ziel zu gelangen.

Kommunikation

Post

Luftpostbriefe und -karten von Costa Rica nach Europa sind erfahrungsgemäß billiger als von Europa nach Costa Rica. Mit Päckchen und Paketen verhält es sich gerade umgekehrt. Die Postlaufzeiten betragen in beide Richtungen etwa zwei bis vier Wochen.

Post nach Europa: Die obligate Urlaubspostkarte nach Hause kostet per Luftpost zur Zeit 55 Colónes, der Luftpostbrief 60 Colónes. Die Worte *postal* für Postkarte, *carta* für Brief und *sellos* für Briefmarken helfen Ihnen weiter.

Am sichersten ist es, unter der Anschrift das Bestimmungsland auf spanisch anzugeben (Alemania = Deutschland, Austria = Österreich, Suiza = Schweiz) und darunter *Por Avión* (mit Luftpost) zu vermerken.

Es gibt auch im entlegensten Urwalddorf eine Poststelle. Außerdem leiten die meisten größeren Hotels Ihre Briefe und Karten schnell und zuverlässig weiter.

Post nach Costa Rica: Hauszustellungen sind unüblich. Jeder Gewerbebetrieb und die meisten Privatleute haben ein *Apartado* (Postfach), wo sie täglich ihre Post abholen. Das System funktioniert recht zuverlässig.

Als Tourist können Sie sich Ihre Post entweder an Ihr Hotel oder an *Lista de Correos / Correos Central* (postlagernd, Hauptpostamt) nachschicken lassen. Eine Hervorhebung des Familiennamens durch Großschreibung oder Unterstreichung sichert die richtige Namenszuordnung.

Beispiel:
Susanne Reisegern
Lista de Correos
Correos Central
San José, Costa Rica
América Central /Mittelamerika
Das Hautpostamt in San José befindet sich in der Calle 2 zwischen Av. 1 u. 3. Für postlagernde Sendungen fragen Sie nach dem *Lista-Schalter.* Öffnungszeiten: Mo-Fr. 8-17 Uhr, Sa. 8-12 Uhr. Sie müssen Ihren Reisepass vorlegen und eine geringe Gebühr entrichten. Mit der *Lista de Correos* haben wir gute Erfahrungen gemacht.

Pakete und Päckchen müssen in Costa Rica stets zollamtlich abgefertigt werden. Die Auslösung ist zeit- und kostenintensiv. Der erhobene Zoll übersteigt meist den Wert des Inhalts und wird auch bei Sendungen mit geringem Wert erhoben.

Handy

Die staatliche Strom- und Telefongesellschaft ICE (Instituto National Costarricense de Electricidad y Telecomunicaciones) hält das Monopol auf das Mobilfunknetz in Costa Rica. Die Zahl der Handy-Nutzer nimmt im Lande stetig zu. Mobilfunk-Nummern erkennt man an den ersten drei Ziffern 382-, 383- 384- oder 385-.

Enttäuschung für Handy-Nutzer aus Deutschland, Österreich und der Schweiz: **Ihr Gerät funktioniert in Costa Rica nicht!** Bis Redaktionsschluss hatte noch kein europäischer Netzbetreiber ein sogenanntes Roaming-Abkommen mit dem ICE geschlossen.

Telefon

Alle Telefonnummern in Costa Rica sind siebenstellig. Die drei ersten Stellen lassen meist auf den angewählten Ort schließen. Eine zusätzliche Ortsvorwahl gibt es nicht! Die Sprechverständigung ist national und international sehr gut.

Zur Zeit werden immer mehr öffentliche Münztelefone durch Kartentelefone abgelöst, von denen man auch internationale Gespräche führen kann.

Telefonkarten zu 500, 1000, 2000 und 3000 Colónes sowie für 10 US$ und 20 US$ gibt es in San José beim ICE in der Av. 2, zw. C 1 u. 3 (Tel.: 255-0444), direkt neben den Café Parisien an der Plaza de la Cultura. Der weltweit schwer durchschaubare und ständigen Wandlungen unterworfene Gebühren-Dschungel macht Preis-

In San José: 16 Telefonzellen und immer noch anstehen

vergleiche schwierig. Hier ein paar Anhaltspunkte:

Ein Gespräch von Costa Rica nach Europa kostet aus einer öffentlichen Telefonzelle mit Telefonkarte von 7-22 Uhr 2.00 US$ / Minute und von 22-7 Uhr 1.25 US$ / Minute. Hotels verlangen meist einen deutlichen Aufschlag.

Die deutsche Telekom berechnet rund um die Uhr 3,12 DM / Minute von Deutschland nach Costa Rica.

Wenn Sie nicht gerade spät nachts von einem öffentlichen Kartentelefon aus anrufen, ist in aller Regel das **Telefonieren von Europa nach Costa Rica billiger als umgekehrt.**

Sofern Ihr Gesprächspartner in Europa damit einverstanden ist, können Sie unter der Nummer 168 oder 0-800-049-1049 das Fernamt in Frankfurt anwählen und sich ein R-Gespräch vermitteln lassen. Für R-Gespäche in die Schweiz wählen Sie 0-800-041-1184.

Die Nummern der nationalen und internationalen Telefonauskunft und des Fernamts in Costa Rica sowie die Landes-Vorwahlnummern von Costa Rica, Deutschland, Österreich und der Schweiz finden Sie auf der vorderen Umschlaginnenseite.

Telefax

Diesen Service (Empfang und Sendung) bieten Ihnen die meisten großen Hotels sowie die untenstehenden Internet-Anlaufstellen an.
Meist ist auch für den Empfang von Fax-Sendungen eine Gebühr zu entrichten.

Internet (www. & e-mail)

Natürlich gibt es in San José auch Anlaufstellen, wo man für ein paar Dollar e-mails und Faxe versenden und empfangen, seinen eigenen e-mail-Briefkasten leeren und kreuz und quer durchs Internet surfen kann:

RACSA (Radiográfica Costarricense S.A.), San José, Av. 5, zw. Calles 1 u. 3
Tel.: 00506-287-0087
Fax: 00506-223-1609
(allgem. Fax-Einlaufnummer)
e-mail: racsa@sol.racsa.co.cr
acontrol@sol.racsa.co.cr
telecorp@sol.racsa.co.cr
www.racsa.co.cr

KitCom (Keep in touch Communications), San José, C 3, 25 m südl. der Av. 3, 175 nördl. der Plaza de la Cultura, 3.Stck.
Tel.: 00506-258-0404 / -0808
Fax: 00506-258-0606
(allgem. Fax-Einlaufnummer)
e-mail:
kitcom@yellowweb.co.cr
www.yellowweb.co.cr/kitcom.html

CSPAN Net-Café
San José, Stadtteil La Uruca, gegenüber dem Hotel Best Western Irazú, auf der anderen Seite der Zubringerstraße zum Flughafen, 50 m südöstlich der Brücke Juan Pablo II
Tel.: 00506-231-0431
Fax: 00506-232-9882
e-mail: info@compusource.net
jc@compusource.net
www.compusource.co.cr

Zahlungsmittel, Währung, Geldwechsel

Zahlungsmittel

Die Kreditkarten VISA und MASTER CARD (EURO CARD) werden fast überall angenommen, während die Akzeptanz von AMERICAN EXPRESS und DINERS CLUB deutlich geringer ist. Barabhebungen bei Banken und an Geldautomaten sind fast nur mit VISA-CARD möglich.

Wir empfehlen, alle größeren Ausgaben wie Hotels, Leihwagen, Benzin und Inlandsflüge per Karte zu bezahlen. Die Abrechnung kommt zu Hause oft erst nach 4-6 Wochen an und der Kurs ist meist günstiger als bei allen anderen Zahlungsweisen. Zudem müssen Sie keine größeren Bargeldsummen mit sich herumtragen und reisen sicherer. Alle Autoverleiher und viele große Hotels verlangen vorab einen blanko abgerollten Kreditkartenbeleg als Sicherheitsleistung. Ohne Kreditkarte muß man Hotels täglich vorausbezahlen und bei den Leihwagenfirmen vor Fahrtantritt zwischen 400 und 800 US$ als Sicherheitsleistung in bar hinterlegen.

Für den übrigen Tagesbedarf - und da kommt doch immer eine ganze Menge zusammen - nimmt man am besten ein gewisses Budget zur Hälfte in US-Dollars bar (möglichst 20er Scheine) und zur Hälfte in US-Dollars American Express Travellerschecks (möglichst Hunderter) mit.

Wer über keine Kreditkarte verfügt, sollte je nach Reisedauer 2/3 bis 3/4 seines Etats in US$-American Express Travellerschecks und den Rest in US$ Bargeld mitnehmen. Es versteht sich von selbst, dass der Sicherungsschein der Travellerschecks und die Schecks selbst stets getrennt aufbewahrt werden.

Währung

Die costaricanische Währung ist der Colón (Plural: Colónes), was im spanischen Kolumbus (Pluralbildung sei dem Leser überlassen) bedeutet. Es gibt Münzen zu 1, 2, 5, 10, 25, 50 und 100 Colónes sowie Scheine zu 50, 100, 500, 1.000, 5.000 und 10.000 Colónes. Die beiden kleinsten Geldeinheiten sind Münzen zu 25 Céntimos (1/4 Colón) und 50 Céntimos (1/2 Colón), die kaum noch in Umlauf sind.

Der Druck der 5er, 10er und 20er Scheine wurde 1989

eingestellt. Gut erhaltene Scheine der letzten Serien, vor allem der wunderschönen 5er, werden als Sammlerobjekte und Souvenirs geschätzt und mit mehreren hundert Colónes gehandelt.

Geldwechsel

Sie fahren am besten, wenn Sie die vielen kleinen Ausgaben des täglichen Bedarfs wie Einkaufen, Essen, Trinken, Taxi und Eintritte in Colónes bezahlen und Ihre Dollars stückchenweise auf der Bank oder im Hotel einwechseln.

Beim Umtausch von US$-American Express Travellerschecks und bei Bargeld-Abhebung mit VISA-CARD (cash advance) müssen Sie immer Ihren Reisepass vorzeigen. Schnell geht's im *Foreign Department / Sección extranjera* der BANCO

- Nehmen Sie **keine** EURO, DM, öS oder sFr in bar oder als Reiseschecks mit. Europäische Währungen werden in Costa Rica nicht oder nur mit langen Wartezeiten und hohen Verlusten eingetauscht.

- Kaufen und verkaufen Sie keine Colónes in Europa. Der Kurs ist äußerst ungünstig!

ANGLO COSTARRICENSE auf der Av. 2, zw. Calle Central u. Calle 1, im 1.Stock und bei der BANCO DE COSTA RICA im Block zwischen den Avenidas Central und 2 und den Calles 4 und 6, im 2.Stock.

Außerhalb der Hauptstadt ist Wechseln oft ein recht zeitraubendes Procedere. Bevor Sie San José verlassen, sollten Sie daher unbedingt genügend Colónes zur Abdeckung Ihres gesamten Geldbedarfs für Ihre Exkursionen eintauschen.

Wechselkurse

Bei Redaktionsschluss für diese Auflage galten folgende Richtwerte:

1 US$	= 280 Colónes
100 Colónes	= 0,35 US$
1 DM	= 155 Colónes
100 Colónes	= 0,65 DM

Die costaricanische Währung ist eng an den US$ gekoppelt und verliert gegenüber dieser Leitwährung jährlich etwa 15-20 %.

Steuern

Die Mehrwertsteuer *(Impuesto)* wird in Costa Rica nach amerikanischer Sitte dem ausgewiesenen Preis zugeschlagen. Sie beträgt je nach Warenart zwischen 12 und 18%. Hotels schlagen derzeit 13% Mehrwertsteuer und 3,5% Tourismusabgabe auf den Zimmerpreis.

Trinkgeld

Trinkgeld wird allenfalls von den Bell Boys der großen Hotels erwartet. Mit Taxifahrern vereinbart man ohnehin vor Fahrtantritt einen festen Pauschalpreis und in Restaurants werden 15-25 % für die Bedienung *(Servicio)* den Preisen der Speisekarte zugeschlagen. Die Touristen selbst sind es, die gerade dabei sind, bisher unübliche Trinkgelder einzuführen, allen voran die Amerikaner, in deren Heimat Bedienungen häufig vom „Tip" leben müssen.

Hotels
für jeden Geldbeutel

Ab 7 US$ pro Nacht erhalten Sie fast überall in Costa Rica ein blitzsauberes Bett. Wenn Sie jedoch wenigstens ein Nachtkästchen, einen Kleiderschrank und einen Deckenventilator wünschen, dann sollten Sie schon 25 bis 35 US$ einkalkulieren. Wer Toilette, Dusche oder Badewanne im Zimmer erwartet, muß mit 40 bis 60 US$ rechnen und darüber gibt's dann meist auch noch Telefon und Fernseher. Luxushotels mit allen erdenklichen Schikanen findet der anspruchsvolle Urlauber in größeren Städten und in den beliebten Badeorten ab 120 US$ aufwärts pro Übernachtung. Diese Klassifizierungen sind natürlich nur grobe Anhaltspunkte und gelten für Doppelzimmer in der Hauptsaison (November bis April). In der Nebensaison können Sie mit bis

• **Sehen Sie sich grundsätzlich jedes Zimmer an,** bevor Sie einchecken! Oft können Sie Mängel aufdecken und ein besseres Zimmer bekommen.

• Machen Sie vom **Hotelsafe** und der Möglichkeit der meist kostenlosen **Gepäckaufbewahrung** im Hotel Gebrauch. Mehrtagestouren mit kleinem Handgepäck sind bequemer als mit Koffer, Rucksack und Surfboard.

zu 30% weniger rechnen. Costa Rica hat sich auf den rapide zunehmenden Tourismus schon recht gut eingestellt und Sie finden immer und überall eine Unterkunft. Nur in der Weihnachts- und Osterwoche sind die Badeorte oft schon Monate im voraus ausgebucht.

Eine Hotelliste erhalten Sie beim Fremdenverkehrsamt *ICT* (siehe vordere Umschlaginnenseite) oder vom *Tourismusbüro Costa Rica* in Deutschland (s. S. 57).

Wir haben für Sie zahlreiche Unterkünfte besichtigt und daraus eine kleine Vorauswahl getroffen. Die Adressen wurden in die Ortsbeschreibungen eingebunden.

Zeitverschiebung

Zieht man von der im deutschen Sprachraum gültigen mitteleuropäischen Zeit (MEZ) sieben Stunden ab, erhält man die costaricanische Zeit. Während der mitteleuropäischen Sommerzeit muß man acht Stunden abziehen.

Wegen der Äquatornähe sind die Tage und Nächte in Costa Rica übrigens das ganze Jahr hindurch nahezu gleich lang: Die Sonne geht gegen 6 Uhr morgens ziemlich schlagartig auf und ebenso rasch gegen 18 Uhr wieder unter. Für Mitteleuropäer durchaus ein Kuriosum.

Stromspannung

Im ganzen Land kommen nur 110 V, also die Hälfte der in Europa üblichen 220 V aus der Steckdose.

Es genügt leider nicht, wenn Sie Ihr Gerät auf beide Spannungsarten umstellen können. Sie benötigen auch noch einen im Fachhandel oder in ADAC-Geschäftsstellen erhältlichen Adapter, da in Costa Rica - genau wie in den USA - nur Stecker mit Flachstiften in die Dosen passen.

Presse

Wer der spanischen Sprache mächtig ist, liest die costaricanischen Tageszeitungen *La Nacion* oder *La República*. Amerikanische Touristen und solche mit guten Englischkenntnissen kaufen sich *The Tico Times*. Die Wochenzeitungen *Costa Rica today* (engl.) und *Central America weekly* (englisch, deutsch, span.) sind speziell auf den Tourismus abgestimmte Blätter mit hohem Anzeigenanteil, aber auch vielen brauchbaren Informationen. Deutsche Tageszeitungen wie die *Süddeutsche Zeitung* und die *Frankfurter Allgemeine* erhalten Sie in San José mit einigen Tagen Verspätung; Wochenzeitschriften wie *Stern, Bunte, Focus, Spiegel* u.v.a. jedoch erst einige Wochen nach dem Erscheinungsdatum. Beachten Sie die Zeitungsjungen um die Plaza de La Cultura oder versuchen Sie´s im Souvenirgeschäft am Seitenflügel des *Gran Hotels Costa Rica*. Budget-Traveller, die besonders auf Mark und Kolumbus schauen müssen, können die obengenannten Tageszeitungen auch im Goethe-Institut in der Av. Central, zw. Calle 29 u. 31 (Stadtteil San Pedro) einsehen.

Rundfunk

Musikfreunde finden im Autoradio oder im mitgebrachten Taschenempfänger am besten im UKW(FM)-Frequenzbereich zwischen 96 und 106 MHz, was das Herz begehrt: Klassik auf 97, Jazz auf 100, Rock auf 103 und Schlager auf 106 MHz. Leider ist wegen der bergigen Landschaftsstruktur Costa Ricas der Empfang nicht überall möglich. Die Sendersuche auf Kurzwelle bringt manchmal mehr Erfolg. Mit etwas Glück und einem guten Gerät können Sie sogar die *Deutsche Welle* empfangen. Versuchens Sie's doch mal zwischen 17 und 23 Uhr costaricanischer Zeit auf 6100 kHz oder zwischen 21 und 1 Uhr früh auf 6075 kHz. Diese Frequenzen müssen aus technischen Gründen von Zeit zu Zeit geändert werden. Aktuelle Informationen erhalten Sie bei der *Deutschen Welle* in Köln unter Tel. 0221-389-3208.

Wäscheservice

Die meisten Hotels bieten einen preiswerten und gut funktionierenden Wäscheservice an. Größere Häuser verfügen fast immer über eine eigene Wäscherei. Nicht selten finden Sie die früh morgens abgegebenen Teile schon am späten Nachmittag des gleichen Tages fein säuberlich gewaschen, gebügelt und zusammengelegt in Ihrem Zimmer vor. Kleinere Hotels und Cabinas geben die Wäsche oft außer Haus und es kann ein paar Tage dauern.

Waschsalons mit Selbstbedienung sind selten und lohnen nur, wenn man gerade eine Trommel mit passender Wäsche voll nutzen kann.

Gut arbeitet die *Sixaola-Reinigung & Wäscherei* in San José, Av. 2, zw. Calle 7 u. 9 (Tel.: 221-2111), geöffnet Mo.-Fr. 7-18 Uhr.

Filme und Entwicklung

Filme sind in Costa Rica deutlich teurer als in Europa. Negativ-Filme gibt's in allen größeren Orten, Dia-Filme dagegen nur in der Hauptstadt. Den Markt teilen sich die drei Anbieter IFSA, AGFA und FUJI.

IFSA (Industrias Fotograficas S.A., Tel.: 223-1444) vertritt ausschließlich KODAK-Produkte und steuert von San José aus landesweit den Filmverkauf und den Entwicklungsservice. Eine Annahmestelle finden Sie in der Av. Central, Ecke Calle 5, direkt an der

> **Tipp:** Das satte Grün Costa Ricas „schluckt" sehr viel Licht. Verwenden Sie daher für Landschaftsaufnahmen vorwiegend **hochempfindliche Filme**, möglichst 400 ISO, auch wenn dies auf Grund der sonnigen Lichtverhältnisse zunächst paradox erscheint.

Plaza de la Cultura. Das Hauptlabor mit Ladengeschäft liegt nur wenige Straßen weiter in der Av. 5, Ecke Calle 2 und ist Mo.-Fr. v. 8-18 Uhr und Sa. v. 8-12 Uhr geöffnet. IFSA entwickelt sauber, schnell und preiswert Negativ- und Dia-Filme.

AGFA (Tel.: 221-2722) hat sein Pendant nur wenige Schritte weiter östlich, ebenfalls in der Av. 5, zw. Calle 2 und Calle Central etabliert. Der Laden führt auch Zubehör wie Fernauslöser, Filter u.v.m..

FUJI (Tel.: 222-2222) bietet ausschließlich Negativ-Filme und -Entwicklung an und hat eine Annahmestelle in der *Libreria Universal* (eigenartige Mischung zwischen Foto-, Spielwaren-, Bücher- und Kosmetikladen) Av. Central, zw. Calle Central und Calle 1.

Souvenirs

Die kleinen Mitbringsel, wie auf alt getrimmter Silberschmuck mit indianischen Symbolen, Holzteller und Keramikfigürchen sind Geschmacks- sache.

Vom ökologischen Standpunkt aus bieten sich Waren aus „Banana Paper", einem Abfallprodukt der Bananenindustrie an.

Hängematten, Kunstgemälde, Tonvasen oder handbemalte Ochsenkarren belasten das Reisegepäck nicht unerheblich.

Sarchí (nordwestl. der Hauptstadt) ist bekannt für Holzarbeiten, *Guaitil* (nahe Santa Cruz / Nicoya) für Keramik, *San Vincente de Moravia* (östlich von San José) für Lederwaren und *Cinco Esquinas & Tibas* (nördliche Stadtteile von San José) für den Gitarrenbau.

Die meisten Souvenirs bekommen Sie jedoch ohne großen Preisunterschied - der liegt in Ihrem Verhandlungsgeschick - genauso gut in den zahlreichen Souvenirläden der Hauptstadt, an der Plaza de la Cultura oder am Mercado Central in der Av. 1, zw. Calle 6 u. 8.

Schildpatt und Krokodilleder sollten Sie nicht kaufen. Die Einfuhr ist in Europa und den USA verboten und die dafür geschlachteten Tiere stehen unter Artenschutz.

Hängemattenverkauf an der Plaza de la Cultura

Essen und Trinken

Die costaricanische Küche ist schmackhaft und reichhaltig. Ihre Hauptbestandteile sind Reis, Bohnen, Rind- und Schweinefleisch, Huhn, Fisch, Kartoffel, Maniok, Yucca, exotische Früchte und Salate.

Desayuno Tipico

Die Gerichte werden nur mild gewürzt und an der Karibikküste verwendet man zu allen Speisen das Fleisch oder die Milch der Kokosnuss in zahlreichen Variationen.

Zum **Frühstück** hat man die Wahl zwischen einem *Desayuno tipico* mit Reis, Bohnen, Spiegel- oder Rührei und gebratenen Bananenscheibchen und dem *Desayuno americano* mit Eiern, Speck, Toast und Marmelade.

Nachfolgend eine kleine Auswahl an **Hauptgerichten** (comidas) für die verschiedensten Geschmacksrichtungen: Die Basisnahrung der Costaricaner heißt *Gallo pinto* (gesprenkelter Hahn), eine Mischung aus Reis, schwarzen Bohnen und Fleischwürfeln. Wird das Ganze noch mit einem Ei, etwas Gemüse und gebratenen Bananenstückchen verfeinert, so heißt es *Casado* (verheiratet), angeblich das Standardgericht, das der brave Costaricaner vom ersten Tag seiner Ehe bis zum Ende seiner Tage vorgesetzt bekommt. Die Variationsmöglichkeiten bestehen im Wechsel zwischen Rindfleisch, Schweinefleisch und Huhn und in den Gemüsebeilagen. Ein knackiger Salat liefert die Vitamine zum sättigenden Mahl.

Wer Lust auf ein ordentliches Stück Fleisch hat, verlangt *Bistec* (Steak) oder *Escalope* (Schnitzel). Als Beilagen gibt's dazu *Arroz* (Reis), *Papas* (Kartoffeln), *Yucca* oder *Maniok* (Achtung Selbstversorger: Die Maniokwurzel ist roh giftig, Kochwasser wegschütten!).

Olla de Carne ist ein deftiger Eintopf, der an der Karibikküste mit Kokosmilch gekocht wird und dann *Rundown* heißt. Wer *Pescado* (Fisch) liebt, kommt in dem küstenreichen Land voll auf seine Kosten. *Cabrilla* (Barsch), *Dorado* (Goldmakrele), *Pargo rojo* (Schnappbarsch) und *Atún* (Thunfisch) gehören zu den Spezialitäten des Landes.

Lukullische Genüsse wie *Camarónes* (Garnelen), *Langostas* (Langusten) und *Ostiónes* (Austern) haben auch in Costa Rica ihren Preis.

Für den **kleinen Appetit:** *Arreglado* ist ein gut mit Fleisch belegtes Sandwich. *Bocas* nennt man die verschiedenartigen Häppchen - oft frittierte Bananen-, Fisch- oder Fleischstückchen - die in vielen Kneipen sogar kostenlos zum Bier serviert werden. *Ceviche,* in würzige Marinade eingelegte Seefischstückchen, gehört zu den besten Gaumenkitzlern, die das Land zu bieten hat, dicht gefolgt vom *Ensalada de Palmito* (Palmherzensalat).

Ein kräftiger Vitaminstoß in Form einer *Plata de Frutas* (Früchteplatte) ist reichhaltig, preiswert und gesund. Sofern Sie bestimmte Vorlieben haben, bestellen Sie *Carambola* (Sternfrucht, säuerlich, gut!), *Fresas* (Erdbeeren), *Guayabo* (Guave), *Manzana* (Apfel), *Melón* (Honigmelone), *Naranja* (Orange), *Piña* (Ananas) oder *Sandía* (Wassermelone).

Zur **Nachspeise** gibt´s *Flan* (Karamelpudding) oder *Helado* (Speiseeis). Eis aus gefrorenem Wasser, wie man es für Getränke verwendet, heißt dagegen Hielo. (¡Sin hielo! = Ohne Eis! ¡Con hielo! = Mit Eis!)

Neben zahlreichen exotischen *Jugos* (Fruchtsäften) und dem weltweit berühmtesten Softdrink Coca Cola, bekommt man in Costa Rica auch ganz vorzügliches, unter Aufsicht eines deutschen Braumeisters hergestelltes *Cerveza* (Bier). Die Marken Bavaria, Heineken, Imperial, Pilsen und Tropical stammen alle aus der gleichen, costaricanischen Staatsbrauerei, die übrigens jeden 2. Donnerstag im Monat ab 19 Uhr die Deutschen zum Stammtisch mit Brotzeit und Freibier lädt (Geheimtip! Cerveceria vieja = alte Brauerei in San José, Calle 14, zw. Av. 4 u. 6). Nicht zu empfehlen sind einheimische Weine. Sie erzeugen ebenso sicher Kopfschmerzen und Brummschädel wie der billige Zuckerrohrschnaps *Guaro*. Gut ist dagegen inländischer Rum, Wodka und Gin. Besonderer Beliebtheit erfreut sich der Mixdrink *Cuba Libre* (Rum mit Cola).

Zum Abschluß dieses Themas noch ein Satz, den Sie sich merken sollten: „¡La cuenta, por favor!" heißt „Bitte zahlen!"...

San José aus der Luft

Schulparade in der Hauptstadt

Stadtrand von San José

Vulkan Poás

Markt von Cartago

Mit der Rain Forest Aerial Tram...

...zum Dach des Regenwalds.

Freizeitvergnügungen

Surfen (Wellenreiten)

Die Küsten Costa Ricas gehören weltweit zu den attraktivsten Gefilden für Surfer.
Die besten Wellen bietet die *Pazifikseite von März bis November.* Profis bevorzugen die Monate Juli / Aug. und Okt. / Nov., wenn die Gischt am stärksten zischt. Ideale Surfbedingungen sind hier an den Stränden von *Tamarindo, Nosara, Puntarenas, Jacó, Hermosa, Quepos, Dominical* und *Uvita* zu finden.
Der klassische Badeort *Jacó* ist von der Hauptstadt aus leicht auf dem Landwege zu erreichen. Nach *Nosara* und *Quepos* gibt´s günstige Inlandsflüge. Strände mit Namen *Hermosa* (schön) finden Sie gleich dreimal an der Pazifikküste: Im Norden bei *El Coco* (Guanacaste), etwas südlich von *Jacó* und bei *Uvita*. Alle drei Strände eignen sich gut zum Surfen.
An der *Karibikküste* spielt sich die Surfszene *von Dezember bis März* vor allem zwischen *Playa Cahuita* und *Playa Uva* ab. Die riesigen Breaks sind für Anfänger gefährlich, aber für die Cracks das Höchste....

Windsurfen

Windsurfer finden in Costa Rica zwei der Weltklasse-Spots: ein Binnengewässer und ein Salzwasser-Revier.
Am Westufer des *Arenal Sees,* also auf der entgegengesetzten Seite des immer noch aktiven Vulkans Arenal, herrscht ständig guter Gleitwind. Der Nordostpassat bläst tagtäglich mit mindestens 6 Beaufort (22-27 Knoten), oft sogar mit 8 Beaufort (34-40 Knoten). Für Anfänger eignet sich der nordwestlich der Stadt Arenal gelegene, kleine *Coter See* besser. Tips und Ausrüstung für alle Ansprüche bietet *Tilawa Viento Surf,* Tel.: 695-5050, Fax: 695-5766. Unterkünfte gibt´s direkt am See oder im nahen *Tilarán,* einem beliebten Szene-Treff mit eigenen Windsurfer-Hotels, -Kneipen und -Geschäften.
Ein Starkwindrevier (6-8 Beaufort Nov.-Mai) mit Meeresrauschen finden Könner im äußersten Nordwesten Costa Ricas, an der *Bahía Salinas* nahe der Stadt *La Cruz.* Der Deutsche *Tommy Friedel* betreibt dort ein F2-Pro-Center.
Günstige Pauschalangebote bei: Sun & Fun in München, Tel.: BRD-089-380 14 114.

Rafting und Kajakfahren

Schlauchboot- und Wildwasserfahren unterscheiden sich mindestens so sehr voneinander, wie ein gemütlicher Spaziergang von einem Hürdenlauf. Gemeinsam ist den Anhängern beider Sportarten nur die Liebe zur Natur und zum Wasser. In Costa Rica benutzen sie sogar die gleichen Flüsse - nur an verschiedenen Stellen und zu unterschiedlichen Zeiten. Je näher am Ursprung eines Flusses gestartet wird, desto höher ist die Strömung. Je mehr es der Mündung am Ozean zugeht, desto träger wird das Wasser. Ein starker Regenschauer kann jedoch aus einem stillen Bächlein rasch einen reißenden Fluss machen.

Ein äußerst beschauliches und auch für Kinder geeignetes Naturerlebnis ist eine **Schlauchbootfahrt** auf den ruhigen Gewässern des *Río Corobicí,* der zwischen Arenal-See und Golf von Nicoya fließt. Neben tropischer Vegetation sehen Sie zahlreiche Vogel- und Schmetterlingsarten, Affen, Leguane und vielleicht sogar Krokodile.

Die meisten **Rafting Touren** nutzen das gut zugängliche Mittelstück des *Río Reventazón,* lassen Mannschaft samt Gerät östlich von San José nahe der Stadt *Turrialba* zu Wasser und nehmen sie in der Höhe von *Siquirres* wieder auf.

Kajakfahrer steigen etwas mehr flussaufwärts ein oder nehmen den *Río Pacuare,* der 30 km südöstlich von *Turrialba* zum Start einlädt. Auch der *Río Chirripó* erfreut sich bei Wildwasserfahrern großer Beliebtheit. Nördlich von San José können sich Wasserfreunde auf dem *Río Sarapiquí* bis an die nicaraguanische Grenze treiben lassen. Spätestens im Örtchen *Trinidad* sollten sie an Land gehen.

Bei folgenden Veranstaltern können Sie Tagestouren inklusive Schlauchboot, Schwimmweste, Schutzhelm, Minibustransfer und ortskundiger Begleitung buchen:

TIERRA VERDE AVENTURAS (deutsche Leitung)
Tel.:   249-23 54
Mobil: 385-1905
Fax: 249-1000

SAFARI COROBICÍ, INC.
(nur Río Corobicí, kinder- und familiengeeignet, nahe Cañas)
Tel. & Fax: 669-1091

AGUAS BRAVAS (Río Peñas Blancas, Río Sarapiquí)
Basis Fortuna: 479-9025
Büro San José: 292-2072

RIOS TROPICALES
(alle Touren)
Tel.:   233-6455
Fax: 255-4354

Auf allen **Rafting Touren** (außer Río Corobicí) können Sie nass werden und sollten in Shorts & T-Shirt oder Badehose / Badeanzug antreten. Turnschuhe mit Gummisohlen verringern die Rutschgefahr im Boot. Vor dem Start empfehlen wir eine dicke Schicht Sonnencreme aufzutragen und für hinterher sollten Sie Handtuch und trockene Kleidung im Abholfahrzeug deponiert haben.

Erfahrene **Kajakfahrer** können sich zum Informationsaustausch und zur Tourenplanung unter Tel. 282-2628 an *Mr. Morrison,* den Vorstand eines privaten Kajak-Clubs, wenden.

Tauchen

Eine bezaubernde Unterwasserwelt mit Korallenriffen und einer unglaublichen Vielfalt buntschillernder Meeresfische finden Sie an der Karibikküste bei *Cahuita, Puerto Viejo* und *Punta Uva.* Es ist kein Problem, hier Tauch- und Schnorchelausrüstungen auszuleihen und Boote mit kundigen Führern zu mieten.

Türkisblaues Meer, spektakuläre Unterwasserhöhlen und eine atemberaubende Meeresfauna bieten die Gewässer um die unbewohnte und nur auf dem Seeweg zu erreichende *Isla del Coco* (s.S. 30). Nicht ganz so aufregend, aber ebenfalls faszinierend und wesentlich einfacher zu erreichen sind die Tauchgründe um die *Isla del Caño* vor der Halbinsel Osa. Wenn Sie hier mit Flaschen tauchen wollen, sollten Sie frühzeitig in der *Río Sierpe Lodge* oder im *Drake Bay Wilderness Camp* entsprechendes Gerät reservieren. Die Preise sind auf Grund der beschwerlichen Versorgungswege etwas höher als an der Karibikküste.

Noch nicht überlaufen und deshalb besonders reizvoll sind die Tauchgründe um die *Halbinsel Nicoya* und überall da, wo kleine, unscheinbare Inselchen dem Festland vorgelagert sind.

Die Deutschen *Barbara Deppe* und *Harald Kunkel* offerieren in einem äußerst reizvollen Revier nahe der Ortschaft *Flamingo (Guanacaste)* Tauchausbildung, Ausrüstungsverleih und geführte Tauchgänge bei Tag und Nacht:

COSTA RICA DIVING
5111 Playa Potrero, Gte.
Tel. & Fax: 654-4148.

Mit 1 PS in die Stadt...

Reiten

Das Pferd ist im ganzen Land ein bewährtes und beliebtes Fortbewegungsmittel, ganz besonders aber in der Provinz Guanacaste, dem Wilden Westen Costa Ricas. Dort finden häufig noch Rodeos statt und die Cowboys treiben die Rinder nach alter Väter Sitte vom Pferd aus zusammen. Den Umgang mit dem Lasso lernen die Kinder dort so früh, wie ihre europäischen Altersgenossen das Spiel mit dem Gameboy.
Wilde, rassige Mustangs lassen das Herz des Kenners höher schlagen. Leihpferde sind so gut erzogen, dass sich auch der unerfahrene Tourist auf ihrem Rücken bedenkenlos durch die Nationalparks tragen lassen kann - zumindest wenn noch ein ortskundiger Führer mitreitet.

Sportfischen

Sportfischen ist die unsinnige Marotte der Nordamerikaner, mit Schnellboot, Echolot und mindestens 2 ausgeworfenen Angeln pro zahlendem „Sportler" in kürzester Zeit soviele Fische wie möglich aus dem Meer zu holen, um sie nach gelungenem Foto fürs Familienalbum wieder in die Fluten zurückzuwerfen. Viele der gesunden, hier meist noch unbelasteten Fische werden dabei schwer verletzt und gehen ein. Weniger als ein Prozent (!) landet im Kochtopf und dient somit dem Nahrungsbedarf. Bei einer Inselüberfahrt haben wir aus Kostengründen einmal das Boot mit zwei Sportfischern und ihren Ehefrauen geteilt und mussten das grausige Schauspiel mehr als 120 Mal an diesem einen Tag beobachten. Alle paar Minuten bissen in den tiefblauen Gewässern beste Meeresfische an, wozu die Männer grölten und die Frauen verzückt jauchzten und klatschten. Die sportlichen Ehepaare konnten einfach nicht verstehen, warum wir nicht „mitspielen" wollten...

Bungeespringen

Wer neben dem ohnehin schon recht abenteuerlichen Alltag in Costa Rica noch einen zusätzlichen Nervenkitzel braucht, quasi den Adrenalinstoß als Tüpfelchen auf dem „i" zur Abrundung des perfekten Urlaubsgenusses, für den ist **Bungee-Springen** genau das Richtige. Eine ideale Brücke dafür befindet sich nahe der Autobahn San José - Puntarenas. 1,5 km nach der Ausfahrt Grecia (die Sie nicht abfahren) sehen Sie rechts das Restaurant *Salon Los Alfaro*. Von dort geht's im spitzen Winkel etwa 700 m auf unbefestigter Straße bergab.

Die solide Stahlkonstruktion, die den *Río Colorado* überspannt, ist nicht zu übersehen. Ein riesiges Gummiseil verbindet Sie - eingebunden in ein Spezialgurtzeug - mit den Stahlträgern der Brücke. Es ist schon ein Wahnsinnsgefühl, sich kopfüber in die 86 m tiefe Schlucht zu stürzen, die Lianen des Urwalds zum Greifen nahe. Dann kommt der berühmte „Rebound-Effekt" und lässt Sie nochmals bis auf 80% der Absprunghöhe zurückschnalzen. Wenn Ihr Körper sich wie ein Jojo in der Wildnis ausgependelt hat und eine gänsehauterregende Euphorie Leib und Seele durchströmt, kommt - ganz

Bungeespringen im Urwald

nüchtern - von oben ein Seil. Sie klinken den Karabiner in Ihr Gurtzeug ein und werden per Flaschenzug nach oben gehievt.

TROPICAL BUNGEE
San José, Av.2, C 32
Tel.:   233-6455
Mobil: 383-9724
Fax: 255-4354

Ballonfahren

Mit den ersten Sonnenstrahlen bläht ein Ventilator die Ballonhülle auf und ein Brenner erwärmt die Luft darin so lange, bis Sie sanft abheben und lautlos über Kaffeeplantagen, Vulkane und Regenwald dahingleiten. Genießen Sie die Natur aus der Vogelperspektive in einem der umweltfreundlichsten Luftfahrzeuge.

Je nach Wind und Wetter kommen mehrere Startplätze in Frage, u.a. Naranjo nordwestlich von San José.

TIERRA VERDE Aventuras (deutsche Leitung)
Tel.:   249-23 54
Mobil: 385-1905
Fax: 249-1000

SERENDIPITY
Tel. & Fax: 450-0328

Den Urwald erleben

Wer nach Costa Rica reist, möchte Natur erleben, Pflanzen sehen, die es bei uns nicht einmal im Gewächshaus gibt und Tiere in freier Wildbahn beobachten, um die mancher europäische Zoo nur neidisch sein kann.

Das Tolle ist, dass Costa Rica ungeachtet des Alters und der Fitness *jedem* Besucher die Möglichkeit eröffnet, die Faszination des Urwalds hautnah zu erleben. Es liegt ganz an Ihnen, welchen Schwierigkeitsgrad Sie sich zutrauen!

Rain Forest Aerial Tram

In einer Seilbahn entlang der Baumkronen des Dschungels zu schweben, dort, wo die Hälfte aller Tiere des Urwalds ihr Zuhause hat - das alleine ist schon ein Erlebnis! Die Tour eignet sich für jede Altersstufe, verlangt keine körperliche Fitness und vermittelt in kurzer Zeit einen guten Einblick in Klima und Vegetation des tropischen Regenwalds.

Die Tierwelt scheint sich von der perfekt nach US-amerikanischem Strickmuster vermarkteten und organisierten Tour (s. S. 130) eher zu distanzieren.

Dschungel-Lodges

Die bequemste und vielverspre-
chendste Art, den Urwald wirklich kennenzulernen, besteht
darin, sich einfach mittendrin
einzuquartieren. Beschwerlich
daran ist allenfalls die Anreise.
Mit etwas Glück beobachten
Sie schon vom Frühstückstisch
aus exotische Schmetterlings-
und Insektenarten, Tukane, Co-
libris und Äffchen.
Anschließend machen Sie unter
fachkundiger Begleitung per
pedes, Einbaum oder Paddel-
boot eine kleine Dschungeltour.
Sie sehen Schildkröten, Krokodile, Faultiere, Mahagoni- und
Kapok - Bäume, Würgfeigen,
Bromelien und Orchideen.
Hier eine kleine Auswahl gut
geführter *Lodges,* deren Betreiber oft einen kleinen Lehrpfad
angelegt haben und Ihnen viel
Wissenswertes über Costa Ricas Flora und Fauna vermitteln
können:

LA LAGUNA
DEL LAGARTO LODGE
nahe Boca Tapada (s.S. 201)

RARA AVIS LODGE
nahe Horquetas (s. S. 182)

SAMAY LAGOON LODGE
Tortuguero (s. S. 193)

SELVA BANANITO LODGE
nahe Puerto Limon (s. S. 193)

RANCHO SUIZO LODGE
Nosara (s. S. 157)

RIO SIERPE LODGE
nahe Sierpe (s. S. 204)

Canopy Tours

Haben Sie schon einmal davon
geträumt, sich flink und behän-
de wie ein Äffchen von Baumwipfel zu Baumwipfel zu
schwingen? Moderne Kletter-
und Abseiltechniken ermögli-
chen Ihnen ein hautnahes
Dschungel-Erlebnis aus einer
völlig neuen Perspektive.
Mitten in einem Naturschutzgebiet erklimmen Sie per Strick-
leiter oder Flaschenzug eine
Plattform auf einem Baumriesen und gleiten dann an Stahl-
seilen von Baum zu Baum.
Anlagen mit und ohne Seilver-
bindungen zwischen den Plattformen gibt´s in den Nationalparks *Rincon de la Vieja* (nahe
Liberia; sehr empfehlenswert!),
*Monte Verde, Isla Tortuga,
Corcovado* und im *Iguana
Park.*
Obwohl Sie immer gut abgesi-
chert werden, können Sie eine
Canopy Tour nur genießen,
wenn Sie schwindelfrei und

etwas sportlich sind. Wir empfehlen festes Schuhwerk und körperbedeckende Kleidung.

TIERRA VERDE Aventuras
Tel.: 249-23 54 u. /385-1905
Fax: 249-1000

THE CANOPY TOUR
Tel.: 645-5243 (Monte Verde)
Tel.: 257-5149 (Büro San José)

TOP TREE TRAILS
Tel.: 256-8206 u. 256-7290
Fax: 256-5410

Dschungelexpeditionen

Das Nonplusultra unter den Dschungelerfahrungen ist zweifellos eine mehrtägige Expedition in die wenig erschlossenen Primär- und Sekundärregenwälder Costa Ricas. Dafür müssen Sie eine gute Portion Abenteuergeist mitbringen, gesund und körperlich fit sein.
Am sichersten ist es, sich bei Dschungelgängen immer kleinen Gruppen anzuschließen. Wenn Sie unbedingt alleine auf Tour gehen wollen, sind Sie mit festem Schuhwerk, Rucksack, Zelt, Regenkleidung, Wasserflasche, kleiner Reiseapotheke, Insektenabwehrmittel, Fotoausrüstung, Taschenmesser, Kompass und Machete gut gerüstet.

Vorsicht: Einzelreisende, die von selbsternannten „Führern" angesprochen werden, sollten sich diese genau ansehen und Ausweis sowie Lizenz des Tourismusbüros ICT zeigen lassen. Auch in Costa Rica gibt es - wie überall auf der Welt - ein paar schwarze Schafe, die dann in der für Touristen ungewohnten Urwaldumgebung leichte Beute machen.

Grundsätzlich ist ein ortskundiger Führer anzuraten. Die Einheimischen sehen einfach mehr, sowohl an Schönheiten als auch an Gefahren des Dschungels.
Die Durchwanderung des *Corcovado Nationalparks* auf der Halbinsel Osa gehört zu den härtesten und zugleich beliebtesten Touren. Je nach Route läßt sich das Gebiet zwischen *Puerto Jiménez* und *Sirena* in 3-6 Tagen bewältigen.
Die schweißtreibenden Strapazen lohnen sich, denn die wilden Affen, putzigen Faultiere, bunten Vögel, Fledermäuse, Wildschweine und Leguane werden Ihnen ebenso unvergesslich bleiben wie das satte Grün der gigantischen Milchbäume, das morgendliche Konzert der Urwaldbewohner und der Wert eines Schluck Wassers.

Halbinsel Osa (bei Sirena): Dichter Dschungel bis ans Meer...

Folgende Veranstalter bieten auch deutschsprachig geführte Dschungelexpeditionen an und gelten als besonders seriös und zuverlässig:

ARA REISEN
Tel.: 222-2900
Fax: 222-5173
e-mail: aratur@sol.racsa.co.cr

SWISS TRAVEL SERVICE
Tel.: 282-4895 u. 282-4898
Fax: 282-4890
e-mail:swisstvl@sol.racsa.co.cr

TIERRA VERDE Aventuras
Tel.: 249-23 54 u. /385-1905
Fax: 249-1000
e-mail: tverde@sol.racsa.co.cr

PETER SIEGFRIED
(Río Sierpe-Exkursionen)
Tel. & Fax: 282-7121

WALTER ROSENBERG
(nur Golfo Dulce- und Corco-vado-Gebiet, s. auch S. 207)
Apdo. 83, 8201 Golfito, CR
Tel. & Fax: 775-1054

JACO HANS
(nur Karibik- / Tortuguero-Tou-ren ab Jacó und San José)
Tel.: 643-1189

Verkehrsmittel

Bus

Der Bus ist in Costa Rica mit Abstand das billigste und am meisten benutzte Verkehrsmittel. Für den Gegenwert von weniger als 10 US$ können Sie das ganze Land einmal von Nord nach Süd (Liberia - San José - Golfito) und von Ost nach West (Limón - San José - Puntarenas) durchkreuzen. Allerdings benötigen Sie dafür etwas mehr Zeit, als mit dem Leihwagen oder Flugzeug. Eine Busfahrt kann ein wahrer Genuss sein, bei dem Sie Land und Leute kennen und lieben lernen, während Sie sich im gut gepolsterten Sessel mit Panoramablick durch die Gegend schaukeln lassen. Sie kann aber auch zum Alptraum werden, wenn sie 8 Stunden (San José - Golfito) in einem völlig überfüllten Wagen auf engstem Raum hauteng mit ihren Leidensgenossen aufeinanderkleben und spüren, wie der Hemdschweiß Ihres Nachbarn sich mit dem Ihren zu einem ständigen Rinnsal vereint, während die Masse der Fahrgäste der ohnehin schon schwülen Luft keuchend den letzten Sauerstoff entzieht. Nach unserer Erfahrung ist es am günstigsten,

Samstags im Bus nach Golfito

die ersten oder letzten Verbindungen des Tages zu wählen und Wochenenden zu meiden. Das Busnetz Costa Ricas ist gut und flächendeckend. Es gibt kaum einen Winkel des Landes, den Sie nicht mehrmals täglich von der Hauptstadt aus per Bus erreichen könnten. Mehr als dreißig Busbahnhöfe verschiedener Gesellschaften sind über ganz San José verteilt. Der größte ist das *Coca-Cola Terminal* an der Calle 16, zw. Av.1 u. 3. Die Busse fahren pünktlich ab, aber die Fahrpläne ändern sich häufig. Den ***aktuellen Plan*** und ggf. auch telefonische Auskunft erhalten Sie beim ICT (siehe vordere Umschlaginnenseite).

Oft muß man an einer Schnur ziehen oder laut ¡*parada!* (Haltestelle!) rufen, wenn man aussteigen will.

Taxi

Das Taxi - im Großraum der Hauptstadt gibt es 3.000 davon - ist ebenfalls ein sehr beliebtes und preiswertes Fortbewegungsmittel.

Hier ein paar Anhaltspunkte für übliche Fahrpreise:

• Internationaler Flugplatz Juan Santamaria - San José: 2.000 Colónes

• Flugplatz Tobias Bolañes (Pavas) - San José: 1.000 Colónes

• Quer durch die Hauptstadt: 500 Colónes

• Kurzstrecken: 200 Colónes

Oft bieten Ihnen ortskundige, ein wenig englisch sprechende Taxifahrer an, Sie zu so beliebten Ausflugszielen wie den Vulkanen Irazú und Poás oder zu den Kaffee- und Bananenplantagen zu fahren. Machen Sie ruhig Gebrauch davon, denn Sie sehen mehr auf dem Beifahrersitz und zahlen kaum mehr als Sie 1 Tag Leihwagen samt Versicherung und Benzin kosten würde.

Faire Preise sind: 1/2 Tag (3-4 Stunden) für 40-50 US$ und ein ganzer Tag für 60-80 US$.

Leihwagen

Es gibt in San José jede Menge Leihwagenfirmen und ständig kommen neue dazu. Die „Großen" wie AVIS, BUDGET und HERTZ sind am internationalen Flughafen vertreten. Die meisten Mietwagenfirmen haben ihre Büros jedoch im Stadtbereich. Fast jedes Hotel arbeitet mit einem oder mehreren Autovermieter(n) zusammen und kann Ihnen umgehend einen Wagen besorgen. Die oft neuen Pkws stammen vorwiegend aus Japan oder Korea und kosten je nach Fahrzeugtyp, Ausstattung und Mietdauer zwischen 30 und 50 US$ pro Tag, Geländewagen zwischen 60 und 80 US$. Wir empfehlen unbedingt eine *Vollkaskoversicherung* abzuschließen, auch wenn dafür bei 300-500 US$ Eigenbeteiligung je nach Fahrzeugtyp nochmals 20-30 US$ pro Tag zu berappen sind. Der Mieter muss seinen Pass und jeder Fahrer seinen Führerschein vorlegen. Bei Aufenthalten bis zu 3 Monaten reicht der nationale Führerschein aus dem Heimatland des Fahrers.

Das Leihwagenangebot ist außerhalb der Hauptstadt, vor allem an der Karibikseite, eher dürftig.

• Wollen mehrere Personen abwechselnd dasselbe Fahrzeug steuern, so müssen alle in Frage kommenden Fahrer namentlich im Mietvertrag erscheinen. Meist erhöht sich der Versicherungsbeitrag um 3-5 US$ je weiteren Fahrer und Tag.

• Prüfen Sie Ihren Leihwagen bei Übernahme gründlich von außen und innen (alle Fahrzeugfunktionen) und lassen Sie auch kleine Schäden ins Übergabeprotokoll eintragen.

• Während der Regenzeit (Mai bis November) fahren Sie besser mit einem etwas teureren Geländewagen.

Mit folgenden Firmen in San José haben wir gute Erfahrungen gemacht (Auswahl):

ADA
Av. 18, zw. Calles 11 u. 13,
Tel.: 233-7733 Fax: 233-5555

DOLLAR
Paseo Colón, zw. Calles 30u.32
Tel.: 222-8920 Fax: 222-1765

ELEGANTE
Paseo Colón, Ecke Calle 34 u.
Calle 10, zw. Av. 13 u. 15
Tel.: 221-0066 Fax: 221-5761

HAPPY
Calle 3, zw. Av. 3 u. 5,
Tel.: 233-3435 Fax: 221-5884

PILOT
Calle 30, zw. Av. Ctrl. u. 1,
Tel.: 222-8715 Fax: 222-9080

SAMARA (deutsche Leitung; nur Geländewagen!)
Av. 1, zw. Calles 1 u. 3
Edificio Cristal , 2.Stock
Tel.: 255-4643 Fax: 255-2380

Bahn

Die Möglichkeit mit der Bahn zu reisen gibt es in Costa Rica leider nicht mehr.

Die Stillegung der Schiene zugunsten neuer Autobahnen war in den späten Achtzigern ein hochbrisantes Politikum. Der Abzug der United Fruit Company 1985, die Eröffnung der Braulio Carrillo Nationalstraße Ende 1987, das schwere Erdbeben bei Limón im April 1991 und ein Erdrusch im Jahre 1992 haben dem abenteuerlichen *Dschungelzug* endgültig den Todesstoß versetzt.

Der Banana-Train zwischen Guápiles und Siquirres - zuletzt nur noch eine Touristenattraktion - fuhr 1995 zum letzten Mal.

Per Charterflug bequem ans Ziel

Inlandslinien

Costa Rica verfügt über jede Menge kleiner Buschflugplätze. Gerade die reizvollsten Winkel des Landes, wie *Tortuguero*, *Nosara*, *Golfito* oder *Puerto Jiménez* erreicht man im Turboprop-Airliner natürlich viel schneller und unbeschwerter als auf dem Landweg. Ein Flug von der Hauptstadt nach *Golfito* dauert runde 50 Minuten, während sich Pkw und Busse 8 bis 10 Stunden über den 3.491 m hohen Pass *Cerra de la Muerte* bis in die feuchtheiße Tropenstadt durchquälen. Die Orte *Golfito, La Fortuna, Liberia, Nosara, Palmar Sur, Puerto Jiménez, Punta Islita, Quepos, Tamarindo, Tambor und Tortuguero* werden in der Hauptsaison von den beiden Inlandslinien TRAVELAIR und SANSA täglich angeflogen.

Bei Bedarf landet TRAVEL-AIR zusätzlich in *Carillo* und SANSA in *Barra del Colorado, Coto 47* und *Samara.*
TRAVELAIR (Tel.: 220-3054, Fax: 220-0413) startet vorwiegend mit mehrmotorigen De Haviland Typen vom nationalen Flugplatz *Tobias Bolañes* in *Pavas*, einem Vorort San Josés, und verlangt je nach Strecke und Saison zwischen 50 und 90 US$ für eine Flugstrecke (*One Way*). Hin- und Rückflüge (*Roundtrip*) sind billiger.
Die staatliche Inlandslinie **SANSA** (Tel.: 233-0397, Fax: 255-2176) startet vom internationalen Flugplatz *Juan Santamaría* und fliegt vorwiegend mit Cessna Caravans. Mit Ausnahme von Quepos (35 US$ One Way) gilt für jede Strecke der Festpreis von 55 US$ (One Way) inklusive Transfer von und nach San José Stadt.

Individualcharter

Costa Rica ist ein Eldorado für Flugbegeisterte. Genießen Sie das Kreisen um aktive Vulkane und einsame Hochlandseen, den Flug über sattgrünen Regenwald, tiefblaues Meer und palmengesäumte Sandstrände! Luftbildfotografen finden früh morgens und zwei Stunden vor Sonnenuntergang die besten Bedingungen.

Lufttaxis kosten je nach Größe und Typ (meist *Cessna* oder *Piper* mit 3-5 Passagierplätzen) zwischen 200 und 300 US$ pro Flugstunde.

Empfehlen können wir:
ALFA ROMEO AERO TAXI
Tel. & Fax: 296-4344 am Flugplatz *Tobias Bolañes*
Tel.: 735-5178 *Puerto Jiménez*
Tel.: 775-1515 *Golfito*

Ein besonderes Schmankerl bietet der in Costa Rica ansässige deutsche Berufspilot *Peter Wohlleben* mit seiner *Pitts Aviation* allen Freunden himmlischer Vergnügungen: Er serviert seinen Fluggästen über Stereokopfhörer exakt auf Landschaft und Flugerlebnis abgestimmte Musik in bester Digitalqualität.

Exklusive Panorama-Rundflüge mit so klangvollen Namen wie *„Piratenschatz", „Dschungelinspirationen"* oder *„Tanz auf dem Vulkan"* gibt´s schon ab 66 US$. Geflogen wird je nach Teilnehmerzahl mit einer einmotorigen *Cherokee Six* (5 Passagiere) oder einer zweimotorigen *Cessna 402* (7 Passagiere). Die Firma ist am Flugplatz *Tobias Bolañes* in *Pavas* stationiert.

Heben Sie ab mit:
PITTS AVIATION
Tel.: 383-3673 (Büro)
Tel. & Fax: 228-9912 (Flugpl.)
e-mail:skytours@sol.racsa.co.cr

Hubschrauber

Ideal für Rettungs-, Film- und sonstige Arbeitseinsätze ist natürlich der Hubschrauber. Bei HELICOPTEROS DEL NORTE S.A. am *Tobias Bolañes* Flugplatz (Tel.: 232-7534, Hangar 73) kostet der Turbinenhubschrauber *Bell 206 Jet Ranger* (4 Passagiere) 640 US$ und die leistungsstärkere *A-Star* (4 Passagiere) 800 US$ pro Stunde.

Günstiger rotieren Sie mit dem Schweizer Martin Brickel *(Helikopter-Martin)*, Tel.: 228-7261, Mobil: 380-9375, der Sie für 240 US$ pro Stunde in seiner Hughes 300 (2 Passagierplätze) punktgenau zu Ihrem Traumziel fliegt.

San José
und
Umgebung

Die Hauptstadt San José

Eingefleischte Naturliebhaber schaffen es bei guter Vororganisation immer wieder, die Hauptstadt zu umgehen, indem sie sich vom internationalen Flughafen Juan Santamaría von ihrem Reiseveranstalter abholen und direkt in die Wildnis befördern lassen. Manche steuern auch per Leihwagen auf kürzestem Wege den Ausgangspunkt für ihre speziellen Bedürfnisse an: Vogelfreunde den Regenwald von *Monteverde*, Windsurfer den *Arenal-See* oder *La Cruz* und Kajakfahrer die Stromschnellen des *Río Sarapiquí*.

Auch wenn sich San José vom Rest des Landes mindestens ebenso sehr unterscheidet wie der Ruhrpott vom Wolfgangssee, so sollte ein Eindruck von der Hauptstadt auf Ihrer Reise nicht fehlen. Hier liegt immerhin das politische, wirtschaftliche und kulturelle Zentrum des Landes. Zudem ist die Hauptstadt Ausgangspunkt für alle nationalen und internationalen Flug- und Busverbindungen.

Neben Lärm und Abgasen hat San José eine ganze Menge Positives zu bieten: Zoo, Serpentario (Schlangenschau), Museen, Theater, Kinos und last not least ein schillerndes Nachtleben mit Bars, Discos, Spielcasinos und lukullischen Genüssen aus aller Welt.

In der Stadt (1.150 m über NN) wohnen 350.000 Menschen, im näheren Umkreis nochmals etwa 800.000, insgesamt also rund ein Drittel der Gesamtbevölkerung Costa Ricas. Das Herz der Stadt ist die *Plaza de la Cultura* und die beliebte Einkaufsstraße *Avenida Central*, die zwischen den Calles 2 und 9 Fußgängerzone ist (Calles kreuzen mit Ampelverkehr). Hier bekommen Sie alles, was Sie zu Hause vergessen haben und noch einiges mehr. Außerdem ist auf der kleinen Flaniermeile immer etwas geboten: Souvenir-, Obst- und Eisverkäufer, Feuerschlucker, Clowns oder Musikanten.

Information & Orientierung

Auf unserem Stadtplan S. 108 / S. 109 finden Sie zentral gelegene Hotels aller Preisklassen und die wichtigsten Sehenswürdigkeiten. Ein kurzer Blick in das Kapitel „Orientierung" auf S. 70 / 71 hilft Ihnen, jede Adresse in San José schnell zu finden.

Nachdem Sie gründlich ausgeschlafen und fürstlich gefrühstückt haben, sollten Sie die ersten Stunden des Tages auf Ihre weitere Urlaubsplanung verwenden:

• Beim staatlichen Fremdenverkehrsamt **ICT** *(Instituto Costarricense de Turismo)* erhalten Sie eine kostenlose Landkarte, Hotelverzeichnisse für ganz Costa Rica, Busfahrpläne und viele weitere Informationsschriften. Das ICT hat einen kleinen **Schalter am Flughafen** und eine zentrale **Informationsstelle unter der Plaza de la Cultura** (Zugang von der Calle 5) neben dem *Goldmuseum / Museo de Oro,* Tel. 222-1090, geöffnet Mo.-Fr. 9-17 Uhr.

Die Hauptverwaltung befindet sich in der Av. 4 zw. Calles 5 und 7 im 11. Stock, Tel.: 223-1733, Fax: 223-5452, Postanschrift: Apartado 777, San José, Costa Rica, America Central.

• Bevor Sie sich einen Leihwagen nehmen, rufen Sie doch einfach mal bei den **Tourenveranstaltern** *(s. S. 54 und 97)* an. Vielleicht startet in den nächsten Tagen gerade eine kleine Gruppe nach Monteverde, Tortuguero oder in den Dschungel des Corcovado und Sie können sich noch anschließen. Dann ist für Transport und Unterkunft gesorgt und das an Hotel und Leihwagen gesparte Geld finanziert Ihnen schon den halben Preis der Tour.

Hotels in San José und Umgebung

In San José finden Sie das ganze Jahr über ein Bett. Wir haben über 70 Hotels und Pensionen angesehen und daraus für Sie eine kleine Auswahl getroffen. Die Nummer (in Klammern) hinter dem Hotelnamen entspricht der Nummer auf unserem Stadtplan.

Die mit * gekennzeichneten Unterkünfte und Lokale bieten nach unserer Ansicht in ihrer Kategorie ein besonders gutes Preis-Leistungsverhältnis. Allerdings sind naturgemäß gerade diese Häuser in der Hauptsaison oft ausgebucht und sollten besser vorreserviert werden.

Billigunterkünfte (bis 10 US$)

Grand Hotel Imperial (13), Av.1 / C 8, einfach nur billig...

* *Araica Inn (45),* Av. 2, zw. Calles 11 u. 13, Tel. 222-5233. Einfach, sauber, zentral.

Nicaragua (46), Av. 2, zw. Calle 13 u. Plaza de la Democracia, Tel: 223-0292, zentral.

* *Centro Continental (56);* C. Central, zw.Av 8 u.10, (schweizer Leitung) Tel.: 222-4103.

Untere Mittelklasse:

* *Ritz (56),* Calle Central, zw. Av. 8 u. 10, Tel.: 222-4103, Fax: 222-8849. EZ 20 US$, DZ 25 US$, mit Bad im Zimmer jeweils 5 US$ mehr. Schweizer Familienbetrieb, sauber und gut. 12 Min. zum Zentrum.

Fortuna, Av. 6, zw. Calles 2 u. 4, Tel.: 223-5344, Fax: 223-2743. EZ 25 US$, DZ 30 US$. Chinesischer Familienbetrieb mit gutem Restaurant. 18 Min. zum Zentrum.

* *Casa Hilde (5),* Av. 11, zw. Calles 3 und 3bis, Tel.221-0037 EZ 25 US$, DZ 35 US$, 6 ordentl. Zimmer, familiäre Atmosphäre. 10 Min. zum Zentrum.

* *Doña Inés (53),* Calle 11, zw. Av. 2 u. 6, Tel.: 222-7443, Fax: 222-5426. EZ 30 US$, DZ 40 US$ inkl. Frühstück. 20 sehr schöne Zimmer im Kolonialstil, alle mit Tel., TV und Radio. Italienische Leitung. 10 Min. zum Zentrum.

Plaza (38), Av. Central zw. Calles 2 u. Calle Central, Tel.: 222-5533, Fax: 222-2641. EZ 35 US$, DZ 42 US$ inkl. Frühstück. Preiswert, zentral aber ohne Flair.

Gehobene Mittelklasse:

* *La Amistad Inn (12),* Av. 11, Ecke Calle 15, Tel.: 221-1597, Fax: 221-1409, EZ 30 US$, DZ 40 US$ inkl. Frühstück. 22 geräumige Zimmer mit Queensize-Betten (orthopäd. Matratzen), Tel. und Kabel-TV. 10 Min. zum Zentrum.

Edelweiss (10), Av. 9 zw. Calles 13 u. 15, Tel.: 221-9702, Fax: 222-1241. EZ 47 US$, DZ 59 US$ inkl. Frühstück. 16 Zimmer mit Bad, WC, Tel., TV.

Vesuvio (11), Av. 11, zw. Calles 13 u. 15, Tel. & Fax: 221-7586. EZ 48 US$, DZ 60 US$ inkl. Frühstück. 16 Zimmer mit Bad, WC, Tel. und Kabel-TV.

* *Kekoldi (7),* Av.9, Ecke Calle 3 bis, Tel.: 223-3244, Fax: 257-5476, e-mail: kekoldi@sol.racsa.co.cr, EZ ab 50 US$, DZ ab 60 US$ inkl. Frühstück. Originelles Hotel mit 14 pastellfarbenen Zimmern, hübschen Wandgemälden und freundlicher Atmosphäre. Deutsch - costaricanisches Management.

Gran Hotel Costa Rica (41), Calle 3, zw. Av. Central und 2, Tel.: 221- 0796, Fax: 221-3501. EZ 55 US$, DZ 75 US$.

Altehrwürdiges Haus mit Ambiente im Herzen der Stadt, direkt an der Plaza de la Cultura.

Best Western (2), Av. 7, zw. Calles 6 u. 8, Tel.: 255-4766, Fax: 255-4613. EZ 48 US$, DZ 60 US$ inkl. Frühstück. Moderne 70 Zimmer-Anlage mit Schnellrestaurant, Swimmingpool u. Sauna. 15 Min. zum Zentrum.

* *Europa (18),* Calle Central, Ecke Av. 5, Tel.: 222-1222, Fax: 221-4609, e-mail: europa @sol. racsa.co.cr, EZ / DZ 48-60 US$. 72 Zimmer, Swimmingpool, historisches Gebäude (1911), 5 Min. zum Zentrum.

La Gran Via (24), Av. Central, zw. Calle 1 u. 3, Tel.: 222-7737, Fax 222-7205. EZ 50 US$, DZ 60 US$. Gediegener Altbau im Zentrum, gegenüber *Gran Hotel Costa Rica* (nicht verwechseln!).

Don Carlos (8), Calle 9, zw. Av. 7 u. 9 # 779, e-mail: hotel @doncarlos.co.cr, www. doncarlos.co.cr, EZ 55 US$, DZ 65 US$ inkl. Frühstück. Freier e-mail Versand & Empfang, Kabel-TV, 36 Zimmer, 7 Min. zum Zentrum.

Oberklasse:

Fast alle Hotels dieser Kategorie verfügen über eigene Restaurants & Casinos.

Villa Tournón (4), Calle San Francisco, Stadtteil Tournón, nahe El Pueblo Einkaufszentrum, Tel.: 233-6622, Fax: 222-5211. Swimmingpool, gutes Restaurant. EZ 70 US$, DZ 85 US$, die deutlich größere Suite kostet jeweils 10 US$ mehr. 15 Min. zum Zentrum.

Morazán (30), Av. 1, Ecke Calle 7, Tel.: 222-4622, Fax: 233-3329. EZ 75 US$, DZ 85 US$. Frisch renoviertes, älteres Haus im Zentrum.

Presidente (44), Av. Central, Ecke Calle 7, Tel.: 222-3022, Fax: 221-1205, e-mail: hotpres @sol.racsa.co.cr, EZ 70 US$, DZ 85 US$. Komfortable Zimmer im Zentrum.

* *Balmoral (29),* Av. Central, zw. Calles 7 u. 9, Tel.: 222-5022, Fax: 221-1919. 120 komfortable Zimmer im Zentrum. Restauraunt ab 6 Uhr geöffnet. EZ 78 US$, DZ 90 US$. Im Zentrum.

San José

Hotels

2 Best Western
4 Villa Tournón
5 Casa Hilde
6 Britannia
7 Kekoldi
8 Don Carlos
10 Edelweiss
11 Vesuvio
12 La Amistad
13 Imperial
18 Europa
20 Santo Tomás
21 Holiday Inn
24 La Gran Via
29 Balmoral
30 Morazán
32 Del Rey
38 Plaza
41 Gran Hotel
   Costa Rica
44 Presidente
45 Araica Inn
46 Nicaragua
53 Doña Inés
55 Fleur de Lys
56 ca. 100 m südlich:
   Ritz + Continental

Museen, Ausstellungen, Theater, Kino

1 Kindermuseum
9 Jademuseum
14 Briefmarkenaus-
   stellung
34 Schlangenschau
36 Cine CAPRI 1+2
47 Nationalmuseum
54 La Mascara/Komödie

Bars, Nachtclubs

3 Josephine´s
31 Key Largo
33 Beatles Bar

Post, Bank, Telefon

14 Hauptpostamt
37 Banco de
   Costa Rica
48 Banco Anglo
   Costarricense
40 ICE/Telefonkarten

Restaurants, Cafés, Feinkost

15 Giacomin
25 Trigo Miel
   Reposteria
27 Spoon Reposteria
28 Goya
35 El Balcon de
   Europa
39 Manolo´s
42 La Esmeralda
43 La Hacienda

Sonstiges

16 IFSA / KODAK
17 AGFA-Filmlab.
19 COPA Flugges.
22 Supermarkt
   Auto Mercado
23 TEF-Kamerarep.
26 IFSA / KODAK
49 ICT-Hauptverw.
50 Waschsalon
   Sixaola
51 Markt für
   Kunsthandwerk
52 Kinderfriseur

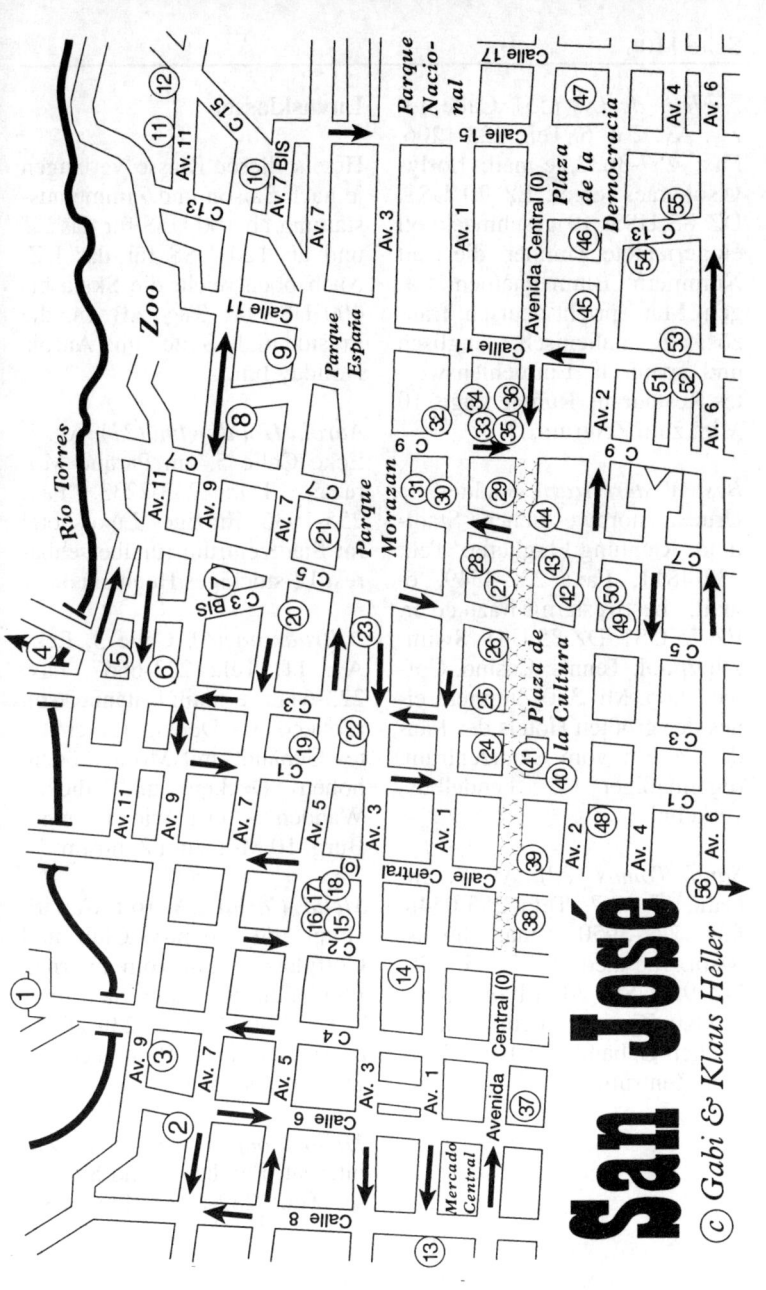

San José

© Gabi & Klaus Heller

* *Fleur de Lys (55),* Calle 13, zw. Av. 2 u. 6, Tel.: 223-1206, Fax: 257-3637, e-mail: florlys @sol. racsa.co.cr, EZ 70 US$, DZ 85 US$. 19 geschmackvoll eingerichtete Zimmer, die statt Nummern Blumennamen tragen. Man spricht deutsch, französisch, italienisch, englisch und spanisch. Empfehlenswertes Restaurant. Ruhige Lage. 10 Min. zum Zentrum.

Best Western Irazú, Stadtteil La Uruca, nordwestlicher Stadtrand, Richtung Flughafen, Tel.: 232-4811, Fax: 232-4549, e-mail: bestwestern@irazu.co.cr, EZ 75 US$, DZ 85 US$. Swimmingpool, Tennis, Casino, Coffee Shop. Mit 350 Zimmern eines der größten Hotels des Landes. 4 km vom Stadtzentrum, regelmäßiger Pendelbusverkehr.

Santo Tomás (20), Av. 7, zw. Calles 5 u. 7, Tel.: 255-0448, Fax: 222-3950, e-mail: hotelst @sol. racsa.co.cr, EZ 85 US$, DZ 95 US$. 20 stilvoll eingerichtete Zimmer in einem historischen Gebäude (1910). 5 Min. zum Zentrum.

Luxusklasse:

Hotels dieser Klasse verlangen je nach Saison und Zimmerausstattung ab 100 US$ für das EZ und ab 120 US$ für das DZ. Nach oben reicht die Skala bis 400 US$ pro Tag, z.B. für die Presidential Suite im Aurola Holiday Inn.

Aurola Holiday Inn (21), Av. 5, Ecke Calle 5, am Parque Morazán, Tel.: 233-7233, Fax: 255-1036. Einziges Luxushotel im Stadtzentrum (unübersehbares, 12-stöckiges Hochhaus).

* *Britannia (6),* Calle 3, Ecke Av. 11, Tel.: 223-6667, Fax: 223-6411, e-mail: britania@sol. racsa.co.cr - Denkmalgeschütztes Gebäude mit Mosaikböden, hohen Decken und dicken Wänden - fast wie in einer Burg. 10 Min. zum Zentrum.

Meliá Cariari, Vorort Cariari. Hotel mit Country Club und Golfplatz. 3 km vom internat. Flughafen Richtung San José, Tel.: 239-0022, Fax: 239-2803, e-mail: cariari@sol.racsa.co.cr www.solmelia.es.

Meliá Confort Corobicí, zw. internat. Flughafen und San José, Tel.: 232-8122, Fax: 231-

5834, e-mail: corobici@sol.rac-sa.co.cr - www.solmelia.es

Hampton Inn, das dem internationalen Flughafen *Juan Santamaría* nächstgelegene Hotel (2 km) mit „Zufriedenheitsgarantie", Tel.: 443-0043, Fax: 442-9532, e-mail: hampton@sol.racsa.co.cr

* *Herradura* (ehemals Sheraton), Vorort Cariari, 2,5 km vom internat. Flughafen Richtung San José. Tel.: 239-0033, Fax: 292-2713, e-mail: hherradu@ sol.racsa.co.cr, sehr schöne Anlage mit Pool, Shops, Bar und Restaurant.

* *Palacio,* Stadtteil La Uruca, nordwestlicher Stadtrand, Richtung Flughafen, Tel.: 220-2034, Fax: 220-2036. 254 Zimmer, gilt als das beste Hotel des Landes, mit Tennis, Squash, Fitness, Pool, Friseur, Café, Restaurant, Piano Bar und all dem Schnickschnack für die Schickeria. Das Frühstücksbuffet ist ausgezeichnet!

Radisson, Av. 15, zw. Calles Central u. 3 (am nördlichen Ende der Calle 3), Tel.: 257-3257, Fax: 257-8221 e-mail: eurohot @sol.racsa.co.cr - 15 Min. zum Zentrum.

Pensionen:

An der Peripherie San Josés gibt es eine ganze Reihe kleiner, familiärer Pensionen (meist mit Frühstück), wo Sie individuell betreut und auf Wunsch auch vom Flughafen abgeholt werden.
Um ins Zentrum der Hauptstadt zu gelangen, müssen Sie allerdings ein paar Stationen (20-30 Min.) mit dem Bus fahren oder über einen Leihwagen verfügen.

Gästehaus Pfleiderer, San Antonio / Escazu, Tel. & Fax: 228-0671, EZ 35 US$, DZ 45 US$. Herrlicher Blick auf das Valle Central!

Pension Jutta Fischer, Ciudad Colón, Apdo. 129-6100, Tel. & Fax: 249-1826. EZ 30 US$, DZ 40 US$ inkl. reichhaltigem Frühstück.

Hotel Sabana B&B (Bed & Breakfast), Pavas / Sabana Norte, Tel. & Fax: 232-2876 und 232-375128. EZ ab 50 US$, DZ ab 60 US$, Dreier-Zimmer ab 85 US$ und Vierer-Belegung ab 100 US$. Familien-Pension / Hotel mit allen Annehmlichkeiten inkl. Kabel-TV und Babysitting-Service.

Tagsüber in San José

City-Tour / Stadterkundung

Beginnen Sie Ihre Tour an der *Plaza de la Cultura* mit einer Besichtigung des *Nationaltheaters* (Eingang schräg gegenüber des *Gran Hotels Costa Rica*) und sehen Sie sich anschließend die unter dem Platz gebunkerten Schätze des *Goldmuseums* (Zugang von der Calle 5) an. Danach haben Sie eine kleine Pause verdient und können im alten Traditionslokal *La Esmeralda (42)* ein original costaricanisches Mittagsmenü genießen. Ein kurzer Spaziergang führt Sie über die Calle 7 in nördlicher Richtung direkt zum sehr kleinen *Parque Morazán*, auf dessen Ostseite der *Parque España* anschließt. Im 11.Stock des Gebäudes der Versicherung INS lädt das *Jade-Museum (9)* zu einem Besuch ein.

Folgen Sie der Avenida 3 Richtung Osten bis zur Calle 15, so stoßen Sie auf den *Parque Nacional*.

Nun haben Sie in einer guten halben Stunde die 3 zentralen Stadtparks kennengelernt und gesehen, wie viele Joséfinos - so nennen sich die Einwohner San Josés - ihre Mittagspause verbringen. Wieder fit und aufnahmefähig für noch mehr

Kultur? Dann erwartet Sie an der *Plaza de la Democracia* das *Nationalmuseum (47)*, wo Sie den restlichen Nachmittag verbringen sollten (schließt um 16.30 Uhr!).

Nun haben Sie den von der *Plaza de la Cultura* aus ebenfalls in wenigen Minuten per pedes erreichbaren westlichen Teil des Zentrums noch nicht gesehen. Hier sind vor allem die *Hauptpost (14)* in der Calle 2 und der *Mercado Central* (Eingang Avenida Central / Calle 6) sehenswert. Morgen ist ja auch noch ein Tag...

Tipp: Der Schweizer *Toni Meier, Tel.: 381-4520, Fax: 283-0243*, bietet eine sehr gute, deutschsprachig geführte City-Tour an, die in der Regel am *Nationalmuseum* beginnt und über *Plaza de la Cultura* und *Mercado Central* per Fußmarsch und Busfahrt bis zum großen *Sabana-Park* im Westen der Stadt und wieder zurück führt.

Die Tour kostet je nach Teilnehmerzahl zwischen 15 und 20 US$. Dafür bekommen Sie in kurzer Zeit das Essentielle mundgerecht präsentiert und mit aktuellen Insidertips gewürzt. Außerdem müssen Sie sich nicht um Ihre Orientierung kümmern.

Plaza de la Cultura in San José mit Gran Hotel Costa Rica, Banco Popular und ICE-Gebäude (Telefon- & Stromges.) im Hintergrund

Nationalmuseum
(Museo Nacional)

Calle 17, zw. Av. Central u. 2, Tel.: 257-1433, geöffnet Di.-So. 9-16.30 Uhr. Das in der ehemaligen Festung *Bella Vista* (1887) untergebrachte Museum liefert einen interessanten Überblick über die Geschichte und Kultur Zentralamerikas von 10.000 vor Christus (erste Besiedlungen) bis heute. Besonders sehenswert sind die archäologische Abteilung, der Goldsaal, der karge Kolonial-Saal und die historische Abteilung.

Goldmuseum
(Museo de Oro)

Unter der Plaza de la Cultura, neben dem ICT, Zugang von der Calle 5, zw. Av. Central u. 2, Tel.: 223-0528, geöffnet Fr., Sa., So. 10-16.30 Uhr.
Die Banco Central präsentiert eindrucksvoll in 2 Tiefgeschossen das Gold der Bruncas, zahlreiche Schmuckstücke und Gebrauchsgegenstände sowie nachgebaute Behausungen der Ureinwohner des Landes. Das bedeutendste Museum in Costa Rica.

Münzsammlung
(Museo de Numismatica)

Adresse und Öffnungszeiten wie Goldmuseum. Alte und neue Münzen und Geldscheine erzählen die Geschichte des Landes.

Sonderausstellung (Exposiciones Temporales)

Adresse und Öffnungszeiten wie Goldmuseum. Die großen Meister Mittel- und Südamerikas zeigen hier zeitgenössische Malereien und Plastiken.

Museum für moderne Kunst
(Museo de Arte Costarricense)

Calle 42, zw. Paseo Colón und Av. 2, an der Ostseite des Sabana Parks, Tel.: 222-7155, geöffnet Di.-So. 10-16.30 Uhr.
Naive Malerei, Skulpturen und Gemälde einheimischer Künstler des 19. und 20. Jahrhunderts, u.a. des Malers *Max Jiménez* und des Bildhauers *Hernán González*. Sehenswert auch die Reliefarbeiten zu den Epochen der costaricanischen Geschichte im Obergeschoß, die allerdings aus der Hand des Franzosen *Luis Ferón* stammen.

Präkolumbianischer Jade-Schmuck

Museum für zeitgenössische Kunst und Design + CENAC (Museo de Arte y Diseño Contemporáneo + CENAC)

Avenida 3, zw. Calle 15 und 17, auf dem Gelände der ehemaligen Schnapsfabrik (Fábrica Nacional de Licores), vis-a-vis der *Biblioteca Nacional*, Tel.: 257-7202, geöffnet Di.-So. 10-16.30 Uhr.
Wechselnde Ausstellungen von Fotografien, Gemälden und Skulpturen nationaler und internationaler Künstler.
Auf dem gleichen Gelände ist das *Centro Nacional de la Cultura (CENAC)* angesiedelt und arrangiert dort regelmäßig Seminare sowie Theater-, Ballett- und Tanzvorführungen.

Jademuseum (Museo de Jade)

Aussprache: „museo de hadei", Av. 7, zw. Calle 9 u. 11, im Hochhaus der staatlichen Versicherungsgesellschaft INS (Besitzer der Sammlung) im 11. Stock, Tel.: 223-5800, geöffnet Mo.-Fr. 9-16.30 Uhr.
In mehreren abgedunkelten Räumen sehen Sie Figuren aus Jade, Keramik, Stein und Gold. Die gut erhaltenen Exponate aus präkolumbianischer Zeit zeigen Menschen, Tiere, Früchte und Fruchtbarkeitssymbole. Wahrscheinlich die größte Jade-Sammlung Amerikas.
Schon alleine der tolle Ausblick vom 11. Stock über die Stadt ist den Eintritt wert.

Kriminalmuseum (Museo Crimonológico)

Calle 21, zw. Av. 6 u. 8, Tel.: 255-0122, geöffnet Mo., Mi., Fr. 13-16 Uhr.
Waffen, Mordwerkzeuge und abgetrennte Gliedmaßen sollen abschreckend wirken. Interessant für Anatomiestudenten und Gruselfetischisten.

Postmuseum (Museo Postal, Telegrafico y Filatelico)

Im Hauptpostamt, Calle 2, zw. Av. 1 u. 3 / 1.Stock, Tel.: 223-6918, Mo.-Fr. 8-16 Uhr.
Größte Briefmarkensammlung des Landes mit vielen philatelistischen Leckerbissen.

Eisenbahnmuseum (Museo Nacional de Ferrocarril)

Av. 3, zw. Calle 19 u. 23, Tel.: 222-8542, Mo.-Fr. 9-15.30 Uhr.
Das massive Gebäude der *Estación Atlántico,* eine Dampflok auf dem Abstellgleis und ein paar verblassende Fotos - das ist alles, was vom legendären Dschungelzug, der fast 100 Jahre lang San José mit Limón verband, noch übriggeblieben ist.

Insektenmuseum (Museo de Insectos, Museo Entomológico)

Auf dem Gelände der *USC (Universidad de Costa Rica),* im Untergeschoss der Musikschule *(Escuela de Artes Musicales),* San Pedro, Tel.: 207-5647, Mo.-Fr. 13-16.30 Uhr.
Schmetterlinge in allen Farben und Größen, Libellen, Bienen, Hornissen und andere Insekten stellen sich hier friedlich aufgespießt zur Schau. Mit **1 Million Exponaten** weltweit eine der größten Sammlungen dieser Art.

Schmetterlingsgarten Spirogyra

Wenn Sie bunte Schmetterlinge freifliegend beobachten wollen, besuchen Sie den *Spirogyra*-Schmetterlingsgarten in der Nähe des *Centro Commercial El Pueblo,* nordöstlich des Stadtzentrums, Tel. 222-2937, geöffnet tägl. von 8-15 Uhr oder eine der drei großen Schmetterlingsfarmen (s. Tagesausflüge). *Spirogyra* ist mit etwa 30 Arten die kleinste, aber stadtnächste Anlage.

Schlangenschau (Serpentario)

Av.1, zw. Calle 9 u. 11 im 2. Stock, etwa 4 Minuten von der Plaza de la Cultura, Tel.: 255-4210, geöffnet Mo.-Fr. 9-18 Uhr, Sa. u. So. 10-17 Uhr.

Hier sehen Sie alles was kriecht und krabbelt: Skorpione, Taranteln, Schildkröten, urtümliche Echsen und zahlreiche Schlangen aus aller Welt, darunter Boas, Pythons, Klapperschlangen, Kobras und Vipern.

Leider steht an den Schaukästen nicht dabei, welche Schlange giftig ist und welche nicht. Die echte und die falsche *Korallenschlange* (beide auffällig gemustert) und die *Lanzenotter (Fer de Lance)* sollten Sie sich genau ansehen: Es sind wohl die gefährlichsten Giftschlangen Costa Ricas. Außerdem können Sie hier die berühmten, schillernd-roten und neon-grünen, winzigen Frösche bewundern, aus deren Körperschleim die Indianer früher das Gift für ihre Pfeile gewonnen haben.

Das Serpentario verfügt auch über ein paar Aquarien. Hauptattraktion ist die Fütterung der südamerikanischen Piranhas (ca. 15 Uhr), die gierig um jedes Fetzchen Fleisch kämpfen.

Zoo (Parque Zoológico Simón Bolívar)

Av. 11, zw. Calle 7 u. 9, Zugang über Calle 7, Tel.: 233-6701, geöffnet Mo.-Fr. 8-15.30 Uhr, an Wochenenden und Feiertagen 9-16.30 Uhr.

In der bereits 1916 installierten, nicht mehr zeitgemäßen Anlage werden ca. 50 Tierarten zumeist in engen Käfigen zur Schau gestellt. Man erhält einen kleinen Überblick über Costa Ricas Fauna. Als Zoo nichts Besonderes, aber schön für einen kleinen Spaziergang im Grünen.

Naturwissenschaftliches Museum La Salle (Museo de Ciencias Naturales La Salle)

Im MAG-Gebäude, an der Südwestecke des Sabana Parks, Tel.: 232-1306, geöffnet Mo.-Fr. 8-16 Uhr, Sa. 8-12 Uhr und So. 9-16 Uhr.

Die Sammlung umfasst über 32.000 Exponate, darunter alleine 12.000 Schmetterlinge und andere Insekten, 13.000 Muscheln und 1.200 präparierte Vögel.

Beeindruckend sind die vielen ausgestopften Säugetiere, u.a. Affen, Ameisenbären und Tapire sowie interessante Fossilien.

Das Kindermuseum im ehemaligen Zentralgefängnis

Kindermuseum (Museo de los Niños)

Am Nordende der Calle 4, im Gebäude des ehemaligen Zentralgefängnisses, Tel.: 223-7003, geöffnet Di.-Fr. 8-16 Uhr, Sa. u. So. 10-17 Uhr.
Die Kleinen können sich im Kinderpostamt, in der Musikschule oder auf dem Spielplatz nach Herzenslust austoben und dürfen auf dem Freigelände in einen echten Hubschrauber kriechen und auf Eisenbahn und Feuerwehrauto herumtollen. Schulkinder fasziniert vor allem der Erdbeben- und der Blitzsimulator sowie die Videoräume mit Themen wie „Erde und Weltraum". Lehrreich für Kinder und Erwachsene.

Vergnügungspark (Parque Nacional de Diversiones)

Auf der Autobahn Richtung Flughafen, 2 km westlich des Hospitals México, erreichbar auch mit dem INA-Bus, der alle 30 Min. ab Calle 6 / Av.1 abfährt, Park-Tel.: 296-2212 und 231-2001, Fax: 231-6529, geöffnet Do. - So. von 10 - 17.30 Uhr.
Rummelplatz mit Achterbahn, Autoscooter, Karussells, Riesenrad, Rutschen und Tretbooten. Die rund 30 Fahrgeschäfte sind vorwiegend auf die Benutzung durch Kinder ausgerichtet. Ein Paradies für Zwei- bis Zwölfjährige. Zahlreiche Imbissbuden.

Freilichtmuseum Pueblo Antiguo

Neben dem *Parque National de Diversiones* befindet sich das Freilichtmuseum *Pueblo Antiguo* (gleiche Tel. & Fax-Nr.), das allerdings nur an Wochenenden von 10-17.30 Uhr geöffnet hat.

In nachgebauten Hütten und Häusern wird das Leben der Costaricaner und ihrer Vorfahren dargestellt. Künstler führen traditionelles Handwerk vor, u. a. die Herstellung von Keramik- und Lederwaren, und Laienschauspieler demonstrieren landwirtschaftliche Arbeiten. Zahlreiche Shows, Shops, Restaurants und Imbissbuden erinnern ein wenig an Disneyland.

Markt (Mercado Central)

Block zw. Av. Central u. 1 und zw. Calle 6 u. 8.

Reges Treiben in den engen Gassen riesiger, wellblechüberdachter Markthallen. Haushaltswaren, handwerkliche Arbeiten jedweder Art, Blumen, Gewürze, Obst, Gemüse, Fleisch, Fisch, Backwaren und vor allem jede Menge Imbissbuden, die einheimische Spezialitäten gaumengerecht zubereiten.

Grünanlagen, Parks

Frische Luft ist Mangelware in San José. Wenn Sie zu Fuß unterwegs sind und mal wieder tief durchatmen wollen, spazieren Sie am besten durch den *Parque Nacional*, zw. den Avenidas 1 u. 3 und den Calles 15 u. 19 oder gehen einfach in den *Zoo* (s.S.117). Beide Grünanlagen errreichen Sie von der *Plaza de la Cultura* aus per pedes in rund 10 Minuten.

Sofern Sie einen fahrbaren Untersatz haben oder sich ein Taxi nehmen, können Sie sich im *Parque Metropolitano La Sabana* im Westen (größter Park San Josés) oder im *Parque de la Paz* im Süden der Stadt erholen.

Freibad (Ojo de Agua)

Mit dem Auto erreichbar in 25 Minuten über die Schnellstraße zum internat. Flughafen, Abfahrt *San Antonio de Belén,* immer geradeaus über *San Rafael* zum ausgeschilderten *Ojo de Agua* (Auge des Wassers). Der Bus mit Zielangabe *Ojo de Agua* fährt in San José an der Av. 1, zw. Calle 20 u. 22, ab.

Die Quellen versorgen mit einem Frischwasserausstoß von

Ojo de Agua

über einer Million Liter pro Stunde neben dem großzügig angelegten Freibad auch einen Teil *San Josés* sowie die Stadt *Alajuela* und das 80 km entfernte *Puntarenas* mit Trinkwasser. Für 1 US$ Eintritt ist eine Menge geboten: fünf Schwimmbecken, ein Sprungturm, zwei Wasserfälle, Duschen und Umkleidekabinen, ein künstlich angelegter See mit Bootsverleih, Fußball- und Volleyballplatz, weite Liegewiesen, Picknicktische und ein Restaurant mit Bar.

Restaurants und Cafés

Ob Pasta, Steak oder Fisch, Vegetarisch, Französisch, Chinesisch oder einfach nur Kaffee und Kuchen: In *San José* müssen Sie nie lange suchen!
Lokale mit * können wir besonders empfehlen!

Schnellrestaurants mit Self-Service

In bester Lage und mit unübersehbaren Werbeflächen laden Mc Donalds, Kentucky Fried Chicken, Taco Bell, Hardee's und Pizza Hut zum Quick Lunch.

Sodas / Schnellrestaurants mit Bedienung

Soda heißt in Costa Rica nicht nur das mit Natriumbikarbonat zum Sprudeln gebrachte Wässerchen, sondern auch jedes nette, kleine Restaurant mit einheimischer Küche. Weit über 100 solcher Sodas sind über das ganze Stadtgebiet verteilt. Hier essen Sie gut und preiswert und lernen die Ticos, Ticas und ihre Spezialitäten am besten kennen. Nachfolgend ein paar Sodas und ähnliche einfache Restaurants mit Bedienung:

* *Manolo´s (39)*, Av. Central, zw. Calles Central u. 2, 24 Std. geöffnet!
Reiche Auswahl an einheimischen und internationalen Gerichten zu angemessenen Preisen. Mit etwas Glück findet man einen Platz an den wenigen Tischen direkt in der Fußgängerzone. Beliebter Touristentreff.

King's, Av. 1, Ecke Calle 3. Einheimisches und Chinesisches aus der Schnellküche. Einfach und preiswert.

Visnu El Mundo, Av. 1, zw. Calles 1 u. 3, Tel. 222-2549. Vegetarisch, preiswert, gut. Käse-, Soja- und Gemüsespeisen. Der trockene Vollkornburger ist Geschmackssache. Joghurt, Eis, Früchte, Säfte, Müsli und vielerlei Süßspeisen reizen jedoch auch den nicht vegetarisch eingestellten Gaumen.

Reposteria Spoon (27), Av. Central, 25 m östl. der Plaza de la Cultura (zw. Calles 5 u. 7), Tel.: 221- 6702.
Von Kaffee und Kuchen über verschiedene Sandwiches, Omelettes und Reisgerichte bis zur Lasagne. Gutes, sauberes, aber nicht gerade billiges Schnellrestaurant nach amerikanischem Muster.

* *Soda La Tapia,* Av. 2, Ecke Calle 42, an der Ostseite des *Sabana Parks,* schräg gegenüber des *Gimnasio Nacional,* kein Ruhetag.
Schmackhafte und preiswerte costaricanische Küche. Stimmungsvolles, immer gut gefülltes **In-Lokal**.

Spezialitäten-Restaurants

* *La Esmeralda (42),* Av. 2, zw. Calles 5 u. 7, Tel.: 221-0530, geöffnet von 11 Uhr bis 5 Uhr früh. Eines der ältesten Lokale des Landes, gegr. 1936. Gute Mittagsmenüs für 5 US$. Abends meist Livemusik.

Goya (28), Av. 1, zw. Calles 5 u. 7, Tel.: 221-3887.
Preiswerte und gute Mittagsmenüs. Sonntags geschlossen.

* *El Balcon de Europa (35),* Calle 9, zw. Av. Central u. 1, Tel.: 221- 4841, tägl. außer samstags von 11.30-22 Uhr.
Ältestes Restaurant Costa Ricas (seit 1909), unter italienischer Leitung. Angenehmes Ambiente. Gute Pasta und Fleischgerichte, gelegentlich mit Musik.

La Hacienda (43), Calle 7, zw. Av. Central u. 2, Tel.: 223-5493, tägl. 12-23.30 Uhr.
Gut zubereitete Fleischgerichte vom Schnitzel über Filet Mignon bis zum saftigen T-Bone-Steak.
Bar mit Billard im Obergeschoß.

La Cocina de Leña, im Centro Comercial El Pueblo, Tel.: 223-3704.
Traditionelle Küche, rustikales Ambiente, gehobene Preise.

La Bastille, Paseo Colón, Ecke Calle 22, Tel.: 255-4994.
Französische und schweizer Spezialitäten.

* *La Monastere,* hoch über Escazu in einem alten Kloster (von San José Zentrum ca. 20 Min. per Pkw), auf der Staatsstraße 27 westlich, Richtung Escazu / Santa Ana, in San Rafael Escazu am Fitnessstudio links und bergauf immer den grünen Kreuzen am Wegrand folgen. Das große, grüne Kreuz des Restaurants ist weithin sichtbar. Tel.: 289-4404, Mo.-Sa. bis Mitternacht.
Es erwartet sie internationale Cuisine der gehobenen Klasse und ein traumhafter Ausblick über das Valle Central.

Cafés

Café Parisien im *Gran Hotel Costa Rica (41)*, Calle 3, zw. Av. Central u. Av.2, Tel.:221-4000.
Gute Frühstückskarte, Sandwiches und Snacks. Mäßige Kuchenauswahl. Beliebter Touristentreff in bewegter Umgebung: Zeitungsjungen, Schuhputzer, Nuss- und Losverkäufer, Musikanten, Polizisten und Taschendiebe. Sehen und gesehen werden.

Café Ruiseñor, Calle 3, Ecke Av. 2, Tel.: 256-6094, tägl. 10-17 Uhr.
Gutes Café im nördl. Seitenflügel des Teatro Nacional, nur einen Steinwurf vom Café Parisien entfernt.

Trigo Miel Reposteria (25), Calle 3, zw. Av. Central u. 1. Süße Leckereien zum Mitnehmen.

Pastelería y Confitería Giacomin (15), Calle 2, zw. Av. 3 u. 5. Feine Konditorwaren zum Mitnehmen.

Key Largo

San José bei Nacht

Das Nachtleben spielt sich vor allem im östlichen Teil des Stadtzentrums zwischen den Avenidas 2 und 3 ab.

Musik und Tanz

* *Key Largo (31)*, Calle 7, Ecke Av. 3, Tel.: 221-0277, geöffnet 11 bis 3 Uhr früh.
Geringe Einlassgebühr. Der schillerndste Treffpunkt vieler Schönheiten der Nacht. Das alte Gebäude am Parque Morazán bietet in fünf riesigen Sälen Barbetrieb und heiße Musikvideos. Von 22-3 Uhr oft Livebands. Der Restaurantbetrieb hatte bei unserem letzten Besuch leider schwer nachgelassen und ist allenfalls noch für kleine Snacks zu empfehlen.

Die Herren können ins Key Largo sowohl mit ihrer Partnerin gehen als auch - bei Solobesuchen - sehr schnell Bekanntschaften schließen. Gleiches gilt für die umliegenden Bars.

Nashville South, Calle 5, zw. Av. 1 u. 3, an der Westseite des Parque Morazán.
Urige Country- und Western-Bar mit reichem Bier-, Tequila- und Whiskey-Angebot.

Beatles Bar (33), Calle 9, zw. Av. Central u. Av. 1, Bier vom Fass und laute Musik bis 2 Uhr morgens.

El Tunel del Tiempo, Av. Central, zw. Calle 7 u. 9, Disco.

Salsa 54, Calle 3, zw. Av. 1 u. 3, Jugenddisco.

Cocoloco, Centro Comercial El Pueblo, lauteste Jugenddisco (So. + Mo. geschlossen).

Josephine´s (3), Av. 9, zw. Calles 4 u. 6, Tel.: 256-4486, geöffnet von 21 Uhr bis 2.30 Uhr. Hier tanzen nicht Sie, sondern Profis, und zwar mit Strip, Straps und Federboa. Man gibt sich alle erdenkliche Mühe und stellt diese auch gehörig in Rechnung.

Bars & Clubs (Rotlicht-Milieu)

Arte, Calle 9, zw. Av. Central u. Av. 2, Tel.: 222-2881.

BBC, Calle 3, zw. Av. 7 u. 9, Tel.: 256-2667.

Camelot, Av. 4, zw. Calle 3 u. 5, Tel.: 233-0744.

FJ, Av. 8, zw. Calle 2 u. 4, Haus # 269, Tel.: 223-9857.

Idem, Calle 11, zw. Av. 8 u. 10, Tel.: 233-1977.

Taberna VIP´s, Av. 11, zw. Calle 1 u. 3, Tel.: 233-3159.

Übrigens: Prostitution ist in Costa Rica erlaubt. Nur wenige Herren reisen jedoch mit dem vorrangigen Ziel sexueller Vergnügungen ins Land, während genau aus diesem Grunde viele Damen die Karibikküste buchen (s. Cahuita). Ohne das pikante Thema moralisch werten zu wollen, sei beiden Geschlechtern dringend ans Herz gelegt: *Gib Aids keine Chance - nie ohne Gummi!*

Theater

Die Aufführungen im *Teatro Nacional*, Av. 2, zw. Calle 3 u. 5, Tel.: 221-1329, gehören zu den größten Kulturereignissen des Landes. Der Spielplan ist in der Tagespresse (La Nacion) zu finden und Karten gibt´s direkt am Theater. Das imposante Gebäude wurde zwischen 1890 und 1897 aus den Einnahmen einer eigens für den Bau erhobenen Kaffeesteuer errichtet und in den letzten Jahren grundlegend renoviert. Fast genauso bedeutend ist das *Teatro Mélico Salazár* an der Av. 2, Ecke Calle Central, Tel.:221-4952.

Zwei Kleinkunstbühnen führen oft hervorragend inszenierte, englischsprachige Stücke auf: Das *Teatro Laurence Olivier*, Calle 28, zw. Av. Central u. 2, Tel.: 223-1960, und die *Little Theater Group*, Tel.: 231-0813.

Wer ausreichend spanisch versteht, sollte sich eine Aufführung (Komödie) am *Teatro La Mascara (54)* in der Calle 13, nahe Av. 2, nicht entgehen lassen.

Kinos

San José hat mehr als 15 Kinos, in denen häufig amerikanische Filme mit spanischen Untertiteln gezeigt werden. Zentral liegen:

Capri 1+2 (36), Av. Central zw. Calles 9 u. 11.

Omni, Calle 3, zw. Av. Central u. 1, Tel.:221-7903.

Variedades, Av. Central, Ecke Calle 5, Tel.: 222-6108.

Rex, Av 4, zw. Calles Central u. 2, Tel.: 221-0041.

Tagesausflüge ab San José

Alles über Kaffee - oder Kaffee über alles?

Wenn Sie ein Fan der anregenden braunen Brühe sind, sollten Sie unbedingt den Ursprung Ihres Lebenselixiers - den Kaffeestrauch gesehen haben. Eine süßduftende, schneeweiße Kaffeeplantage in der Blütezeit ist eine wahre Augenweide. Interessant wird´s aber während der Erntezeit (s.S.35), wenn die roten Kaffeekirschen von den Sträuchern gepflückt und die Samen (Bohnen) vom Fruchtfleisch getrennt und getrocknet werden.

Die bekannteste Kaffee-Informations- und Verkaufsveranstaltung in San José ist die *BRITT- Coffeetour.* Sie können entweder mit dem Wagen über die Calle Central Richtung Norden nach *Heredia* fahren. Folgen Sie dort weiter nordwärts der *Carretera Barva,* so ist die relativ kleine *BRITT-Fabrik* mit Plantage gut ausgeschildert und schnell zu finden. In der Hauptsaison fahren auch mehrmals täglich Pendelbusse ab San José. Info & Anmeldung unter Tel. 260-2748, Fax: 238-1848, e-mail: info@cafebritt.com, http://www.cafebritt.com

Schmetterlingsgärten

In der weiteren Umgebung San Josés gibt es eine ganze Reihe privater Schmetterlingsfarmen, wo die Tierchen gezüchtet werden und in buntschillerndem Gewande frei herumflattern. Man erfährt viel über sämtliche Stadien eines Schmetterlingslebens und kann die Schmetterlingspuppen auch kaufen oder per Luftfracht nach Hause schicken lassen.

Da die meisten Schmetterlingsarten auf ganz bestimmte Futterpflanzen fixiert sind, sieht man in den Freifluggehegen höchstens 40 der 1.400 in Costa Rica vorkommenden Spezies.

Ideal ist es, wenn Sie den 1-2-stündigen Besuch in einem Schmetterlingsgarten im Rahmen eines Tagesausflugs zu einem Nationalpark oder Vulkan miteinbinden und vorher wegen Wegbeschreibung, aktueller Öffnungszeiten und Auslastung dort anrufen (man spricht meist neben spanisch auch englisch):

The Butterfly Garden, Tel. & Fax 438-0115, 25 km westlich von San José über Santa Ana und San Rafael nach Guácima, dort mit blauem Schmetterling ausgeschildert. (Café BRITT, s. links, bietet Kombi-Touren mit Hotel-Abholung an!)

Butterfly Paradise liegt nordwestlich der Hauptstadt, nahe San Joaquín, Anfahrt über Heredia, Tel.: 265-6694.

Madame Butterfly Garden in Las Vueltas de Nuestro Amo, nahe Alajuela, Tel.: 255-2031.

Valle de Mariposas, Tel. 454-4196, liegt nahe Sarchí und ist dort ausgeschildert.

Spirogyra, nahe Stadtzentrum San José (s. S. 116).

Joyas de Tropico Humedo (Juwelen des Regenwalds), nördlich von San José auf der Straße zwischen Tibas und Santo Domingo de Heredia, Tel.: 244-5006.
Eine Kombination aus Museum und Freifluggehege. Das amerikanische Ehepaar *Richard und Margaret Whitten* präsentieren im *Museo de Insectos y Mariposas* über 50.000 Exponate in kunstvollem Ambiente.

Tip: Schmetterlinge sind besonders bei Sonnenschein und in den Vormittagsstunden aktiv!

Zoo Ave, Iguana Park und Canopy Tour

Für diese erlebnisintensive Tagestour starten Sie am besten zwischen 8 und 9 Uhr per Taxi oder Leihwagen ab San José, fahren am internationalen Flughafen vorbei über die Autobahn Richtung Puntarenas und nehmen dort die Ausfahrt Atenas. So gelangen Sie auf die Landstraße zwischen Alajuela und Atenas, wo Sie den privaten Vogelpark **Zoo Ave** finden, Tel.: 433-8989, geöffnet tägl. 9-17 Uhr.
In dem Park sehen Sie über 60 in Costa Rica beheimatete Vogelarten, darunter Adler, Geier, Papageien und Tukane sowie ein paar Affen und Reptilien. Hier werden einige vom Aussterben bedrohte Vogelarten gezüchtet und wieder in den Naturparks ausgesetzt.
Nun geht´s weiter auf der Landstraße Richtung Jacó über San Mateo nach Orotina.
In Orotina folgen Sie der Beschilderung *Iguana Park* oder fragen vor Ort nach dem *Parque de Iguanas*.
Eine unbefestigte Sandstraße (zur Regenzeit empfehlen wir dringend einen Geländewagen!) führt Sie Richtung Süden über den *Río Tárcoles* und dann bergauf nach 10 km zum

Der grüne Leguan *(Iguana Verde)* ist ein reiner Pflanzenfresser und wird in Gefangenschaft bis zu 20 Jahre alt. Die höchste Fruchtbarkeit erreicht er zwischen dem 3. und 12. Lebensjahr. Der Leguan legt einmal im Jahr 30 - 40 Eier, wovon in freier Wildbahn nur 2%, in kontrollierter Aufzucht dagegen 85-90% überleben. Ob aus den Eiern Männchen oder Weibchen schlüpfen, hängt von der Bruttemperatur ab. Das Forscherteam im *Iguana Park* züchtet jährlich über 70.000 Leguane und setzt soviele im Carrara-Nationalpark aus, wie der Wald ohne Störung des natürlichen Gleichgewichts verträgt. Die restlichen Tiere werden für den Verzehr freigegeben, nicht zuletzt, um illegalen Leguan-Jägern das Geschäft zu verderben und damit auch wieder den Bestand im Nationalpark zu sichern. Leguan-Fleisch ist frei von Cholesterin, Hormonen und anderen Schadstoffen.
Im *Iguana Park* wird außerdem auch noch der **rote Ara**, der wegen Abholzung und Nest-Plünderungen vom Aussterben bedroht ist, gezüchtet und ausgesetzt. Beide Projekte finden Unterstützung durch die *Initiative tropischer Regenwald* der Zeitschrift *GEO* und durch die *Frankfurter Zoologische Gesellschaft.*
(Fakten aus einem Gespräch mit der deutschen Forscherin und Projektleiterin Dr. Dagmar Werner)

Iguana Park, Tel.: 240-6712, Fax: 235-2007, e-mail: iguverde@sol.racsa.co.cr, geöffnet Di.-So. 9-17 Uhr.

In der von der deutschen Biologin *Dr. Dagmar Werner* geleiteten Aufzuchtstation für grüne Leguane können Sie viel über das Leben dieser urtümlichen Wesen erfahren, sich in einem Freigehege unter ihnen bewegen und im Restaurant ganz legal Leguan-Gerichte probieren. Das weiße, fasrige Fleisch erinnert in seinem Aussehen etwas an Fisch, schmeckt jedoch eher nach leckerem Hähnchenbrustfilet.

Auf dem Gelände befindet sich ein interessanter Lehrpfad, der *Iguanosaur´s Trail,* mit 34 gekennzeichneten Baum- und Pflanzenarten. Den 2 km langen Wanderweg können Sie in einer guten Stunde bewältigen und mit etwas Glück sehen Sie außer Leguanen auch einige Vogel- und Schmetterlingsarten, vielleicht sogar einen roten Ara. An Wochenenden und bei entsprechender Nachfrage / Voranmeldung finden geführte Touren statt, die etwa 2 Stunden in Anspruch nehmen. Nutzen Sie die Chance, sofern Gelegenheit dazu besteht, denn die einheimischen Führer können Ihnen viel Wissen vermitteln und jede Ameise beim Namen nennen.

Am Ende des Lehrpfads zweigt ein mit *Canopy Tour* ausgeschilderter Weg zu einer Guppe von Baumriesen ab, deren Kronen mit stabilen Aussichtsplattformen bestückt sind. Dort oben sind Sie dem Lebensraum der Urwaldtiere noch näher (s. S. 95). Allerdings benötigen Sie professionelle Hilfe und zusätzlich etwas Kleingeld, um eine der Plattformen zu erklimmen. Anmeldung an Wochenenden und zur Hauptreisezeit im *Iguana Park,* sonst im Hauptbüro in San José unter Tel.: 257-5149, Fax: 256-7626, e-mail: canopy @ sol.racsa.co.cr

Schlangenfarm

Auf der alten Straße zwischen Alajuela und Grecia finden Sie, 2 km von Grecia entfernt, gegenüber des Sägewerks El Poró, die Schlangenfarm *World of Snakes* des Österreichers Robert Meidinger, Tel. & Fax: 494-3700, e-mail: snakes@ sol.racsa.co.cr, geöffnet täglich von 8-16 Uhr.

Auf dem 4 Hektar großen Gelände sind über 150 Schlangen (rund 40 verschiedene Arten) in großen, natürlich gestalteten Terrarien zu sehen. Vom Aussterben bedrohte Schlangenarten werden hier planmäßig gezüchtet und in den National-parks ausgesetzt. Die von öster-reichischen Schlangenexperten errichtete *World of Snakes* ist damit der größte Schlangenpark und die größte Zuchtstation für Schlangen in ganz Latein-amerika.

In mehrsprachigen Führungen (deutsch, englisch oder spa-nisch) erfahren Sie viel Wis-senswertes über die Lebens-weise und ökologische Funkti-on der Schlangen. Sie lernen giftige und ungiftige Schlangen zu unterscheiden und vor allem viele der in Costa Rica behei-mateten Kriechtiere kennen, die Ihnen auch mal bei Dschungel-exkursionen unverhofft begeg-nen könnten, z.B.: große und kleine Boa constrictors, die gel-be Greifschwanz-Lanzenotter, der berüchtigte Buschmeister, die gefährliche Korallenschlan-ge oder ganz harmlose Nattern. Wer Lust dazu hat, darf einige zahme Tierchen sogar anfassen oder sich fürs Foto um den Hals legen.

Der Besuch der *World of Sna-kes* läßt sich bestens mit einem Ausflug zum *Vulkan Poás* oder in die Stadt *Sarchí* (traditionel-les Holzhandwerk) kombinie-ren.

Rain Forest Aerial Tram
Teleférico del Bosque Lluvioso

Die bekannte Seilbahn entlang der Baumkronen des Urwalds ist einer der stärksten Publi-kumsmagnete Costa Ricas.

Das Zentralbüro in San José be-findet sich in der Av. 7, zw. Calles 5 und 7, Tel.: 257-5961, Fax: 257-6053, e-mail: doselsa @sol.racsa.co.cr, geöffnet täg-lich von 6-21 Uhr. Hier können Sie für stolze 65 US$ (Kinder, Schüler und Studenten erhalten Ermäßigung) eine Ganztages-tour inklusive Transfer von und zu Ihrem Stadthotel in San José buchen.

Die Seilbahn selbst fährt Di.-So. von 6-15.30 Uhr und Mo. von 9-15.30 Uhr.

Sofern Sie mit dem Pkw anrei-sen, sparen Sie 17 US$ Trans-ferkosten pro Person. Sie ver-lassen San José über die C 3, die im Stadtviertel Tournón in die Nationalstraße 32 übergeht, Richtung Limón. Nach einer knappen Stunde Fahrzeit durch Nebel- und Regenwald durch-queren Sie in einem 562 m lan-gen Tunnel (gebührenpflichtig) den Berg *Zurqí* und passieren schon bald die Brücke über den *Río Sucio*. Von der Brücke aus sind es noch genau 5,3 km bis zum Parkplatz der *Rain Forest Aerial Tram* auf der rechten

Menschen in Käfigen - da werden die Tiere des Urwalds staunen!

Fahrbahnseite. Von hier geht´s in einem Kleinlaster mit Sitzbänken zur Basisstation.

Nun informiert Sie der bekannte amerikanische Biologe *Dr. Donald Perry,* Vater des Seilbahnprojekts und Gründer der Forschungsstation *Rara Avis,* in einem 15-minütigen Video über den Sinn des Projekts und die schwierigen Bauarbeiten der Seilbahn mit eigens von Nachbarstaaten angeheuerten Lasthubschraubern. Sie lernen, dass etwa die Hälfte der Tiere des Urwalds in den Baumkronen leben und nur in einer Höhe von 30-40 m über dem Boden in ihrem natürlichen Lebensraum zu beobachten sind. Sie erfahren aber auch, dass die meist nachtaktiven Tiere tagsüber eher scheu sind und dass man sich nicht - wie in der Werbung für die *Rain Forest Aerial Tram* teilweise suggeriert - in einem lebendigen Zoo wähnen möge.

Die Kabinen fassen 6 Personen (5 Besucher + Führer) und bewegen sich auf einer Strecke von 1,3 km mit einer Geschwindigkeit von etwa 2 km/h. Die einfache Fahrt zum anderen Ende dauert 45 Minuten.

Sie erleben hautnah die Vielfalt tropischer Flora und Fauna, sehen Urwaldriesen, Orchideen, Bromelien, Würgfeigen, Palmen- und Farngewächse, Vögel, Schmetterlinge und Insek-

> • *Am meisten sehen Sie, wenn Sie um 6 Uhr in der 1.Gondel sitzen und erleben, wie der Urwald erwacht.*
> • *Denken Sie an Regenumhang, Kamera und Fernglas!*

ten, mit etwas Glück auch Nasenbären und Affen.

Zurück an der Basisstation können Sie sich in dem nicht gerade billigen Restaurant mit Sandwiches, Kaffee und Kuchen stärken und im hauseigenen Souvenirshop einkaufen. Dann haben Sie die Wahl, entweder wieder mit dem Kleinlaster zum Parkplatz zu fahren oder dorthin eine Stunde lang durch den Dschungel zu marschieren.

Die *Rain Forest Aerial Tram* befindet sich auf einem 450 Hektar großen Privatreservat, das an den *Braulio Carrillo Nationalpark* angrenzt.

Amerikanische Investoren haben sich das Ende 1994 eröffnete Projekt rund 2 Millionen US\$ kosten lassen.

Das ganze Jahr über sind 6-8 Arbeiter damit beschäftigt, die schmale Schneise durch den Urwald freizuhalten, da der Dschungel sonst schnell zuwachsen und jeden Seilbahnbetrieb verhindern würde.

Vulkan Poás und Sarchí

Den Ausflug zum knapp 60 km von der Hauptstadt entfernten Vulkan können Sie entweder im Leihwagen oder mit einer organisierten Tour (40 US\$ pro Person) oder per Taxi (80 US\$ bis 4 Personen) machen. Mit öffentlichen Verkehrsmitteln verhält es sich etwas schwierig, da nur am Sonntag ein oft überfüllter Bus von Alajuela aus zum Poás fährt.

Gleich zu Beginn zwei Tipps: Brechen Sie möglichst früh auf und eine klare Sicht wird Sie belohnen. Meiden Sie Wochenenden und Feiertage, da an diesen Tagen wahre Besucherströme den Vulkan heimsuchen.

Schon die Fahrt ist ein Erlebnis für sich. Die kleine Landstraße schlängelt sich in Nordwestrichtung langsam durch die liebliche Gegend, vorbei an Hängen voller Kaffeesträucher, bis hinauf in Höhen, wo Kartoffeln und Erdbeeren angebaut werden. Mischwald und dichtes Farnkraut säumen den Wegesrand.

Nutzen Sie die Gelegenheit, sich in einem der kleinen Restaurants unterwegs mit einem typisch costaricanischen Frühstück zu stärken. Zwischendurch bietet sich immer wieder eine herrliche Aussicht auf das *Valle Central.*

Die Zufahrtsstraße endet an einem großen Parkplatz, neben dem das Besucherzentrum mit Restaurant liegt. Hier können Sie sich sowohl durch eine Dia-Show als auch durch eine ständige Ausstellung über den Vulkan sowie die Flora und Fauna des dazugehörigen Nationalparks informieren. Den Rest des Weges bis hin zum Kraterrand müssen Sie zu Fuß zurücklegen (ca. 15 Minuten).

Der *Poás* (2.704 m, s. Abb. S. 87) gehört zu den aktiven Vulkanen. Zuletzt war er im Jahre 1989 tätig, jedoch ohne großen Schaden anzurichten. Bei klarer Sicht sehen Sie den größten Krater der Erde mit einem Durchmesser von 1,5 km, auf dessen Grund ein Schwefelsee brodelt. Selten kommen Sie so nah an einen aktiven Vulkankrater heran! An seinem Rand treten Fumarolen (Gase und Dämpfe) aus, die manchmal Augen und Nase der Besucher reizen. Je früher Sie da sind (von 8-15.30 Uhr ist geöffnet), desto größer ist die Chance, dass Sie diesen einzigartigen, überwältigenden Anblick unverhüllt von Wolken genießen können!

Nur wenige Meter von dieser „Mondlandschaft" entfernt beginnt ein artenreicher Nebelwald (5.300 Hektar Fläche), der unter dem Schutz der Nationalparkverwaltung steht.

Ein bergiger Rundpfad von einer halben Stunde Dauer ermöglicht Ihnen eine wunderbare Aussicht über die *Laguna Boto.* Dieser glasklare, von sattem Grün eingefasste See eines erloschenen Nebenkraters ist selbst nicht zugänglich.

Auf der Rückfahrt haben Sie die Möglichkeit, das ca. 40 km südwestlich gelegene *Sarchí,* das Zentrum des Holzhandwerks in Costa Rica, zu besuchen. Der Weg führt Sie über die Städte *San Pedro de Poás* und *Grecia,* wo Zuckerrohrfelder die Straße säumen. Neben kleineren Holzsouvenirs aller Art, die Sie problemlos mitnehmen können, finden Sie auch wuchtige Bettgestelle oder Schaukelstühle - alles handgemacht. Berühmt ist Sarchí jedoch für seine wunderschön von Hand bemalten Ochsenkarren, den sogenannten *Carretas,* die heutzutage aber nur noch selten als Transportmittel eingesetzt werden.

Sofern Sie noch gut in der Zeit liegen, bietet sich der Besuch des Schmetterlingsgartens *Valle de Mariposas* (s. S. 127) oder der Schlangenfarm *World of Snakes* (s. S. 129) an.

Vulkan Irazú - Cartago - Ujarrás - Orosi

Diesen ausgedehnten Tagesausflug könnte man auch als Berg- und-Tal-Tour bezeichnen: Zuerst geht´s auf den höchsten Vulkan und dann in das romantischste Tal des Landes.

Wenn Sie zu den wenigen Menschen gehören wollen, die von einem Standpunkt aus den Atlantik und den Pazifik gleichzeitig gesehen haben, dann müssen Sie verdammt früh aus den Federn. Wir wurden selbst in zwei vergeblichen und einem gelungenen Anlauf der nackten Tatsache belehrt, dass dieser phantastische Fernblick wirklich nur an klaren Tagen in der ersten Stunde nach Sonnenaufgang möglich ist. Das heißt: 4 Uhr im Hotel in San José wecken lassen, Blick zum Himmel. Keine Sterne: Weiterschlafen. Sternenklar: Aufstehen, ein Liedchen trällern, Morgentoilette, ein paar warme Klamotten ins Handgepäck und frisch und fröhlich ans Steuer - oder ins Taxi. Gefrühstückt wird nach dem Wahnsinnserlebnis!

Die Avenida Central geht in östlicher Richtung direkt in die Nationalstraße Nr. 2 über, die Sie schnurstracks nach *Cartago* führt. Am Ende dieser Stadt folgen Sie den Wegweisern *San Rafael*, *Cot* und fahren über *San Juan de Chicuá* und *Prussia* auf den 3.432 m hohen Vulkan.

Um diese Tageszeit benötigen Sie für die Strecke ab San José Zentrum gute 1 1/2 Stunden. Fahren Sie besonders auf der Bergstraße langsam. Hinter jeder Kurve können Rinder, Pferde oder Gesteinsbrocken die Fahrbahn blockieren. Die Straße endet an einem Parkplatz. Von da aus folgen Sie Ihrer Nase - der Schwefelgeruch der Fumarolen (vulkanische Gase und Wasserdämpfe) ist nicht zu überriechen - und erreichen nach etwa 10 Minuten Fußweg den höchsten Punkt.

Der Vulkan weist 4 Krater auf: Der größte hat einen Durchmesser von 1.050 m und beherbergt einen 300 m tiefen Vulkansee, der zweitgrößte hat einen Durchmesser von 700 m, die anderen beiden Krater sind klein und unbedeutend. Sie können auf einem ausgewiesenen Pfad ein wenig durch die karge Mondlandschaft spazieren. Von abweichenden Erkundungstouren und einer Kraterumrundung muss wegen Absturzgefahr abgeraten werden. Der Irazú wird in größeren Abständen immer wieder tätig, zuletzt am 19.03.1963, just dem Tag, an dem US-Präsident John

F. Kennedy zu einem Staatsbesuch in San José eintraf.

Die Jahresdurchschnittstemperatur liegt hier bei 11 Grad Celsius. Meist pfeift ein eisiger Wind um die Gemäuer der Wetterstation und die Antennenmasten eines Radiosenders. Rasch erhebt sich die Sonne an der Karibikküste. Genießen Sie das herrliche Schauspiel und blicken Sie - in entgegengesetzte Richtung - über das Valle Central und die langsam erwachende Hauptstadt bis hinunter zum Golf von Nicoya und zur Pazifikküste. Auf der Rückfahrt finden Sie gerade 5 km unterhalb des Gipfels linker Hand die *Soda Pastora* und 6 km weiter zu Ihrer Rechten das *Hotel Restaurant Irazú*. An beiden Plätzen können Sie ab 6.30 Uhr ein reichhaltiges einheimisches Frühstück einnehmen.

Häufig zieht schon ab 7 Uhr eine immer dichter werdende Wolkendecke wie ein Vorhang unter Ihnen zu. Die Gegend erinnert mit ihren Pferdekoppeln, Viehherden und Einödhöfen etwas an unser Alpenhochland. Auf der fruchtbaren Vulkanerde gedeihen unter anderem Kartoffeln, Tomaten und Zwiebeln.

Cartago, 32 km vom Gipfel des Irazú und 23 km vom Stadtzentrum San José entfernt, ist der Ausgangspunkt für unser weiteres Tagesprogramm. Hier können Sie die Tour beginnen, wenn das Wetter heute für den Vulkanbesuch zu schlecht war oder Ihr Körper etwas mehr Schlaf verlangt hat. Die Hauptverkehrsader der Stadt ist die Avenida 2, die Verlängerung der aus San José kommenden Nationalstraße 2. Hier finden Sie auch die drei größten Attraktionen Cartagos: Westlich der Calle 2 liegt der *Mercado Central*, einer der größten und schönsten Märkte des Landes (s. Abb. S. 87). Das Angebot an frischen, exotischen Früchten übertrifft sogar noch das des Marktes von San José. Bummeln Sie doch ein wenig herum, probieren Sie mal da, mal dort und nehmen Sie etwas „Marschverpflegung" für den Rest des Tages mit.

Östlich der Avenida 2 finden Sie auf einer kleinen Grünfläche die Ruine einer Kathedrale, die 1910, kurz vor ihrer Fertigstellung, durch ein Erdbeben zerstört wurde. Daraufhin erbaute man 800 m weiter, Ecke Calle 16 ein neues, noch größeres und schöneres Gotteshaus. Die *Basílica Virgen de los Angeles* ist eine imposante Kathedrale, die man auch von innen gesehen haben sollte.

Fahren Sie am Kirchenvorplatz zwei Seitenstraßen nach Süden

Basílika Virgen de los Angeles

und folgen Sie dann der Avenida 3 in östlicher Richtung nach Paraíso. 4 km vom Stadtrand Cartagos sehen Sie auf der rechten Straßenseite ein kleines Schild *Jardin Lankester / Lankester Gardens*. Hier sollten Sie abzweigen, wenn Sie eine der größten Orchideenfarmen der Welt bewundern wollen.

Der englische Botaniker Dr. Charles Lankester etablierte in den vierziger Jahren ein Zucht- und Forschungsinstitut für Bromelien und Orchideen, das nach seinem Tod im Jahre 1969 in den Besitz der Universität Costa Ricas übergegangen ist. 800 Orchideenarten, 80 Baumarten und eine Unzahl seltener Vögel haben hier ihre Heimat gefunden. Blütezeit ist im März und April.

Von Lankester Gardens nach *Paraíso* sind´s noch 8 km. Bleiben Sie auf der Route nach Osten. 5 km nach dem Ortsende von Paraíso erreichen Sie *Ujarrás*. Der Ort wurde 1833 wegen Überflutung verlassen. Mit den Überresten des bereits 1693 erbauten Gotteshauses sehen Sie die älteste Kirchenruine des Landes. Gleich nebenan finden Sie ein nettes Restaurant sowie einen Picknickplatz, der Ihnen eine phantastische Aussicht über das *Orosi-Tal* ermöglicht (s. auch Abb. S. 25). Von hier aus führt Sie ein Wanderweg durch wildromantische Landschaft zum *Lacustre-Charrara Erholungspark* an den Ufern des *Cachí-Stausees*. Dorthin und zurück zum Parkplatz sollten Sie mindestens eine Stunde einrechnen.

Eine Umrundung des Stausees per Fahrzeug empfehlen wir Ihnen, insbesondere wegen der schlechten Straßenabschnitte an dessen Südseite, nicht. Sie sparen Zeit und sehen mehr, wenn Sie die 5 km zurück nach *Paraíso* und weitere 5 km gen Süden nach *Orosi* fahren.

Die Talfahrt gewährt Ihnen einen wunderbaren Ausblick auf die Niederungen des *Río Grande de Orosi* und sollte Sie - sofern Sie selbst am Steuer sitzen - nicht allzu sehr von der engen, kurvigen Straße ablenken.

Nach dem höchsten Vulkan und der ältesten Bauruine Costa Ricas erwartet Sie nun ein dritter Superlativ: die 1735 im Kolonialstil erbaute Kirche von Orosi ist die älteste, noch erhaltene und als solche genutzte Kirche des Landes. Das angeschlossene *Museo de Arte Religioso* hat täglich außer Montag von 9-17 Uhr geöffnet.

Am südlichen Ortsrand von Orosi liegt linker Hand das Freibad *Aguas Termales Los Patios*, Tel.: 533-3009, geöffnet täglich 8-16 Uhr. 2 Schwimmbecken werden von einer angenehm warmen Schwefelquelle gespeist. Ein paar hundert Meter weiter südlich sehen Sie rechter Hand die *Beneficiadora Renex*, Tel.: 533-3030, wo Sie bei der Kaffeeverarbeitung zusehen können.

Nach dem Ortsende gabelt sich die Straße. Fahren Sie, dem Wegweiser Palomo folgend, ein paar hundert Meter nach Osten. Sie sind nun mitten in einem riesigen Kaffeeanbaugebiet.

Von Oktober bis Dezember können Sie bei der Ernte zusehen oder mithelfen. Die Plantagen sind meist so dicht bepflanzt, dass die unter den Sträuchern emsig arbeitenden Pflücker für ungeübte Augen kaum zu finden sind. Fragen Sie die Menschen einfach „¿Donde están cogiendo café ?" was soviel bedeutet wie „Wo sind die Kaffee-Pflücker?" Man wird Ihnen gerne den Weg weisen.

Im Januar neigt sich die Erntezeit dem Ende zu und die Natur überzieht das satte Grün der Kaffeesträucher mit einem leuchtend weißen Blütenmeer.

Vor Sonnenuntergang fahren Sie am besten über Paraíso und Cartago zu Ihrem Ausgangspunkt San José. Oder wollen Sie gar nicht mehr zurück in die Hauptstadt? Dann hätten wir da

noch einen Geheimtipp für alle Naturfreunde, die sich nach Urlaub auf dem Lande sehnen:
* *Sanchiri Mirador & Lodge*, Tel. & Fax: 533-3210 (2 km südlich des Stadtparks von Paraíso). Die freundliche Großfamilie Mata bietet Unterkunft in mehreren, hübsch eingerichteten Blockhütten mit Bad, Warmwasser und Telefon. Gutes Restaurant. Pferde-, Motorrad- und Moutainbike-Verleih. Bezaubernder Ausblick über das Orosi-Tal.

Trekkingtour zum Vulkan Barva (2.906 m)

Dieser Tagesausflug ist nur für Trekking-Freunde mit guter Kondition geeignet.
Ein echter Bergfex zieht frühmorgens um 6 Uhr los, wenn die Luft noch rein, der Himmel noch blau und die Natur noch unberührt ist. Mit festem Schuhwerk, Regenumhang und warmer Kleidung sind Sie für den Barva gut gerüstet. Die Anfahrt von San José zum Berg dauert etwa 45 Minuten: Sie verlassen die Stadt im Nordwesten, immer der Beschilderung nach *Heredia* folgend. Dort angekommen, bleiben Sie auf der Hauptstraße und fahren gerade durch den Ort bis Sie nach etwa 5 km das Dorf *Barva* erreichen. Am Dorfausgang geht´s rechts nach *Sacramento*, der letzten Station am Fuße des erloschenen Vulkans. Am Ende der befestigten Straße liegt links ein kleines Restaurant, wo Sie Ihren Wagen parken und von 6.30-19.00 Uhr schmackhafte einheimische Kost genießen können.

Der steile, aber gut befestigte Gehweg führt Sie zunächst vorbei an Kaffeefeldern, dann durchwandern Sie ausgedehnte Pinienhaine bis Sie schließlich in einen exotischen Nebelwald eintauchen. Zahlreiche Vögel und ihr Konzert begleiten Sie. Mit etwas Glück sehen Sie sogar einen *Quetzal*.

Der Aufstieg zum größten der zehn Krater dauert runde drei Stunden und Sie haben sich die hoffentlich mitgebrachte Brotzeit redlich verdient. Ganz zähe und unerschrockene Wanderer haben Gelegenheit auf dem ausgeschlagenen Weg noch weitere zwei Stunden in den immer dichter werdenden Urwald einzudringen. Das phantastische Naturerlebnis wird Sie für Ihre Anstrengungen belohnen. Aber bedenken Sie: Der Rückweg dauert mindestens genauso lange wie der Aufstieg und um 18 Uhr geht recht schnell die Sonne unter...

Kreuz und quer durch Costa Rica

Der Westen und Nordwesten

San José - Arenal - Tabacón - Tilarán - Palo Verde NP - Liberia - Rincón de la Vieja NP - Santa Rosa NP - Santa Cruz - Nicoya-Stadt - Nosara - Halbinsel Nicoya - Barra Honda NP - Tambor - Montezuma - Cabo Blanco - Monteverde - Puntarenas - Jacó - Carara - Quepos - Manuel Antonio NP

Auf dieser Tour lernen Sie eine landschaftliche Vielfalt ohnegleichen kennen: das reizvolle Valle Central mit seinen freundlichen Städtchen und seinen lieblichen Kaffee-Hügeln, das immerfeuchte tropische Gebiet um den Arenal, die romantische Weidelandschaft Guanacastes, die an den Wilden Westen erinnert und nicht zuletzt die bekannten Strände der Nicoya-Halbinsel und der Provinz Puntarenas.

Sie verlassen die Hauptstadt in nordwestlicher Richtung und passieren die zwei Provinzhauptstädte Heredia und Alajuela. Im Valle Central sind die Entfernungen gering. Hier lebt der Großteil der costaricanischen Bevölkerung.

Die Universitätsstadt *Heredia* trägt wegen ihrer schönen Parks und Gartenanlagen den Beinamen *Ciudad de Flores* - Stadt der Blumen. Sie liegt gerade 11 km nördlich von San José. Alte Kolonialbauten, wie die Kirche *La Immaculada Concepción*, die schon mehreren Erdbeben standgehalten hat, können Sie rund um den Zentralpark bewundern. Im letzten Jahrhundert galt Heredia als Zentrum des Kaffeeanbaus. Noch heute gibt es eine Reihe von „Kaffee-Fabriken" in der Umgegend, wo die frischgeernteten Kaffee-Bohnen gewaschen, getrocknet und exportfertig verpackt werden. Geröstet wird das braune Gold dagegen meist erst in den Verbraucherländern.

Nur ein paar Kilometer weiter kommen Sie in das circa 200 m tiefer gelegene *Alajuela*. Für den historisch Interessierten ist das *Juan-Santamaria-Museum* an der Nordwest-Ecke des Parks (Calle 2, Av. 1) ein Muss. Von Di.-So. zwischen 10 und 17 Uhr kann man hier Darstellungen der kriegerischen Auseinandersetzung mit dem Eindringling William Walker sehen, aus der der Trommlerjunge Juan Santamaria aus Alajuela als Nationalheld hervorging (s. S. 14). Sind Sie allerdings eher den kulinarischen Genüssen zugeneigt, so finden Sie auf der Calle 1 eine Menge netter kleiner Restaurants.

Von Alajuela aus geht´s über Grecia oder aber über die Autobahn nach *Naranjo*, einem romantischen Städtchen, das eine herrliche Aussicht auf das üppige Umland bietet.

Dann fahren Sie weiter Richtung Norden bis *Zarcero*, das bereits über 1.700 m hoch liegt. Genießen Sie den Blick über die anmutige Gebirgslandschaft! Der Ort selbst ist berühmt für seinen Kirchgarten, dessen Büsche und Pflanzen akkurat in Menschen- und Tierformen zugeschnitten sind.

Die luftigen Höhen verlassend kommen Sie nach *Ciudad Quesada* (650 m über NN), von den Einheimischen auch *San Carlos* genannt. Die Beschilderung der öffentlichen Busse lautet auf San Carlos, nicht auf Quesada! Das Dorf verfügt über keine besonderen touristischen Sehenswürdigkeiten, ist jedoch Verkehrsknotenpunkt für den mittleren Norden.

* *Hotel del Norte*, Calle 1, zw. Av. 1-3, Tel.:460-1502, sauberes Billighotel.

Hotel Don Goyo, Calle 2 /Av.4, Tel.: 460-1780, Mittelklasse.

El Tucano, 9 km Richtung Aguas Zarcas, Tel.: 460-1822, Fax: 460-1692, Pool, Thermalquellen, Sauna, Restaurant, Tennis, Pferde. Gehobene Klasse, aber unter 100 US$.

Vulkan Arenal

Gut ausgeruht geht´s am nächsten Tag weiter nach *Fortuna*, einem verschlafenen kleinen Ort, der dem Vulkan am nächsten liegt und deshalb vom Tourismus lebt. Von Ciudad Quesada nach Fortuna fährt man nur 45 km. Die auf den Straßenschildern angegebenen Kilometeranzeigen sind übrigens in der Regel durchaus korrekt! Von San José (Ausgangspunkt: Flugplatz Juan Santamaria) sind Sie mittlerweile ganze 123 km entfernt. Sofern Sie Glück mit dem Wetter haben, können Sie vom Stadtplatz in westlicher Richtung direkt den Vulkan sehen. Seine konische Form ist wie einem Lehrbuch entsprungen. Besonders nachts liefert er mit rotglühenden Lavamassen dem Beobachter ein faszinierendes Schauspiel.

Hunderte von Jahren schlief der *Arenal*, bis es am 29. Juli 1968 zu einem gewaltigen Ausbruch kam, bei dem 78 Menschen ihr Leben lassen mussten und das Gebiet rund um den Vulkan von Lava und Asche bedeckt wurde. Seither werden ständig kleinere Ausbrüche gemeldet, bei denen Aschen- und Lavafontänen durch die Luft zischen. Aber daran sind die

Menschen am Arenal gewöhnt. Auf der fruchtbaren vulkanischen Erde weiden sie wieder ihr Vieh und haben sich neue Häuser gebaut. Die Bewohner leben mit der Gefahr und wissen dies. Versuchen Sie auf keinen Fall in einer vorübergehenden Ruhepause des Arenal seinen Krater zu erklimmen! Immer wieder werden Touristen, die sich von der trügerischen Stille haben täuschen lassen, von den Auswurfmassen getötet oder verletzt.

1987 wurde an der Südseite des Vulkans ein privates Observatorium *(3)* zur Beobachtung seiner Aktivitäten errichtet.

Neben dem Vulkan sind die Wasserfälle von Fortuna *(Cascadas de Fortuna, s. Karte # 1)* von touristischem Interesse. Eine kleine, unbefestigte Straße führt Sie 5,5 km durch eine wunderschöne Landschaft dorthin. Während der Regenzeit ist die Straße allerdings bestenfalls mit Vierradantrieb zu befahren.

Cabinas La Riviera, La Fortuna, 800 m östl. d. Banco Nacional, Tel.: 479-9048, einfache Zimmer bei Hermann (Flensburger Original) u. Ruth.

Cabinas Rossi, 1 km westl. von La Fortuna Richtung Vulkan Arenal, Tel.: 479-9023, Fax: 479-9414, gute Mittelklasse!

Tabacón

12 km westl. von Fortuna liegt das Heilbad *Baln. Tabacón (2),* Tel.:233-0780, geöffnet tägl. 10-22 Uhr. Hier einen Tag zu verbringen, ist wie einen Zipfel vom Paradies zu erhaschen.

Das heiße Wasser in den Pools entspringt dem Vulkan Arenal und lädt in überaus romantischer Lage zum Baden ein. Sie können zwischen Felsen im Fluss baden, eine entspannende Anti-Stress-Massage genießen oder sich eine Gesichtsmaske aus Vulkanschlamm auflegen lassen. Ein Restaurant ist ebenfalls angeschlossen. Ganz besonders lohnt sich ein Besuch nach Einbruch der Dunkelheit, wenn man beobachten kann, wie die glühende Lava langsam den Berg herunterfließt!

Rund um den Arenal-See - Tilarán - Cañas - Liberia

Die Strecke von Fortuna nach Liberia ist zwar leicht in einem Tag zu schaffen - aber nehmen Sie sich lieber etwas mehr Zeit und genießen Sie die abwechslungsreiche Landschaft. Über Tabacón schlagen Sie die Nordroute um den See ein. 15 km nach Fortuna fällt Ihr Blick erstmals auf den *Arenal-See.*

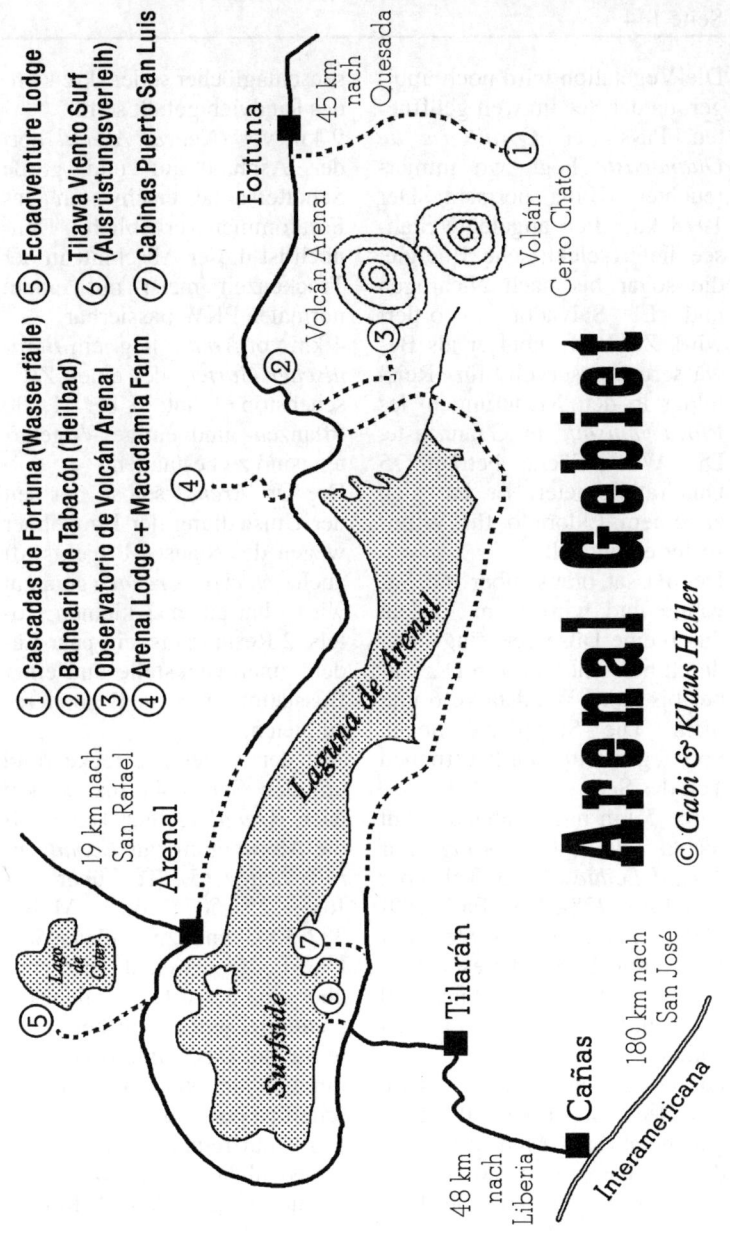

1 Cascadas de Fortuna (Wasserfälle)
2 Balneario de Tabacón (Heilbad)
3 Observatorio de Volcán Arenal
4 Arenal Lodge + Macadamia Farm
5 Ecoadventure Lodge
6 Tilawa Viento Surf (Ausrüstungsverleih)
7 Cabinas Puerto San Luis

Arenal Gebiet

© Gabi & Klaus Heller

Fortuna

45 km nach Quesada

Volcán Arenal

Volcán Cerro Chato

Laguna de Arenal

19 km nach San Rafael

Arenal

Lago de Coter

Surfside

Tilarán

Cañas

48 km nach Liberia

180 km nach San José

Interamericana

Die Vegetation wird noch üppiger, da der See im weit geöffneten Pass der *Cordillera de Guanacaste* liegt, wo immerfeuchtes Klima herrscht. Der 1978 künstlich angelegte Stausee liefert elektrische Energie, die sogar bis nach Nicaragua und El Salvador exportiert wird. Zugleich dient er als Bewässerungsreservoir für Reisfelder in den Niederungen des *Río Tempisque* in Guanacaste. Die Wasserfläche beträgt 75 Quadratkilometer. Er hat sich zu einem Eldorado für Windsurfer entwickelt.

Der Passat braust über die Savanne und wird beim Vulkan durch eine Düse gezwängt. Dadurch herrscht hier von Dezember bis April Windstärke 6 und mehr. Die Startplätze liegen vorwiegend im nordwestlichen Teil des Sees.

Circa 5 km nach Tabacón geht rechts die Abzweigung zur *Arenal Lodge (4)* ab, Tel. über San José: 228-3189, Fax: 289-6798, einem Luxushotel mit Whirlpool, Bar und Restaurant. EZ / DZ 100 US$ ohne, 140 US$ mit Ausblick auf den Vulkan.

Die Straße auf der Nordseite des Sees ist großenteils ganz gut befahrbar. Man muss jedoch, wie überall in Costa Rica, auf Überraschungen wie Riesenschlaglöcher oder kreuzendes Rindvieh gefaßt sein.

9 km vor *(Nuevo) Arenal* hört der Asphalt auf und große Schottersteine erschweren das Fortkommen erheblich. Dennoch ist dieser Abschnitt in der Trockenzeit meist mit einem normalen PKW passierbar.

4 km vor *Arenal* liegt ein *Botanischer Garten,* der einen Zwischenstop lohnt: Über 1.200 Pflanzen- und einige Vogelarten sind zu bestaunen.

Der Ort *Arenal* selbst, der seit der Umsiedlung der Einwohner wegen des Stausee-Projekts oft auch *Nuevo Arenal* genannt wird, hat außer 2 kleinen Hotels, 2 Restaurants, ein paar Läden, einer Tankstelle und einer Busstation nichts Besonderes zu bieten.

Auf der weiteren Strecke rund um den See stößt man 4 km nach *Arenal* rechter Hand auf die Abzweigung zur *Ecoadventure Lodge (5),* Tel. über San José: 257-5075 oder Mobil: 382-3043 und zum *Coter-See.* Die Lodge erreicht man nur über eine 3 km lange, nicht asphaltierte, jedoch gut befahrbare Straße. Das solide Blockhaus inmitten der gebirgigen Landschaft ist genau das Richtige für den Naturfreund, der die Abgeschiedenheit liebt. Das Beobachten seltener Vögel, Reiten,

Bauernhof bei Parismina

Strandkneipe bei Limón

Buschflieger Puerto Jiménez

Goldgräber auf der Halbinsel Osa

Kinder bei Dos Brazes

Golfito

Ochsenkarren in Guanacaste

Jacó Beach aus der Luft

Fischen im nahegelegenen Coter-See, Wandern und Windsurfen stehen hier auf dem Programm. EZ/DZ 65 US$, mit Blick auf den Vulkan 75 US$. Zurück auf der Straße um den Arenal-See umfahren Sie dessen Nordwestufer und gelangen zum besten Ausgangspunkt für Windsurfer: *Tilawa Viento Surf* (Verleih von Windsurf-Ausrüstung & Surfer-Hotel), Tel.: 695-5050, Postanschrift: Apartado 92, 5710 Tilarán.

Die * *Cabinas Puerto San Luis (7)*, Tel. 695-5797, wenige Kilometer weiter auf der Straße nach Tronadora, liegen sehr schön an einer kleinen Bucht direkt am See und bieten einfache und preiswerte Zimmer. Im Restaurant serviert man gute einheimische Küche. Mit der angebotenen Möglichkeit zu reiten oder ein kleines Boot zu mieten, kann man es hier durchaus ein paar Tage aushalten.

Tilarán liegt 25 km von Arenal und 10 km vom Tilawa-Windsurf - Center entfernt. Der 10.000-Seelen-Ort am Norden de der *Cordillera de Tilarán* ist Verwaltungssitz des Arenal-Gebiets. Der Name bedeutet in der Indianer-Sprache „Ort mit viel Wasser". Am letzten Aprilwochenende findet hier immer ein großes Rodeo mit Fiesta statt, zu dem die Bevölkerung aus dem ganzen Umland herbeiströmt.

23 km weiter kommen Sie nach *Cañas*, einem netten Städtchen in der Ebene Guanacastes, das direkt an der Carretera Interamericana liegt. Der Ort ist ein guter Ausgangspunkt für den *Palo Verde Nationalpark*. Haben Sie sich diesen zum Ziel auserkoren, so können Sie auch in der Stadt übernachten. Es existieren ein paar sehr billige und einfache Hotels. Gemütlich ist´s in den *Cabinas Corobici*, Tel.: 669-0241, 15 US$ pro Person oder im *Hotel Cañas*, Tel.: 669-1294, 20 US$ pro Person.

Wer etwas Komfort und Wildwest-Romantik sucht, ist auf der *Hacienda La Pacifica,* Tel.: 669-0050, Fax: 669-0555, 6 km nördlich von Cañas an der Carretera Interamericana genau richtig. EZ mit Bad, Ventilator, großem Frühstück 45 US$, DZ 90 US$. Auf der Hacienda erforscht man ökologisch verträgliche Landwirtschaft.

Nur 300 m südlich davon finden Sie den sehenswerten Mini-Zoo *Las Pumas* und das Büro des Raftingveranstalters *Safari Corobicí* (Tel. & Fax: 669-1091), der interessante Touren auf dem Río Corobicí anbietet (s. auch S. 90).

Palo Verde Nationalpark

Sie kommen dorthin, wenn Sie nördlich von Cañas an der Tankstelle in Bagaces nach links abbiegen und der Beschilderung folgen, die Sie nach 35 steinigen Kilometern ans Ziel führt.

Zum Park, der sich großflächig entlang des Nordufers des Río Tempisque erstreckt, gehören auch das Reservat *Lomas Barbudal* und das Tierschutzgebiet *Refugio de Fauna Silvestre Dr. Rodriguez Caballero.*

Vor allem in der Trockenzeit ist die Beobachtung seltener Vögel möglich. Störche, Enten, Tukane, Papageien, aber auch riesige Krokodile und andere Bewohner des Savannen- und Sumpfgebiets sind zu sehen.

Von *Puerto Chamorro* aus sind Bootsausflüge möglich.

Liberia

Nun aber wieder zurück zu unserer ursprünglichen Route: Von Cañas geht's genau 48 km auf der Carretera Interamericana nach Norden. Unser Ziel ist *Liberia*, die Provinzhauptstadt Guanacastes, übrigens die einzige, die nicht den Namen ihrer Provinz trägt! Wir befinden uns jetzt in der trockensten Gegend des Landes, die mit ihrer Weidelandschaft, den Viehherden und der geringen Einwohnerdichte (22 Menschen pro Quadratkilometer) starke Assoziationen an den Wilden Westen erweckt.

Bei den Bewohnern ist schon die Verwandtschaft zu den Nicaraguanern zu erkennen. Die Menschen sind hier dunkelhäutiger und häufiger indianischer Abstammung als im restlichen Costa Rica.

Liberia mit seinen 30.000 Einwohnern wirkt eher dörflich. Durch seine ideale Lage an der Kreuzung der Carretera Interamericana und der Hauptstraße zur Halbinsel Nicoya entwickelte es sich schon früh zur Durchgangsstation für Handelsreisende. Heute ist es das Zentrum des Rinder- und Pferdehandels und außerdem Holzumschlags- und Verarbeitungszentrum mit zahlreichen Sägewerken. Jedes Jahr um Weihnachten findet ein großes Stierkampf-Festival statt, allerdings ohne Tötung des Stiers.

Liberia verfügt über den zweiten internationalen Flughafen Costa Ricas, auf den sich bis jetzt jedoch mangels ausreichender Infrastruktur in der näheren Umgebung nur wenige Chartermaschinen verirrt haben.

Stadtplatz von Liberia

Pension Margarita, Av. Central, Ecke Calle 5. Tel.: 666-0468, klein, sauber, billig.

Hotel Liberia, Calle Central, zw. Av. Central u. 2, Tel. & Fax: 666-0161, zentrale Lage, einfach, billig.

* *Hotel Daysita,* Av. 5 zw. Calles 11 u. 13, Tel.: 666-0197, mit Restaurant und Pool, etwas abseits, gut und preiswert.

* *Hotel Boyeros,* Interamericana, Ecke Av. 2, Tel.: 666-0722, Fax: 666-2529, geräumige Zimmer mit AC und Blick auf den großen Swimmingpool, gehobene Mittelklasse, Restaurant.

Las Espuelas, Interamericana, 2 km südlich der Stadt, Tel.: 666-0144, Bar, Restaurant, Swimmingpool, teuerstes Haus in der Gegend.

Hotel El Sito, auf der Straße Richtung Nicoya, Tel.: 666-1211, Fax: 666-2059, älteres Luxushotel. Das angeschlossene *Restaurant El Sito* ist wegen seiner guten, internationalen Küche zu empfehlen.

Touren in die nahegelegenen Naturparks veranstalten *Guanacaste Aventuras,* Tel.: 666-1939, *Viajes Colón,* Tel. 666-2363 und *Viajes Punta Norte*, Tel.: 666-0306.

Rincón de la Vieja Nationalpark

Der Nationalpark hat seine Bezeichnung dem gleichnamigen Vulkan (1.806 m) zu verdanken. Er befindet sich 30 km nordöstlich von Liberia und ist auf einer relativ schlechten Straße mit dem Wagen erreichbar. Wer die Einsamkeit sucht, ist dort am richtigen Platz. Es verirren sich nicht sehr viele Touristen in den Park.

In dem vulkanischen Gebirgsmassiv finden Sie mehrere Krater, wie z. B. den des *Santa Maria Vulkans* (1.916 m), der neben dem *Rincón de la Vieja* einen der größten Vulkankegel hat. Bei beiden haben sich im Krater Seen gebildet. In den späten 60er Jahren war der Rincón de la Vieja noch recht aktiv. Zur Zeit geht jedoch keine Gefahr von ihm aus und die Weideflächen der Rinder dehnen sich wieder bis zum Kraterrand aus.

Wenn Sie das Gebiet am Fuße des Vulkans durchstreifen, können Sie brodelnde Schlammlöcher und eine Vielzahl von Flüssen, Wasserfällen und Schluchten entdecken. Ein Bad in den 42° C heißen Schwefelquellen ist eine Wohltat für die Gesundheit. Das Schwefelwasser soll bei Hautproblemen, Arthrose, Muskelschmerzen, Verspannungen und vielem mehr helfen.

In bester Lage, direkt am Fuße des Vulkanmassivs, finden Sie die *Rincón de la Vieja Mountain Lodge*, Anfahrt über Curubandé, Tel. & Fax: 695-5553, Restaurant, Canopy-Tours (s.S. 95) und Pferdeverleih.

Santa Rosa Nationalpark

Der *Santa Rosa Nationalpark* mit seinen 49.515 Hektar ist eines der größten und ältesten Naturschutzgebiete (1971 errichtet). Er bedeckt die Santa Elena Halbinsel, die in der Nordwestecke des Landes in den Pazifik hineinragt, und erstreckt sich noch ins Hinterland. Der Park wurde nach der *Hacienda Santa Rosa* benannt. Es handelt sich hier um den einzigen geschützten Trockenwaldbereich in Mittelamerika. An den oft schwer zugänglichen Stränden befinden sich die Eiablagegebiete einiger vom Aussterben bedrohter Meeresschildkröten.

Ein Besuch im Santa Rosa Nationalpark ist besonders während der trockenen Saison anzuraten, wenn sich ein großer Teil der dort heimischen Tierwelt um die verbleibenden

Wasserplätze schart und die Bäume ihre Blätter verlieren. In dieser Jahreszeit trifft man natürlich auch mehr Besucher an als in der Regenzeit. Es ist jedoch noch immer ruhiger als in den Nationalparks nahe der Hauptstadt San José. In der Regenzeit haben Sie dieses Refugium oft für sich allein und können in aller Ruhe die Eiablage der *Meeresschildkröten* beobachten (beste Zeit: April und Oktober).

Der Eingang zum Reservat befindet sich 37 km nördlich von Liberia auf der Westseite der Carretera Interamericana. Von dort führt eine 7 km lange asphaltierte Straße zur *Hacienda Santa Rosa* mit der Parkverwaltung, einer Lodge für Wissenschaftler (sofern Kapazität vorhanden auch für Touristen), einem Informationszentrum, dem Campingplatz und dem *Historischen Museum La Casona*. Dieses Folklore- und Geschichtsmuseum ist ganz dem Sieg der Costaricaner über den Abenteurer William Walker im Jahre 1856 (s. S. 14) gewidmet.

Ab Parkverwaltung führt eine Straße, die am besten mit Vierradantrieb zu befahren ist, zum *Playa Naranjo* (hohe Wellen für gute Surfer) und in die Nähe des *Playa Nancite*. Das letzte Stück bis zu der Stelle, wo die Bastardschildkröten im Oktober zu Tausenden ihre Eier ablegen, ist nur zu Fuß (ca. 1 Std.) zu erreichen.

Der *Murciélago-Sektor* im Norden wurde dem Nationalpark Santa Rosa erst später angegliedert. Dieses Gebiet ist vom Hauptteil des Parks nicht zu erreichen, da es durch Privatbesitz von ihm getrennt wird. Früher gehörte der Murciélago-Sektor dem nicaraguanischen Diktator Somoza. Nach seinem Sturz wurde das Gebiet ein Teil des Santa Rosa Nationalparks.

Die Halbinsel Nicoya

Ein wildromantisches Viehzüchterland erwartet Sie, mit großen Ranchen und mit schlechten, oft unasphaltierten Straßen (abseits der Hauptverbindungsstrecken), die in der Regenzeit manchmal kaum befahrbar sind. Hier begegnet Ihnen der Wilde Westen des 21. Jahrhunderts!

Während der Regenzeit überzieht ein sattes Grün die sonst recht karge Landschaft. Die heute noch entlegenen, menschenarmen Gebiete werden mehr und mehr erschlossen. Stück für Stück asphaltiert man allmählich auch die Nebenstraßen. Genießen Sie diese Idylle also heute noch! Die Halbinsel Nicoya bietet Ihnen Dutzende von wunderschönen und einsamen Stränden - die schönsten sind häufig am schwersten zu erreichen. Wundern Sie sich also nicht, wenn Ihr Ziel nur einmal täglich von einem Bus angefahren wird und Sie im Falle eines verpaßten Anschlusses mit einem Lächeln auf morgen - mañana - vertröstet werden.

Filadelfia

Auf der Straße nach Nicoya passieren sie 30 km südwestlich von Liberia das Städtchen *Filadelfia* mit ein paar tausend Einwohnern. Im Frühjahr wird hier immer für einige Tage ein Rodeo abgehalten - auch für Großstadt-Cowboys ein Vergnügen! In den *Cabinas Amelia*, Tel.: 688-8087, drei Blocks vom Hauptplatz enfernt, finden Sie eine billige Unterkunft.

Flamingo

Yachthafen und Luxusbadeort, in dem Sie unter 100 US$ kaum ein Zimmer finden werden, z.B. im *Club Villas Pacifica*, Tel.: 654-4137 oder in den *Presidential Suites*, Tel. 654-4022.

Eine preiswerte Alternative ist der nördlich anschließende *Playa Potrero*. Hier finden Sie den deutschen Enduro-Verleih *Moto Tourismo de Costa Rica* und die deutsche Tauchschule *Costa Rica Diving*, beide Tel. & Fax: 654-4148 (s. S. 91) mit Zimmervermittlung.

Tamarindo

Beliebter Sandstrand für Surfer (s. S. 89) und Wasserratten mit vielen Luxushotels und wenigen Billigunterkünften.
Cabinas Marielos, Tel. 654-4041, Zimmer ab 28 US$.

Tamarindo Diriá, Tel.: 680-0652, Luxus-Strandhotel mit AC und Kabel-TV, ab 120 US$

Capitán Suizo, Tel.:653-0075, Fax: 653-0292, 8 Villen und 22 Zimmer mit Meerblick, Reiten, Tauchen, Kajak, Sportfischen, nobles Strandhotel ab 100 US$.

Santa Cruz

Der heiße Ort ist bekannt für seine farbenfrohen Feste mit einheimischen Speisen und traditionellen Tänzen. In der zweiten Januarwoche findet ein großes Rodeo mit Fiesta statt.

Mit einer Pferdestärke zur Pulperia

Außerdem geht´s von hier zu den Töpfereien von *Guaitil* und *San Vicente*. Circa 1 km südlich von *Santa Cruz* biegen Sie links nach Santa Barbara, Guaitil (10 km) und San Vicente (weitere 2 km Richtung Pozos) ab. Dort können Sie bei der Herstellung der Töpferware zusehen und diese ohne Zwischenhandel direkt von den Nachfahren der Choretega-Indianer erwerben.

Unterkunft in *Santa Cruz:*
Hotel Diriá, am nördlichen Stadtrand zw. den 2 Tankstellen, Tel.: 680-0080, DZ mit TV, Tel., AC ab 40 US$, Palmengarten, Pool, Restaurant.

Nicoya Stadt

Auf der Hauptstraße von Santa Cruz in Richtung Süden erreichen Sie nach 23 Kilometern *Nicoya*, die bedeutendste Stadt und das Zentrum der Halbinsel. Von hier verkehren Busse zu den verschiedenen Küstenorten sowie nach Liberia (14 x tägl.) und San José (6 x tägl.).
Nicoya ist eine der ältesten Städte Costa Ricas. Ihre Mauern gründen auf ehemaligen Siedlungskomplexen der Choretegas. Diese wurden vertrieben und die Spanier befestigten die Siedlung, die bald zum kulturellen Mittelpunkt der Halbinsel wurde.

San Blas, die Kirche von Nicoya

Die gut erhaltene Kirche San Blas am Parque Central stammt aus dem 16. Jahrhundert und verstärkt den kolonialen Eindruck, den die Stadt hinterläßt. Ihre typische Fassade ist immer wieder auf den Titelblättern touristischer Informationsschriften zu finden. Den Park, der sie umgibt, säumen Imbissbuden und kleine Restaurants.

Pension Venecia, Av. Central, gegenüber der Kirche, Tel.685-5325, sehr einfach und billig.

Hotel Choretega, am Südende der Calle Central, Tel.: 685-5245, EZ 10 US$ / DZ 15 US$.

Hotel Curime, ½ km südlich Richtung Nosara / Samara, Tel.: 685-5238, Fax 685-5530, das beste Hotel der Stadt, mit AC, Kühlschrank, TV, Pool und Restaurant, ab 58 US$.

Nosara

Nosara mit dem zugehörigen Strandabschnitt *Playa de Nosara* gehört zweifellos zu den aufstrebendsten und interessantesten Urlaubsorten Costa Ricas. Besonders reizvoll ist, dass Sie hier in idealer Weise Badevergnügen und Urwalderlebnis kombinieren können. Schwimmen, Surfen, Wandern, Reiten, Motorrad-, Fahrrad- und Bootfahren, einheimische und internationale Küche, einfache Cabinas und luxuriöse Hotelanlagen - in Nosara ist für jeden Geschmack etwas dabei!

Mit dem Pkw nehmen Sie die Straße von Nicoya Richtung Samara. Nach 36 km - kurz vor der großen Tankstelle auf der linken Seite - zweigt die Straße rechts nach Garza und Nosara ab. Dieses 18 km lange Teilstück kann in der Regenzeit nur mit einen Geländewagen befahren werden.

Die gesamte Strecke ist ein wahres Eldorado für jeden Hobbyfotografen: Stolze Campesinos auf ihren Pferden, fröhlich spielende Kinder, einfache Holzhütten, jede Menge Rinder, schwarze Hängebauchschweine und das wildromantische, ständig wechselnde Landschaftsszenario faszinieren schon bei der Anreise.

Es gibt 1 x tägl. eine Busverbindung zwischen San José und Nosara (ALFARO Bus, Tel.: 222-2666) und preiswerte Inlandsflüge (s.S. 101).

Unter *Playa Nosara* versteht man genau genommen drei kleinere Strände: *Playa Pelada, Playa Guiones und Playa Ostional,* den Schildkrötenstrand. Wegen zuweilen recht starker Strömungen sollten Sie sich nicht allzu weit aufs Meer hinauswagen und die Einheimischen über besondere Gefahrenstellen befragen.

In den Mangrovenwäldern um den *Río Nosara* können Sie Papageien, Tukane, Affen, Nasenbären, Tapire, Krokodile und andere Urwaldtiere aus nächster Nähe beobachten.

Ende Januar feiert Nosara seine Fiesta. Dann wird ein paar Tage lang ein Rodeo abgehalten. Leute aus der ganzen Gegend treffen sich bei Musik, Tanz und kulinarischen Genüssen. Wer das restliche Jahr über auch Unterhaltung sucht, geht in den *Saloon Moon Río (11),* die *Bamboo Bar (15),* den Tanzsalon *Rancho Nosarita (16)* oder in die Disco *Tropicana (13).* Gute Hausmannskost bekommen Sie im *Rancho Tico (8).* Falls Sie abends Ihren Gaumen verwöhnen wollen, gehen Sie zum Nobelitaliener *La Dol-ce Vita (31)* oder ins Restaurant *Taype (28).*

Last not least gibt´s in Nosara auch eine *Sprachschule* und sogar einen *Fitness-Raum,* beides bei dem deutschen Lehrer Reiner Ohrt, genannt *Rey de Nosara (14),* Mobil-Tel.: 382-8735.

Ihre Unterkunft sollten Sie in der Hochsaison vorreservieren:

* *Hotel Villa Taype (28),* Tel.: 682-0188, Fax: 682-0187. Traumhafte Anlage des Deutschen Peter Schell mit Bar, Restaurant, 2 Swimmingpools, Tennisplatz, Tischtennis, Verleih von Schnorchelausrüstung, Surfbrettern und Fahrrädern, 200 m zum Strand, 12 komfortable Zimmer mit AC, DZ 50 US$, 4 Bungalows zu 80 US$.

* *Hotel Rancho Suizo Lodge (1),* Tel.: 682-0057, Fax: 682-0055. Liebevoll gepflegte Anlage mit freundlicher Atmosphäre. Die Schweizer René Spinnler und Ruth Lüscher beeindrucken durch ihr überdurchschnittliches Engagement für das Wohlbefinden der Gäste und den Erhalt der Natur. Boogie-Boards, Fahrradverleih, Reiten, Bootstouren, Dschungeltrail (Lehrpfad), Restaurant, BBQ, Biergarten, Piraten-Bar; EZ 40 US$, DZ 60 US$.

Nosara

Hotelanlagen, Cabinas, Unterkünfte

1 Rancho Suizo Lodge (bei René & Ruth, schweizer Leitung)
2 Lagarta Lodge (schweizer Leitung)
3 Casa Río Nosara (bei Toni & Beate, deutsche Leitung)
5 Cabinas Chorotega (low budget)
9 Cabinas Clemente
20 Playas de Nosara
21 Condominium De las Flores (nur Langzeitgäste)
24 Estancia Nosara
25 Casa Romantica (schweizer Leitung)
28 Villa Taype (deutsche Leitung)
29 Casa Tucan (Cabinas für Surfer)

Restaurants, Cafés, Bars, Imbiss, Disco

8 Rancho Tico (gut & preiswert)
11 Saloon Moon Río
12 Soda
13 Disco Tropicana
15 Bamboo Bar
16 Tanzsalon Rancho Nosarita
19 Olgas Bar & Restaurant
22 Restaurant Almost Paradise (bei Gerlinde, deutsche Leitung)
26 Snack Bar Gilded Iguana
27 Pizzeria Giardino Tropicale
28 Restaurant Taype
30 Café Paris (täglich frische Croissants)
31 Restaurant La Dolce Vita (Gourmet-Italiener mit Pizza, Pasta, Fisch & Meeresfrüchten)

Sonstiges

4 Supermarkt La Paloma
6 Supermarkt Super Nosara
7 Tankstelle (alt)
10 Telefonzelle
14 Sprachschule Escuela Rey (bei Reiner)
17 Polizei
18 Post
23 Tankstelle (neu)

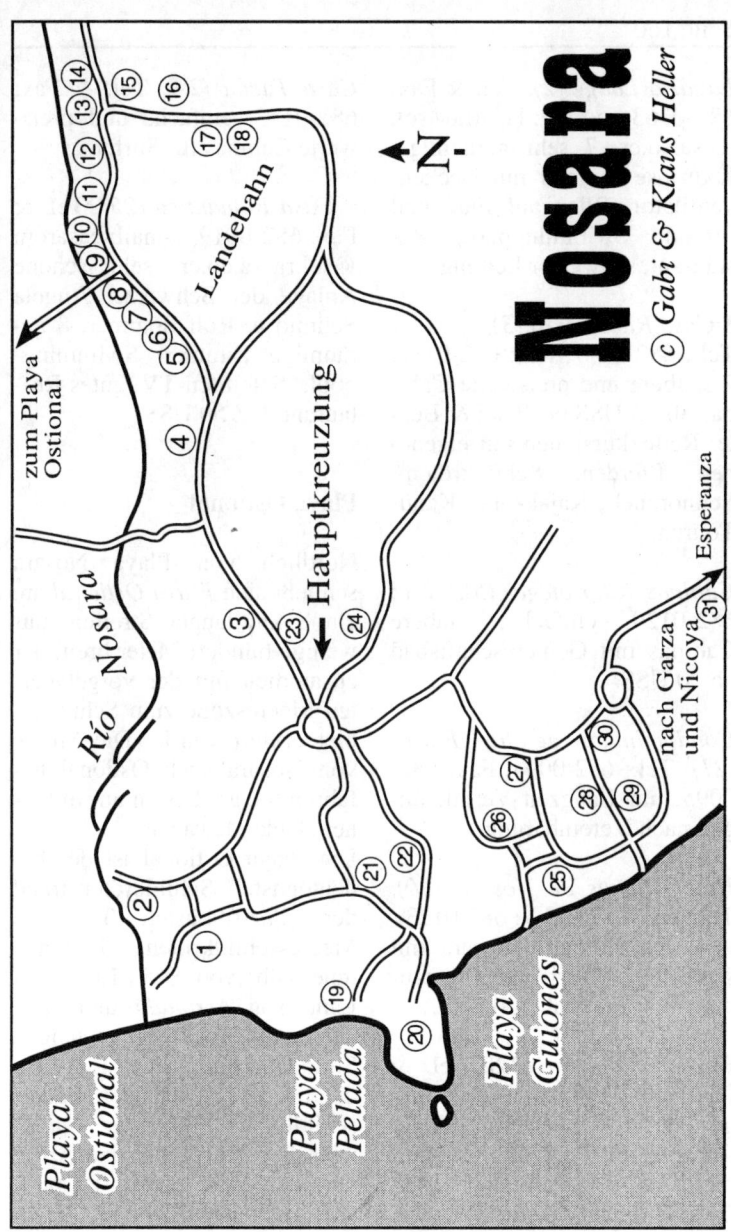

Nosara

© Gabi & Klaus Heller

Lagarta Lodge (2), Tel. & Fax: 680-0763, e-mail: lagarta@sol. racsa.co.cr, 7 sehr geräumige, luxuriöse Zimmer mit Deckenventilator, Blick auf Fluß und Strand, Swimmingpool, Restaurant, schweizer Leitung.

* *Casa Río Nosara (3)*, Tel.: 682-0117, Fax: 682-0182, 7 saubere und preiswerte Cabinas ab 25 US$ bei Toni & Beate, Reitexkursionen mit eigenenen Pferden, Schildkröten-, Schnorchel-, Kajak- und Kanu-Touren.

Cabinas Chorotega (5), Tel.: 682-0129, einfache, saubere Cabinas mit Gemeinschaftsbad ab 10 US$.

Condominium de las Flores (21), Tel.: 682-0094, Fax: 682-0095, nur Langzeit-Vermietungen nach Vereinbarung.

Hotel Playas de Nosara (20), Tel.: 682-0121, Fax: 682-0123, teuerstes Hotel in Nosara mit schönem Meerblick, Restaurant, Bar, Pool, ab 100 US$.

Estancia Nosara (24), Tel. & Fax: 682-0178, rustikale Anlage der Schweizerin Gully Corazza mit Pool, Bar, Restaurant, Tennis, Satelliten-TV, DZ 60 US$ ohne Frühstück.

Casa Tucan (29), Tel. & Fax: 682-0113, einfache und preiswerte Cabinas für Surfer.

* *Casa Romantica (25)*, Tel. & Fax: 682-0019, e-mail: casarom @sol.racsa.co.cr, sehr schöne Anlage der Schweizer Angela Schmid u. Rolf Sommer, 8 geräumige Zimmer, Swimmingpool, Satelliten-TV, gutes Restaurant, DZ 50 US$.

Playa Ostional

Nördlich von Playa Nosara schließt sich *Playa Ostional* an, ein 8 km langer Streifen, nur wenige hundert Meter breit, der zusammen mit der vorgelagerten Meereszone zum Schutzgebiet erklärt wurde. Die Straße von Nosara nach Ostional befahren Sie am besten nur mit einem Geländewagen.

Die Playa Ostional ist der bedeutendste Schildkrötenstrand der Pazifikküste. Tausende Meeresschildkröten kommen innerhalb von 3-5 Tagen an Land (sog. *Arribada*) und legen auf einem etwa 800 m langen Strandabschnitt ihre Eier ab; die bis zu 2 m langen Lederschildkröten *(Tortuga baula)* zwischen November und April, die kleineren, oliven Bastardschildkröten *(Tortuga lora)* zwischen Juli und Dezember. Jedes Weibchen buddelt zuerst ein 50-60 cm tiefes „Nest" in den Sand, legt in einer anstrengenden Prozedur über Nacht gut 100 golfballgroße Eier hinein, deckt diese mit Sand ab und watschelt zum Meer zurück. Einheimische können Sie zu den besten Plätzen führen um dieses grandiose Schauspiel der Natur während der Nacht zu beobachten.

Die meisten Eier werden von den Tieren des Urwalds als Delikatesse verspeist. Den Rest brütet die Sonne aus. Nach 60-90 Tagen schlüpfen die Jungen in den frühen Morgenstunden. Nun beginnt erneut der Wettlauf mit dem Tode. Es gilt das rettende Wasser zu erreichen, bevor die Sonne die Jungtiere austrocknet oder die Geier sie zerhacken.

Bahía Garza

Kleiner Sandstrand in romantischer Felsenbucht, 11 km südlich von Nosara, bekannt durch das dort angesiedelte Feriendorf *Villagio* Tel.: 680-0784, 30 luxuriöse Bungalows ab 100 US$, Bar, Disco, gutes Restaurant, großer Swimmingpool.

Olive Bastardschildkröte

Samara

16 km südöstlich von Garza stoßen Sie auf einen wunderschönen, weißen, touristisch erschlossenen Sandstrand in geschützter Lage. Hier entstanden in den letzten Jahren zahlreiche neue Hotels, Cabinas, Pulperias (Tante-Emma Läden) und Restaurants.

Es besteht täglich eine Bus- und eine Flugverbindung (SANSA) mit San José. Einige Costaricaner besitzen hier eine Sommerresidenz. Der Prominenteste unter ihnen ist der Friedensnobelpreisträger und ehemalige Präsident Oscar Arias.

Man speist am besten im *El Gaucho* (am Ortseingang) oder im *El Caracol* (am Fußballplatz). Besonders zu empfehlen ist Fisch vom Holzkohlengrill. Abends trifft man sich in der beliebten Cocktail-Bar *La Gondola* des Deutschen Wolfgang Klinge, gegenüber des Hotels Samara Beach. Teenies bevorzugen die Discos *Isla Chora* oder *Tutti Frutti*.

Cabinas Doña Marta, sehr einfach, aber direkt am Meer, 10 US$.

* *Belvedere,* Tel.: 656-0213, kleine, schön am Hang gelegene Anlage unter deutscher Leitung, DZ ab 30 US$.

Samara Beach Hotel, Tel.: 656-0218, Fax: 656-0326, Restaurant, Pool, geräumige Zimmer mit AC u. Tel., DZ ab 40 US$.

Sollten Sie mal mit Ihrem Pkw nicht mehr weiterkommen, hilft *Taxi Samara* (geländegängige Fahrzeuge, ggf. Abschlepphilfe), Tel.: 656-0145, 656-0256, 656-0110.

Carillo

5 km südlich von Samara liegt ein weiterer schöner, gepflegter weißer Sandstrand in einer geschützten Bucht.
Auf den Klippen über dem Meer erhebt sich das luxuriöse Sportfischerhotel *Guanamar*, Tel. 253- 6133 (über San José), DZ ab 130 US$. Es werden Sportarten wie Fischen, Tauchen und Reiten angeboten. Die Landepiste am Strand wird bei Bedarf von TRAVELAIR angeflogen.

Vom zentralen Ausgangspunkt, der Stadt Nicoya, können Sie entweder noch die entlegenen und teilweise unbewohnten Gebiete der Halbinsel erkunden oder aber den Weg zurück Richtung San José, bzw. zu den Küstengebieten von Puntarenas wählen.

Im zweiten Fall führt Sie die kürzeste Strecke mit der Fähre über die Mündung des Río Tempisque nach Puntarenas. Sie fahren die Hauptstraße Nicoya - Carmona und biegen nach 13 km links zum Fährhafen *Puerto Moreno* (weitere 15 km) ab. Die Straße ist in gutem Zustand und die Fähren gehen tagsüber in mindestens einstündigen Intervallen. Die Überfahrt dauert nur gute 10 Minuten und kostet pro Wagen umgerechnet etwa 3 US$. Da die Kapazität der Fähre mit 12 Personenkraftwagen erschöpft ist, kann es an Sonntagnachmittagen schon mal zu Engpässen kommen.

Barra Honda Nationalpark

Zwischen Nicoya und der Mündung des Río Tempisque liegt der *Barra Honda Nationalpark*, der wegen seines großen Karsthöhlensystems mit unzähligen Stalagmiten (Tropfsteine, die vom Boden nach oben wachsen) und Stalaktiten (Tropfsteine, die von der Höhlendecke nach unten wachsen) bekannt ist.

1 ½ km nach der Abzweigung in Richtung Puerto Moreno führt Sie eine kleine Straße linker Hand über 4 km nach Nacaome und weitere 6 km zum Eingang des Nationalparks. *Achtung:* Das Hinweisschild ist nur auf der Strecke Puerto Moreno - Nicoya, nicht in umgekehrter Richtung sichtbar! Der Park ist täglich von 8-16 Uhr geöffnet, geführte Höhlen-Touren (mit Ausrüstungsverleih) werden bis 13 Uhr angeboten. Info unter Tel.: 659- 9039.

Von den 42 bisher entdeckten Tropfsteinhöhlen ist knapp die Hälfte erforscht. Die 240 m tiefe *Caverna Sta. Ana* ist die Größte. Als schönste Höhle mit der größten Strukturvielfalt gilt dagegen die nur 62 m tiefe *La Terciopelo*. Die von Tausenden von Fledermäusen bewohnte *Pozo Hedondo* macht ihrem Namen (hedor = Gestank) wegen der Tierexkremente alle Ehre.

Der *Cerro Barra Honda* selbst ist ein 400 m hoher Kalksteingipfel. Den höchsten Punkt in diesem Naturschutzgebiet stellt der *Cerro Coralillo* mit 565 m dar, von dem aus man einen guten Ausblick über die gesamte Halbinsel von Nicoya hat.

Die südlichen Strände der Halbinsel Nicoya

Von Nicoya aus haben Sie auch die Möglichkeit den Süden der Halbinsel zu erkunden. Es wird eine recht abenteuerliche Fahrt, für die wir ein geländegängiges Fahrzeug empfehlen! Sie nehmen die südliche Hauptstraße Richtung Carmona, zweigen aber kurz vor Erreichen der Stadt Richtung *San Pablo* ab. *Südlich dieses Punktes sind die Straßen durchwegs schwer befahrbar.* Der Weg führt weiter über Jicaral nach Playa Naranjo. Der Bus Nicoya - Playa Naranjo benötigt 3 - 4 Stunden Fahrzeit.

Naranjo

Hier kommt die Autofähre von Puntarenas an. Es handelt sich um einen Durchgangsort ohne besonders aufregenden Strand (Kies). Dennoch bietet er Übernachtungsmöglichkeiten: *Hotel El Paso,* Tel.: 661-2610, DZ 30 US$ und *Resort-Hotel Oasis del Pacifico,* Tel.& Fax: 661-1555, DZ ab 50 US$.

Paquera

25 km weiter südlich, über eine schlechte Straße erreichbar, liegt *Paquera.* Zwischen Paquera und Puntarenas verkehrt sowohl eine kleine Personenfähre (ca. 2 US$ pro Pers.) als auch eine Autofähre (ca. 10 US$ pro Kfz).
Die knapp zweistündige Fahrt entlang der Inseln *San Lucas, Guayabo* und *Cedros* mit dichter Vegetation und tropischer Fauna ist alleine schon ein Genuss. Von der Anlegestelle in Paquera gibt es eine Busverbindung nach Tambor, Cóbano und Montezuma. Der Bus fährt nach Ankunft der Fähre ab, sobald er voll ist. Da das Platzangebot nicht immer für alle Passagiere reicht, ist beim Landgang Eile geboten. Zur Not finden Sie am Ort in den *Cabinas Ginada* oder in den *Cabinas Rosita* für weniger als 10 US$ eine sehr einfache Unterkunft.

Tambor

Nach weiteren 25 km Richtung Süden kommen Sie nach *Tambor* mit seinem schönen langen Sandstrand, der von der *Bahia Ballena* (Walfischbucht) geschützt wird. Wie der Name schon sagt, werden hier hin und wieder auch Wale gesichtet.
Tambor wird täglich von SANSA und TRAVELAIR angeflogen (s. S. 101).

Barceló Playa Tambor Beach Resort, Tel.: 683-0303, Fax: 683-0304, die größte (400 DZ) und umstrittenste Hotelanlage Costa Ricas, zugleich das erste *All inclusive*-Hotel des Landes. Für 110 US$ pro Person und Tag können Sie soviel essen, trinken, schnorcheln, tauchen, segeln, windsurfen und Tennis spielen wie sie wollen...

Hotel Dos Lagartos, Tel. & Fax: 683-0236, einfach, sauber, nett, mit Bad, Aussicht auf den Strand und Restaurant.
DZ 17 US$ und 25 US$.

Tango Mar Club, Tel.: 683-001, Fax: 683-0003, gepflegte Anlage 3 km südl. des Orts, direkt am Meer, Pool, Golfplatz, Tenniscourt, Restaurant, Fischen, Tauchen, Reiten.
DZ 125 $, Bungalow 175 US$.

Montezuma

Setzen Sie die Fahrt in Richtung Süden fort, so erreichen Sie nach 12 km *Cóbano* und nach weiteren 7 km *Montezuma*. Auf der gesamten Strecke südlich Paqueras müssen Sie immer wieder recht steile Teilstücke passieren, insbesondere die letzten Kilometer vor Montezuma sind in der Regenzeit sogar für Geländewagen schwer zu bewältigen.

Das entlegene kleine Fischerdorf mit seinen schönen Stränden zieht besonders junge Rucksacktouristen an, die sowohl die Atmosphäre als auch die noch relativ günstigen Preise schätzen.

Mehrere idyllische Wasserfälle mit Bademöglichkeit und der herrliche Sandstrand *Playa Grande* liegen in Gehentfernung.

Achtung: In der Gegend um Montezuma wird auch Marihuana und Opium angebaut, verkauft und konsumiert, was nach costaricanischem Recht mit hohen Strafen belegt werden kann (s. auch S. 67).

El Rincón de Los Monos, Tel. & Fax: 643-0048, 600 m nördl. des Orts an der Playa Grande, Campingplatz & Surfboardverleih unter schweizer Leitung.

Cabinas El Tucan, Tel. 642-0194, sehr einfach, 10 US$, Restaurant nebenan.

Montezuma Hotel & Restaurant, Tel.: 642-0058, am Meer, DZ zu 18 US$ und 28 US$.

* *Horizontes de Montezuma*, von Montezuma 2 km Richtung Cóbano, Tel.:642-0534, e-mail: horizontes@mail.ticonet.co.cr, Hotel und *Sprachschule* der Deutschen Birgit Eicker, hochwertig ausgestattete Zimmer in traumhafter Lage, Restaurant, Pool, botanischer Garten, EZ 40 US$, DZ 60 US$.

Naturreservat Cabo Blanco (Weißes Kap)

12 km südlich von Montezuma beginnt das Naturreservat *Cabo Blanco*, geöffnet nur Mi.-So. von 8-16 Uhr.

Dieses letzte große, natürliche Waldgebiet der Halbinsel beherbergt viele Vögel, aber auch Affen, Stachelschweine, Stinktiere und sogar Rotwild. Der Name kommt von der *Isla Cabo Blanco*, einer strahlend weißen, mit Vogelkot (Guano) überzogenen Felskuppe, die 1,5 km vor dem Reservat aus dem Meer ragt.

Puntarenas

Wollen Sie nun von der Halbinsel Nicoya ohne den langen Umweg über Liberia zurück zur Festlandküste, so haben Sie folgende Fährmöglichkeiten:

- Autofähre (4 x tägl.) oder Personenfähre (1 x tägl.) von *Paquera* nach *Puntarenas*,
- Autofähre (5 x tägl.) von *Playa Naranjo* nach *Puntarenas* oder
- *Tempisque-Fähre* (stündl. zw. 5.30 Uhr und 20.30 Uhr) von *Puerto Moreno* aus über die Mündung des Río Tempisque nach *Puerto Nispero*. Von dort treffen Sie nach einer guten halben Stunde Fahrzeit bei Palma auf die Interamericana.

Puntarenas ist die Hauptstadt der gleichnamigen langgestreckten Provinz, die entlang der Pazifikküste bis an die panamesische Grenze reicht. Die Stadt wurde im 18. Jahrhundert auf einer Landzunge, die sich 8 km in den Golf von Nicoya erstreckt, errichtet. In der Zeit der großen Kaffee-Barone erlebte sie ihre Blütezeit. Damals schien es einfacher, eine Straße vom Hochland nach Puntarenas zu bauen als an die Atlantikküste zur Hafenstadt Limón. Die Entfernung Puntarenas - San José war geringer, die klimatischen Bedingungen waren günstiger und die Höhenunterschiede nicht so stark. Die Kaffeebohnen wurden damals mit Ochsenkarren aus dem Hochland zu diesem Pazifikhafen gebracht, um dann über das Kap nach Europa verschifft zu werden - ein wahrhaft weiter Weg! Das erklärt auch, warum der Kaffee für uns Europäer im letzten Jahrhundert als Luxusartikel galt.

Gegen Ende des 19. Jahrhunderts, als die Eisenbahn San José - Limón fertiggestellt wurde, verlor Puntarenas allerdings seine Bedeutung. Der Hegemonieverlust brachte eine Verarmung der Bevölkerung mit sich. Trotzdem umgibt die Stadt das Fluidum eines Urlaubsortes. Viele Hauptstädter haben hier ein Wochenendhaus oder ein Boot vor Anker liegen. Zur Unterhaltung der Besucher gibt es zahlreiche folkloristische Veranstaltungen, viele Straßencafés und Stände am *Paseo de los Turistas* und jedes Jahr die Wahl der *Tica Linda*, der schönsten Costaricanerin.

Am Ende der Halbinsel stoßen Sie auf das Schwimmbad *(Balneario),* dessen Besuch einem Bad im Meer vorzuziehen ist, da die See in und um Puntarenas stets mehr oder weniger stark verschmutzt ist.

Puntarenas aus der Luft

An der Nordseite der Landzunge finden Sie die Anlegestellen der *Personenfähre nach Paquera* (am nördl. Ende der Calle Central) und der *Autofähren nach Playa Naranjo und Paquera* (beide am nördl. Ende der Calle 33).

Außerdem werden auch Yacht-Ausflüge mit Seafood-Buffet zu den *Islas Negritos* und den *Islas Tortugas* angeboten: *Calypso Tours,* Tel.: 233-3617 und *Bay Island Cruises,* Tel.: 296-5551.

Auf der schmalen Landzunge haben Sie die Wahl zwischen vielen Hotels und Pensionen.

* *Chorotega,* Av. 3, Ecke Calle 1, Tel.: 661-0998, bestes Billighotel im Stadtbereich, 38 DZ, EZ / DZ 10 US$ bis 25 US$.

Colonial, 3 km östl. des Zentrums, Tel.: 661-1833, Fax: 661-2969, älteres Haus am Meer, schöne Zi. mit Balkon, AC, Restaurant, Pool, Tennis, Minigolf, DZ ab 50 US$.

Hotel Fiesta, 13 km südöstl. des Zentrums an der Playa Doña Ana, Tel.: 663-0808, Fax: 663-1516, großzügig angelegtes Luxushotel am leider nicht immer sehr sauberen Meer, darüber trösten der riesige Swimmingpool, 3 Restaurants, Bars, Disco, Casino, AC, TV u. Ausflugsangebote. DZ ab 120 US$.

Puntarenas, seit 1847 Freihafen, war wegen seiner ständigen Versandung (*punta arenas* = sandige Landzunge) dem Tiefgang moderner Ozeanriesen nicht mehr gewachsen. So entstand 20 km südöstlich des Orts in den Jahren 1978-82 mit internationaler Hilfe der wichtigste Pazifikhafen des Landes, *Puerto Caldera*, wo Frachter und Kreuzschiffe aus aller Welt anlegen. Außer der imposanten Hafenanlage hat Puerto Caldera allerdings nichts zu bieten.

Miramar

Der verschlafene Ort, der mit vollem Namen *Miramar Montes de Oro* heißt, liegt 30 km nördlich von Puntarenas Zentrum. Hier gibt es eine Kaffee-Kooperative, ein paar Fischrestaurants sowie einige kleine Goldminen.

* *Hotel Vista Golfo de Nicoya - Finca Daniel*, 6 km nördlich von Miramar, Tel. & Fax: 639-8303, Mobil: 382-3312, e-mail: vistago @ sol.racsa.co.cr, sehr schöne Finca unter deutscher Leitung, Restaurant, Swimmingpool, Whirlpool, Pferde-Verleih, eigene Mini-Goldmine, Nebelwald-Touren, EZ/DZ 25-50 US$.

Region Monteverde

Die in manchen Karten eingezeichnete Verbindung zwischen *Miramar* und *Monteverde / Sta. Elena* ist wegen der schlechten Wegverhältnisse in der Regel auch per Geländewagen nicht zu bewältigen.

Von Puntarenas-Stadt kommend, fahren Sie auf der Interamericana 30 km nach Norden und zweigen kurz vor der Brücke über den *Río Lagarto* rechts ab. Die kurvige, landschaftlich reizvolle Strecke hinauf in den Nebelwald ist schwierig, doch die Fahrt lohnt sich! Planen Sie für die 35 km gute 1,5 bis 2 Stunden ein. Falls Sie von Norden kommen, nehmen Sie die Straße über *Juntas*.

Monteverde, das ist einmal eine Ansiedlung nordamerikanischer Quäker, die sich 1951 auf der Suche nach fruchtbarem Land in einem friedlichen Staat hier an dem Provinzendreieck Alajuela - Puntarenas - Guanacaste niedergelassen haben.

Monteverde, das ist aber auch das Naturschutzgebiet *Reserva Biológica Bosque Nuboso Monteverde,* englisch ausgeschildert mit *Monteverde Biological Cloud Forest Preserve* oder auf gut Deutsch das *Biologische Nebelwaldreservat Monteverde.*

„Tarnung ist eben doch nicht alles," sagte der Fotograf zum Laubfrosch

Die kleine Quäkergemeinde hat ihren Ursprung in Alabama, wo einige der friedliebenden Männer 1949 ins Gefängnis geworfen wurden, da sie aus Glaubensgründen den Dienst mit der Waffe verweigert hatten. Nach ihrer Freilassung emigrierten sie mit ihren Familien nach Costa Rica, einem Land, das in seiner Verfassung den Verzicht auf eine Armee begründet hat. Der Boden in Monteverde war fruchtbar, nicht zu teuer und das Klima war angenehm. Sie wurden Milchfarmer und gründeten eine Käsefabrik, die von einer Kooperative geführt wird. Diese Fabrik versorgt heute das ganze Land mit qualitativ hochwertigem Käse. Die Besucher können sowohl der Produktion beiwohnen als auch vor Ort frischen Käse kaufen. Da die kleine Glaubensgruppe im Einklang mit der Natur leben will, sind ihre Häuschen förmlich eingebettet in die Landschaft, ihre Viehweiden klein und es weidet nur soviel Vieh darauf, wie für die Milchwirtschaft nötig ist.

Santa Elena

Die Dörfer *Monteverde* und *Sta. Elena* liegen nur 2 km voneinander entfernt, beide in der sogenannten *„Region Monte-*

verde". Viele Hotels und Restaurants sind auf der Straße zwischen beiden Ortschaften angesiedelt, schwerpunktmäßig jedoch in und um Sta. Elena. Etwa 150 m vor dem Ortseingang Sta. Elena gibt es ein *Serpentario,* Tel.:645-5238, in dem tägl. von 8-17 Uhr einheimische Schlangen zu sehen sind. Nördlich des Dorfes, auf dem Weg zum *Nebelwaldreservat Sta. Elena,* wird eine *Canopy-Tour* (s. S. 95) und der unbedingt erlebenswerte *Skywalk* angeboten. Auf 5 gut abgesicherten Hängebrücken können Sie für nur 10 US$ stundenlang von Baumwipfel zu Baumwipfel wandern und den Urwald aus einer völlig neuen Perspektive erleben. Der *Skywalk* (Tel.: 645-5238) ist preiswerter als die *Canopy Tour* (Tel.: 645-5243) und erfordert weniger körperliche Fitness.

* *Arco Iris Ecolodge,* Tel.:645-5067, Fax: 645-5022, e-mail: arcoiris @ sol.racsa.co.cr - Die von den Deutschen Susanna Stoiber und Haymo Heyder vorbildlich geführte Öko-Lodge hat viel zu bieten: Pferde- und Wanderexkursionen, Bird-Watching im eigenen Garten, feine costaricanische Küche, Bio-Kost und Vegetarisches, Bibliothek, u.v.m. DZ 25 bis 45 US$.

Pension Sta. Elena, Tel.: 645-5051, einfache Zimmer mit Gemeinschaftsbad, unter 10 US$.

Monteverde Lodge, Tel.: 645-5057, Fax: 645-5126, teuerste Anlage der Region, mit Whirlpool und Restaurant, DZ ab 120 US$.

Nebelwaldreservat Monteverde

Die umweltbewussten Quäker entschieden schon vor längerer Zeit einen Teil ihres Landes nicht zu bewirtschaften, sondern es als Naturreservat und Wassereinzugsgebiet in seinem ursprünglichen Zustand zu erhalten.

1972 begann die private costaricanische Vereinigung *Centro Cientifico Tropical* im Sinne des Erhalts der Nebelwälder zusätzlich Land anzukaufen. Die Grundlage zum heutigen Naturschutzgebiet war damit gelegt worden. 1985 wurde dann die *Monteverde Conservation League* gegründet, die 3 Jahre später auch das Kinderregenwald- Projekt *El Bosque Eterno de los Niños* initiierte. Beachtenswert ist, in welchem Maße es einer privaten Organisation gelang, sich um den Erhalt der Natur verdient zu machen!

Das Reservat liegt circa 3 km östlich des Orts Monteverde. Der gut einstündige Anstieg per pedes belohnt die Mühen mit einer wunderschönen Aussicht über die Halbinsel von Nicoya und das Meer. Das Naturschutzgebiet ist täglich von 7-16 Uhr geöffnet. Da sich jedoch nur *maximal 120 Personen gleichzeitig* im Park aufhalten dürfen, kommt es in der Hochsaison oft zu Warteschlangen. Je früher Sie da sind, desto größer ist die Chance auf Einlass! Es werden geführte Touren in spanisch und englisch angeboten. Gummistiefel und Fernglas kann man ausleihen. Selber mitbringen sollten Sie: *Regenschutz, wärmere Kleidung, Insektenschutz und natürlich Ihre Kamera.*

Unter den rund 400 Vogelarten, die hier beobachtet werden können, ist auch der legendäre Göttervogel *Quetzal*. Er wurde bereits von den Mayas und Azteken verehrt und ist zwischen Mexiko und Panama beheimatet. Noch heute ziert er das Wappen Guatemalas.

Mit etwa 2.500 Pflanzenarten, 100 Säugetierarten und über 120 registrierten Reptilien- und Amphibienarten gehört das *Nebelwaldreservat Monteverde* zu den artenreichsten Naturparks des Landes.

Jacó Beach

Wünschen Sie sich nach soviel *pura natura* ein *Beachlife-Kontrastprogramm?* Dann fahren Sie gen Süden und erreichen via Puntarenas und Orotina auf der durchwegs gut asphaltierten und gut ausgeschilderten Küstenstraße 70 km nach Puntarenas den beliebten Badeort *Playa de Jacó / Jacó Beach* (s. Luftbild S. 148).

Hier entstand der erste Strand mit voller touristischer Infrastruktur, die in den letzten zehn Jahren noch massiv ausgebaut wurde. Trotzdem erscheint der Badeort, gemessen an europäischen und nordamerikanischen Maßstäben (Rimini, Miami), noch relativ ruhig. Am Strand ist Platz für Ballspiele, Jogging und auch der ganz normale Strandspaziergänger muß noch nicht im Gänsemarsch hinter anderen hertraben.

Schilder im dunklen Sand warnen vor gefährlichen Strömungen. Da es aber relativ seicht ist, kann man die Wellen des Pazifiks durchaus genießen, solange man noch Boden unter den Füßen spürt. Eine Bebauung direkt am Strand ist auch hier nicht erlaubt und so blickt Ihr Auge von einem Ende der Bucht bis zum anderen nur auf Sandstrand und Palmenufer.

Die dahinterliegenden Hotels sind alle niedrig gebaut und verlieren sich unter der üppigen Vegetation.
Surfen ist an der *Playa de Jacó* selbst für Anfänger möglich. Für wahre Brettakrobaten sind die wenige km südlich gelegenen Strände *Playa Hermosa*, *Esterillos* und *Bejuco* interessanter. Surfbretter können, genauso wie Fahrräder, vor Ort ausgeliehen werden.

Wir haben über 70 Hotels und Restaurants in Jacó angesehen und daraus für Sie eine kleine Auswahl getroffen.
Die mit * gekennzeichneten Unterkünfte und Lokale bieten nach unserer Ansicht in ihrer Kategorie ein besonders gutes Preis-Leistungsverhältnis.

Camping

Camping Mariott (14), einfache Wiese nahe des nördl. Strandabschnitts, 2-3 US$ p.P.

Camping El Hicaco (59), Tel.: 643-3004, nahe der 2 größten Diskotheken, 2-3 US$ p.P.

* *Camping Madrigal (84)*, Tel.: 645-3521, am Südende Jacós, die schönste u. ruhigste Anlage mit Dusche/WC, 3-5 US$ p.P.

Billigunterkünfte (bis 15 US$)

Cabinas Clarita (5), Tel. 643-3013, Mehrbettzimmer, oft ausgebucht.

Chuck´s Cabinas (21), Tel. & Fax: 643-3328, Chuck Herwigs billige Surfer-Unterkünfte.

Einfache Cabinas (bis 30 US$)

Gabi (2), Tel.: 643-3080, ältere Anlage mit Swimmingpool.

* *Las Palmas (4)*, 643-3005, geräumige Zimmer, teilweise mit Kühlschrank und Kochgelegenheit (etwas teurer).

* *Santimar (6)*, Tel.: 643-3605, einfache Zimmer ganz nahe am Meer, gutes Restaurant.

El Jardin (7), Tel.: 643-3050, mit Swimmingpool.

Antonio (10), Tel. 643-3043, mit Dusche / WC / Ventilator.

El Bohio (38), Tel.: 643-3017, mit Swimmingpool, einige Zimmer mit Küche.

Zabamar (48), Tel. & Fax: 643-3174, 20 ordentliche Cabinas, einige mit Kühlschrank.

Gehobene Mittelklasse

* *Pochote Grande (3),* Tel.: 643-3236, Tel. & Fax (über San José): 220-4979, e-mail: pochote@sol.racsa.co.cr, sehr schönes, gepflegtes Strandhotel des deutschen Veterinärmediziners Dr. Erwin Scholz, 24 große Zimmer mit je 3 Betten, Ventilator, Kühlschrank, Bad, kinderfreundlich, Bar & Restaurant mit hervorragender costaricanisch-deutscher Küche, ab 65 US$ pro Person.

Copacabana (22), Tel. & Fax: 643-3131, lautes Strandhotel für junge Leute mit Disco, Bar, Restaurant, Pool, Strandaktivitäten und Ausflugsangeboten, EZ / DZ ab 68 US$.

Hotel & Chalets Tangeri (28), Tel.: 643-3001, gepflegte Zimmer mit AC, TV, Küche, Meerblick, Pool, Restaurant, Kinderspielplatz, EZ / DZ ab 68 US$.

* *Villas Miramar (45),* Tel.: 643-3003, Fax: 643-3617, sehr schöne, gepflegte Anlage der Österreicherin Annamaria Hangöbl, 6 Villen mit je 2 Appartements, Kochgelegenheit, ruhige Lage, 60 m zum Strand, botanischer Garten/Lehrpfad, Swimmingpool, EZ / DZ ab 60 US$ mit reichhaltigem Frühstück.

Luxushotels

Best Western Jacó Beach (15), Tel.: 643-1000, Fax: 643-3246, großes Strandhotel mit schönem Swimmingpool, aber wenig Flair, ab 100 US$.
Täglicher Bustransfer zum Partnerhotel *Best Western Irazú* (s.S. 110) für 13 US$.

Hotel Cocal (50), Tel.: 643-3067, Fax: 643-3082, feines Strandhotel mit Casino, großem Swimmingpool und gutem Restaurant, *Kinder unerwünscht!* EZ / DZ ab 120 US$.

Jacó Fiesta (76), Tel.: 643-3147, Fax: 643-3148, nettes Strandhotel mit Restaurant und Swimmingpool, ab 80 US$ inklusive Frühstücksbuffet.

Amapola (68), Tel.: 643-3337, Fax: 643-3668, amapola@sol.Racsa.co.cr . Der riesige Swimmingpool tröstet darüber hinweg, dass das Hotel nicht am Strand liegt. Alle Zimmer mit AC, TV, Kühlschrank, Küche. Casino, Bar, Disco, Restaurant mit internationaler Küche, EZ / DZ ab 100 US$, Bungalows ab 170 US$.

Jacó

Hotels, Cabinas

1 Playa del Sol
2 Cabinas Gabi
3 Pochote Grande
4 Las Palmas
5 Clarita
6 Santimar
7 El Jardin
10 Cab. Antonio
14 Camping Mariott
15 Best Western
Jacó Beach
19 Tropical Paradise
21 Chuck´s Cabinas
22 Copacabana
25 Lido
26 Sunrise
28 Tangeri
31 Los Ranchos
32 Cb. Mar del Plata
38 El Bohio
39 Cabinas Cindy
42 Cb. La Cometa
43 Aparth. Gaviotas
45 Villas Miramar
46 Aparthotel
Flamboyant
48 Zabamar
49 Mangomar
50 Cocal
59 Camping
El Hicaco
63 Condominiums
Girasol
64 Apart. El Mar
65 Apt. Sole d´Oro
67 Cabinas Calipso
68 Amapola Casino
70 Cb. El Naranjal
75 Cb.Jacó Colonial
76 Jacó Fiesta
78 Chalets St. Ana
79 Colibri
80 Kangaroo
81 Marparaiso
84 Camp. Madrigal
85 Club del Mar

Bars, Discos

8 Bar Candilejas
22 Copacabana
28 Tangeri
57 Disco La Central
58 Disco
Los Tucanes

Restaurants, Cafés

6 Santimar
9 Las Palmeras
12 Los Faroles
18 La Hacienda
19 Tropical Paradise
20 La Bruja
23 Emily
26 Sunrise Grill
27 Pizzeria
Killer Munchies
29 La Ostra
30 Cocodrillo
35 Pizzeria
38 El Bohio
40 Esperanza
Eiscafé & Pizza
44 The Garden Café
47 La Pirana
51 Pizzeria Terraza
54 Chattys Cathys
El Recrero
66 Sen Li (Chines.)
71 La Mision
77 La Estrella
de David

Sonstiges

11 Centro Medico
Bolanos
13 Krokodilfarm
16 Supermercado
Rayito Celeste
17 Chosita del Surf
(Surf-Shop)
24 Minigolf
33 Supermercado
Los Olas
34 Elegante
Rent A Car
35 + 37 Wäscherei
35 Zahnarzt
36 Immobilien-Fa.
(dt.Ltg.)
37 Briefkasten,
Souvenir-
und Surf-Shops
41 Foto, Telefon, Fx
52 Banco Nacional
53 Supermercado
Rayo Azul
55 Apotheke Farmacia
Jacó + Arztpraxis
56 Supermercado Paola
60 Banco Popular
61 Wäscherei / Lavand.
Banana Bath
62 Rotes Kreuz + Taxi
69 Rathaus
71 Kirche
72 Kindergarten
73 Postamt / CORTEL
74 Staatliche Klinik
82 Tankstelle
83 Privat-Zoo

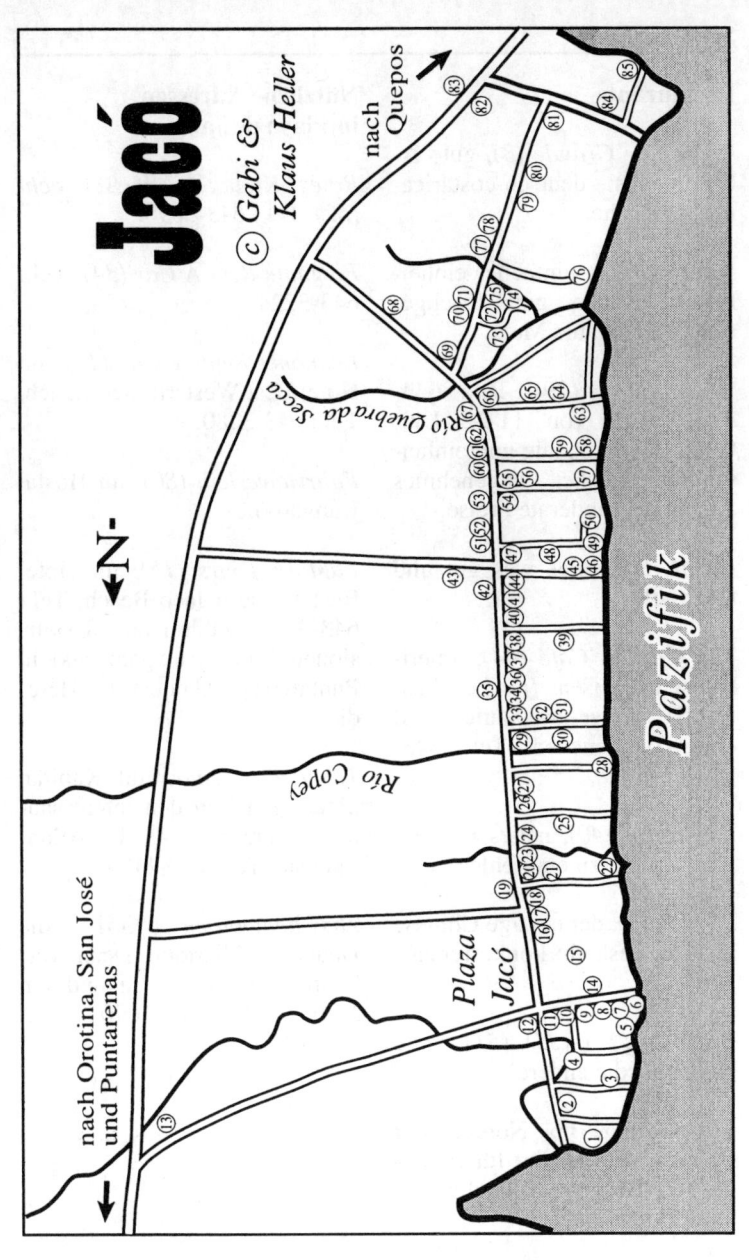

Restaurants

* *Pochote Grande (3)*, gute Abendmenüs, deutsch-costaricanische Küche.

Santimar (6), einfache, einheimische Küche, gute Fischgerichte, Blick aufs Meer.

* *La Ostra (29)*, Tel.: 643-3421, tägl. von 11-22 Uhr. Gute, internationale und einheimische Küche, angenehmes Ambiente, moderate Preise.

Cocal (50), alles was gut und teuer ist!

The Garden Café (44), amerikanisch speisen (reiche Auswahl!), Souvenirs kaufen und eine Tour buchen! Tel.: 643-3404.

Esperanza (40), nettes Eiscafé, Küche nicht zu empfehlen.

Sen Li (66), der einzige Chinese in Jacó, deshalb: konkurrenzlos gut!

Pizzerias (27), (35), (51) - eine besser als die andere!

Plaza Jacó, im Norden der Hauptstraße, der Ort für Freunde von Burgers, Schnellpizzas und Fritten.

Nützliche Adressen in Playa de Jacó

Rotes Kreuz & Wasserwacht (62), Tel.: 643-3090.

Elegante Rent A Car (34), Tel.: 643-3224.

Economy Rent A Car (15), im Hotel Best Western Jacó Beach, Tel.: 643-3280.

Fahrradverleih (80), im Hostal Kangaroo.

Fantasy Tours (15), im Hotel Best Western Jacó Beach, Tel.: 643-3231, zahlreiche Exkursionen (½-tags u. ganztags) in Puntarenas, Alajuela u. Heredia.

Tortuguero Tour, mit Kapitän „Jacó Hans" in den interessantesten Naturpark an der Atlantikküste, Tel.: 643-1189.

Zass-Immobilien (36), die Deutsche Charlotte Dean verkauft Traumhäuser in und um Jacó, Tel.: 643-1090, Fax: 643-1089.

Sehenswertes in Jacó und Umgebung

Zoo (83)

Jacó Beach Petting Zoo (Streichelzoo). Einfahrt gegenüber der großen Tankstelle auf der Hauptstraße nach Quepos, nach wenigen Metern links. Geöffnet tägl. 6-18 Uhr. Gleicher Besitzer und gleiche Tel.-Nr. wie *The Garden Café (44).*

Auf relativ engem Raum werden Affen, Tukane, Aras, Boas und andere exotische Tiere präsentiert, die vom Staat wegen illegaler Gefangennahme konfisziert wurden. Man darf alle Gehege betreten. Der hohe Eintrittspreis von 6.50 US$ dient dem Unterhalt der Tiere.

Krokodilfarm (13)

An der nördlichen Abfahrt von Jacó auf die Hauptstraße nach Orotina, Tel. 643-3745, geöffnet tägl. 9-17 Uhr.

In der Aufzucht und Pflegestation *Granja de Cocodrilos* sind Spitzkrokodile *(span: cocodrilo, lat.: crocodylus acutus)* aller Größen zu bestaunen.

Während der 1 ½-stündigen Führung erfahren Sie viel über Reproduktions-, Fress- und Lebensgewohnheiten der imposanten Plattenechsen, z.B. dass das Geschlecht durch die Bruttemperatur der Eier bestimmt wird.

Naturpark Carara
(Reserva Biológical Carara)

Das 25 km nördlich von Jacó gelegene Reservat bietet sich als Tagesausflug an.

Der Parkzugang befindet sich direkt an der Hauptstraße Orotina - Jacó. Kommt man von Puntarenas oder San José, so liegt der Eingang, erkenntlich durch ein kleines Holzhäuschen und einen Parkplatz, 3 km nach der Brücke über den *Río Grande de Tárcoles* auf der linken Straßenseite.

Im Häuschen der Parkverwaltung können Sie ein paar in Spiritus eingelegte Schlangen bewundern. Bei Redaktionsschluss waren im Park zwei neue Rundwege ausgeschildert, einer über 2,2 km (ca. 1,5 Std. Wanderzeit) und der andere über 8 km (ca. 4 Std. Wanderzeit). Vergessen Sie nicht, *Insektenschutzmittel* aufzutragen, bevor Sie losziehen!

Carara liegt in der Übergangszone zwischen der trockenen und der feuchten Pazifikregion Costa Ricas. Sie sehen Kapok-, Milch- und Kautschukbäume und mit etwas Glück auch Nasenbären, Kapuziner- oder Brüllaffen oder den eindrucksvollen Flug eines roten Aras.

In Sumpfgebieten (lange Tour) gibt es auch Krokodile.

Playa Hermosa

Dieser idyllische, dunkle Sandstrand liegt nur 2,5 km südlich von Jacó. Wegen hoher Wellen und gefährlicher Unterströmungen ist vom Baden abzuraten. *Profi-Surfer* kommen dagegen voll auf ihre Kosten!

Cabinas Las Olas, Tel. & Fax: 643-3687, e-mail: lasolas@sol.racsa.co.cr, schöne Mehrbettzimmer mit Kochgelegenheit und Kühlschrank, ideal für Surfer und Rucksacktouristen, je nach Belegung und Jahreszeit 10-20 US$ p.P.

Quepos

Fahren Sie die Küstenstraße von Jacó Richtung Süden, so passieren Sie ausgedehnte Ölpalmen-Plantagen (landeinwärts) und finden zu Ihrer Rechten mehrere kleine, touristisch wenig erschlossene Strände. Die Straße ist größtenteils in schlechtem Zustand, sodass Sie für die 70 km bis *Quepos* mit 2-3 Stunden Fahrzeit rechnen müssen.

Der Ort wurde in den 30er-Jahren von der United Fruit Company als Hafenstadt für den Bananenexport aus dem Boden gestampft. Nachdem in den

50er-Jahren die Panama-Krankheit über Jahre hinweg einen großen Teil der Ernte vernichtet hatte, war der Niedergang der Stadt vorprogrammiert.
Afrikanische Ölpalmen wurden als Ersatz für Bananen gepflanzt. Das Endprodukt beansprucht wesentlich weniger Platz und kann leicht per Lastwagen zu den großen Frachthäfen Caldera (Pazifik) oder Moín (Atlantik) transportiert werden. Der Hafen von Quepos verfällt zusehends, die Bewohner leben vom Fischfang, der Arbeit auf den Ölpalmenplantagen und last not least vom Tourismus. Die Nähe zum *Manuel Antonio Nationalpark* zieht viele Besucher an.

Cabinas Mary, Tel.: 777-0128, blitzsaubere, einfache Zimmer unter 10 US$ p.P.

* *Villa Romantica,* Tel.: 777-0037, Fax 777-0604, traumhafte Anlage, großer Pool, geräumige Zimmer, nette Atmosphäre, unter deutscher Leitung, EZ ab 45 US$, DZ ab 60 US$.

Plinio, Tel.: 777-0055, Fax: 777-0558, schöne, rustikale Anlage, Pool, tropischer Garten, eigener Wald, prima Restaurant, von 30 US$ (EZ) bis 100 US$ (Blockhütte b. 5 Pers.)

Manuel Antonio Nationalpark

Das Naturschutzgebiet liegt 7 km südlich des Stadtzentrums von Quepos. Die Straße dorthin führt durch eine Hügellandschaft mit reizvollen Ausblicken auf das Meer.
Manuel Antonio gehört zu den kleinsten, aber auch zu den schönsten und beliebtesten Naturschutzgebieten. Darum werden Sie die Naturschönheiten insbesondere an Wochenenden mit vielen anderen Besuchern teilen müssen. Der Park ist von Di.-So. von 8-16 Uhr (Hochsaison 7-17 Uhr) geöffnet. Es dürfen sich max. 600 Personen (!) gleichzeitig im Park aufhalten. ***Das Füttern der Tiere ist streng verboten!***
Schon vor dem Eingang beginnt das Abenteuer, denn Sie müssen erst mal per pedes ein Flussbett überqueren, dessen Wasserstand je nach Ebbe oder Flut von knöcheltief bis nabelhoch reichen kann! Informationen über Gezeiten und Wanderwege erhalten Sie von den Parkwächtern.
Drei wunderschöne Strände gehören zum Reservat: *Playa Espadilla Sur, Playa Manuel Antonio* und *Playa Puerto Escondido.* Der schönste und beliebteste Badestrand ist die *Playa Manuel Antonio,* die we-

Kapuzineräffchen

gen ihres weißen Sandes auch *Playa Blanca* genannt wird. Obwohl das Wasser nicht immer besonders klar ist, macht es Spaß am vorgelagerten kleinen Korallenriff zu schnorcheln und die Vielfalt von Fischen und anderen Meerestieren wie Krabben, Schwämmen und Seeschlangen zu beobachten.

Die *Playa Puerto Escondido*, zu erreichen über einen befestigten Wanderweg und steile Treppen, liegt in einer wildromantischen Felsenbucht, eignet sich jedoch nicht zum Baden.

Im westlichen Teil des Parks sind mehrere Wanderwege an-gelegt, die je nach Jahreszeit unterschiedlich schwer zu begehen sind (½ - 2 Stunden). Der einfachste und kürzeste ist der Rundgang um die Landzunge *Punta Cathedral*, die die Strände *Espadilla* Sur und *Manuel Antonio* trennt. Der schwierigste ist der Weg zur *Playa Puerto Escondido* (s.o.).

Alle Wege eignen sich zur Observierung der Tierwelt. Im Park tummeln sich über 180 verschiedene Vogelarten und zahlreiche Leguane, Faultiere, Nasenbären, Brüll- und Kapuzineraffen.

Landeinwärts, im immergrünen Feuchtwald, finden Sie Mangroven, Balsa-, Kapok-, Regen- und Milchbäume.

In Strandnähe wachsen Kokospalmen, Mandelbäume und der **giftige Manzanillo-Baum**, dessen Früchte wie **kleine Äpfel** aussehen. Es wird nicht nur vor dem Verzehr gewarnt, auch der Hautkontakt sollte vermieden werden!

Der Manuel Antonio Nationalpark war die letzte Station und zugleich einer der Höhepunkte dieser Nordwest-Tour. Die 195 km lange Strecke zurück nach San José können Sie in etwa 4-5 Stunden bewältigen, wobei rund die Hälfte der Fahrzeit auf die schlechte Straße bis Jacó entfällt.

Der Osten (Karibikküste)

Ein Blick auf die Landkarte lässt es äußerst reizvoll erscheinen, mit dem Bus oder Leihwagen nach Limón zu fahren und von dort aus einmal per Boot den Kanal zum Tortuguero-Nationalpark im Norden und dann wiederum auf eigene Faust die Küstenstraße bis Playa Manzanillo im Süden zu erkunden. Vor Abfahrt aus San José sollten Sie jedoch folgende Fakten wissen und in Ihre Reiseplanung einbeziehen:

• Komplett organisierte 3-Tages-Touren (2 Übernachtungen) mit Abholung in San José, Bootstransfers, Vollpension und geführten Dschungelexkursionen im Tortuguero-Nationalpark (ca. 220-270 US$ p. P.) sind in der Regel deutlich günstiger als die Eigenorganisation der gleichen Tour. Der Umstand, dass Selbstfahrer ihren Leihwagen 3 Tage weniger benötigen und alleine schon dadurch über die Hälfte des Trips finanzieren können, ist dabei noch gar nicht berücksichtigt.

• An der Karibikküste gibt es selten sofort verfügbare Leihwagen. Meist wird auf Anforderung ein Fahrzeug aus San José gebracht, was immer mit Wartezeiten und Zusatzkosten verbunden ist.

• Taxis außerhalb des Stadtbereichs von Limón sowie frei gebuchte Boote im Kanalhafen von Moín sind unverschämt teuer, nicht zuletzt, weil sich die Betreiber ihrer Monopolstellung voll bewusst sind.

Wir empfehlen Ihnen daher, die Kanaltour im Paket zu buchen (s. Veranstalter S. 54 u. S. 97 und Lodges S.187, 188 u. 193) und die Karibikküste südlich von Limón separat per Leihwagen ab San José zu erforschen.

San José - Siquirres - Limón

Sie haben zwei Strecken zur Auswahl, die beide gleichermaßen interessant, jedoch unterschiedlich lang und beschwerlich sind:

Die **alte Landstraße** führt Sie über Cartago (s. S. 135), Turrialba und Siquirres in etwa 4 ½ Stunden reiner Fahrzeit nach Limón.

Turrialba ist ein gemütliches Städtchen, das in nächster Umgebung drei Attraktionen zu bieten hat:

1. *Guayabo*, eine versunkene Stadt, die zwischen 500 vor und 1.500 nach Christus eine bedeutende Rolle gespielt haben muss und deren Ausgrabungen und historische Erforschung

immer noch andauern. Die bedeutendste archäologische Fundstätte Costa Ricas (Nationalmonument) liegt 20 km nördlich vom Stadtkern Turrialbas am Fuße des gleichnamigen Vulkans und ist täglich von 8-15.30 Uhr zu besichtigen.

2. *CATIE (Centro Agronómico Tropical de Investigación y Enseñanza)*, ein großangelegtes Forschungsprojekt über tropische Nutzpflanzen, das 5 km östlich der Stadt liegt und nach Voranmeldung unter Tel.: 556-6431 besucht werden kann.

3. Den *Río Reventazón*, ebenfalls 5 km östlich von Turrialba, der immer mehr Wildwasser- und Kajakfahrer in seinen Bann zieht. Sie finden hier den idealen Einstieg, um dann bis in die Höhe von Siquirres in den rauschenden Fluten zu paddeln.

Die **Nationalstraße** (Carretera Nacional) **N 32** reduziert Ihre reine Fahrzeit von San José in das 160 km entfernte Limón auf nur 2 ½ Stunden. Wenn Sie in der Hauptstadt die Calle 3 immer gen Norden fahren, gelangen Sie direkt auf die N 32, welche Sie in nordöstlicher Richtung verlaufend schon bald in den *Braulio Carrillo Nationalpark* führt. Die meist nebelverhangenen, immergrünen Bergketten mit ihrer exoti-schen Vegetation, den Riesenblättern (lat.: *Gunnera insignis,* im Volksmund: *„Regenschirm des armen Mannes"*) und zahlreichen Farngewächsen vermitteln einen nachhaltigen Eindruck von der schier unendlichen Weite des Dschungels. Besonders schwierig war es, den 562 m langen Tunnel durch den Berg *Zurquí* zu schlagen und deshalb wird hier auch ein kleiner Obolus fällig.

Wenige Kilometer nach dem Tunnel passieren Sie die *Rain Forest Aerial Tram* (s. S. 130 ff.), deren Initiator *Dr. Donald Perry* lange Jahre vor dem Bau des Großprojekts in seiner weltbekannten Forschungsstation *Rara Avis* (seltener Vogel) entdeckte, dass über die Hälfte der Tiere des Urwalds in den Baumkronen leben und dort am besten beobachtet werden können.

Dr. Perry´s ursprüngliche Forschungsstation nahe des Orts *Horquetas* (nächste Abzweigung N 4 Richtung Norden) wird heute unter dem Namen *Rara Avis Rainforest Lodge & Reserve* (Tel. 764-3131 oder über San José Tel.: 253-0844) vermarktet. Genau genommen handelt es sich um die einfachen, mitten im Regenwald gelegenen Unterkünfte *Waterfall Lodge* und *El Plastico Lodge,* die nur in einer mühsamen, mehrstündigen Traktorfahrt ab Horquetas erreicht werden können.

Die strapaziöse Tour durch Morast, Schlamm und Dauerregen ist Geschmackssache und die Anbieter leben last not least vom berühmten Namen *Rara Avis*. Mehrtagesexkursion inklusive Transfer ab San José oder Horquetas gibt´s bei den meisten Tourenveranstaltern.

Unsere Hauptstrecke führt Sie auf der Braulio Carrillo-Autobahn über *Guápiles* nach *Guácimo*, wo sich ein kleiner Umweg zur dort ausgeschilderten *Helikonienfarm Costa Flores* (Tel.: 716-6065, Fax: 716-6439, Mo.-Fr. 7-16 Uhr) lohnt. Weiter geht´s nach *Siquirres*, wo Sie mitten im Dorf mal nach *„la embacadora de bananas"* fragen sollten. Man weist Ihnen eine Schotterstraße, die Richtung Norden durch *„la bananeras"* - die Bananenplantagen - führt. In einer großen Wellblechhalle werden die krummen Dinger sortiert, gewaschen, gewogen und verpackt. Interessant ist auch das Schlagen und der Transport der Bananenstauden (s. S. 34 ff.). Auf Wunsch führt man Sie - gegen einen kleinen Obolus - gerne ein wenig herum.

Nun müssen Sie noch etwa eine Stunde nach Limón rechnen.

Hier, an der Karibikküste, ist vieles anders als im restlichen Costa Rica. Die vorwiegend schwarze Bevölkerung - Nachfahren der um die Jahrhundertwende aus Jamaika ins Land geholten Plantagenarbeiter und Eisenbahnbauer - hat sich bis heute eine eigene Kultur und Sprache bewahrt. Das nahezu grammatiklose Karibik-Englisch ist auch mit geringer Kenntnis dieser Sprache leicht zu verstehen: *„Bus come five"* heißt „der Bus geht um 5 Uhr". Einige Phrasen unterscheiden sich allerdings vom herkömmlichen Englisch: *„What happen?"* sagt man zur Begrüßung und *„Okay"* zum Abschied.

Von frühmorgens bis spätabends dringt Calypso- und Reggae-Musik aus den herrlich bunten Hütten und die Körper der Einheimischen zucken im Rhythmus dazu. Die Menschen sind hier ärmer als im übrigen Land und doch erscheinen sie oft glücklicher als ihre „reichen", von Alltagshektik und Zivilisationsstress geplagten, hellhäutigen Besucher.

Das Klima ist an der Karibikküste das ganze Jahr über tropisch heiß und feucht. Hier finden Sie nicht nur dichten Urwald, tiefblaues Meer und

wunderbare Korallenriffe, sondern auch Moskitos, Leguane, Warane, Schlangen, Haie und Krokodile, letztere vorwiegend nördlich von Limón. Neben Sonnencreme und Badekleidung sollten Sie nun Ihr Insekten-Abwehrmittel zum Einsatz bringen, das Hotelgelände nur mit knöchelhohen Schuhen verlassen und nicht allzuweit ins Meer hinausschwimmen.

Limón

Die Hauptstadt der gleichnamigen Provinz hat rund 55.000 Einwohner und ist Ausgangspunkt für Exkursionen nach Nord und Süd. Limón selbst ist touristisch nicht sonderlich attraktiv. Es lohnt sich allenfalls, den Stadtpark *Parque Vargas* in der Av. 1, Ecke Calle 1 und den Markt in der Av. 3, Ecke Calle 3 zu besichtigen.

Einen Höhepunkt erlebt Limón jedes Jahr am 12.Oktober, dem *Día de Colón* oder auch *Día de la Raza*. Am Jahrestag der Landung von Christoph Kolumbus im Jahre 1502 und in den darauffolgenden Tagen feiert man ausgelassen Karneval und die wenigen Hotels in der Stadt und im Umkreis sind doppelt so teuer und meist ausgebucht.

Alkoholismus, Prostitution und Straßenkriminalität als Folgen der hohen Arbeitslosigkeit sind - auch ohne Karneval - ein Problem. Es ist zu empfehlen, bei Einbruch der Dunkelheit im Hotel zu bleiben oder Limón gleich zu umgehen und wenige km nördlich auf der Straße nach Moín / Portete eine Unterkunft zu wählen.

Das Erdbeben vom 22. April 1991 hat die Stadt schwer getroffen (Stärke 7,4 gem. Richter-Skala, 80 Tote, Hunderte von Verletzten). Dabei wurde das Korallenriff vor der Küste fast 2 m aus dem Meer gehoben und der Hafen für Ozeanriesen unzugänglich. Auch die wenigen Badestrände der nahen Umgebung wurden zerstört.

Moín, 7 km nördlich v. Limón, gewinnt heute zunehmend an Bedeutung, sowohl als größter Seehafen des Landes als auch als Kanalhafen für Exkursionen an der nördlichen Karibikküste.

Fung, Av. 2, zw. Calles 4 u. 5, Tel.: 758-3309, sehr einfach, aber sauber, unter 10 US$.

Tete, Av. 3, zw. Calles 4 u. 5, Tel.: 758-1122, Fax: 758-0707, ordentliche Zimmer ab 20 US$.

Maribu Caribe, Carretera Portete, 3,5 km nördl. von Limón, Tel.: 758-4010, Fax: 758-3541, auf einer Anhöhe mit wunderbarem Rundblick über die Bucht, AC, Pool, Restaurant, EZ/DZ ab 90 US$.

* *Matama,* Carretera Portete, 4 km nördl. von Limón, Tel.: 758-1123, Fax 758-4499, AC, TV, Tel., Swimmingpool, Bar, gutes Restaurant, EZ 70 US$, DZ 90 US$.

Moín Caribe, Carretera Portete, in Gehentfernung zum Kanalhafen (ca. 500 m), Tel.: 785-2436, einfach, ab 12 US$.

Die nördliche Karibikküste

„Los Canales" nennen die Einheimischen die Aneinanderreihung zahlreicher, vorwiegend künstlich angelegter Wasserwege zu einem 110 km langen Kanal, der alle Flussmündungen des nördlichen Karibikabschnitts miteinander verbindet und parallel zur Küstenlinie von Moín bis kurz vor die nicaraguanische Grenze reicht. Sinn des Kanalbaus war es, für die Bewohner dieser Region einen Transportweg zu schaffen, der schneller und sicherer als die rauhe See war, aber einfacher realisiert werden konnte als ein Straßenbau durch die Sümpfe des dichten Dschungelgebiets.

Die Kanalfahrt ist ein Hochgenuss für jeden Naturfreund und lässt das Herz der Fotografen höher schlagen: Königspalmen, Mangroven und Helikonien säumen die Uferpromenade. Brüllaffen turnen geschickt von Ast zu Ast und folgen mit lautem Geschrei jedem Boot. Reiher, Papageien und Tukane thronen erhaben auf den Baumwipfeln oder flattern zusammen mit Heerscharen bunter Schmetterlinge über ihr Reich. Riesenschlangen und Faultiere hängen träge in den Ästen. Krokodile, Warane und Schildkrö-

ten suchen Schatten am Flussrand. Zwischendurch - man traut seinen Augen nicht - grasen schwarzbunte Rinder und einheimisches Zebu auf schmalen Inselstreifen im tiefsten Hinterland. Die Tiere wurden unter größten Anstrengungen auf Flussfrachtern aus dem Landesinneren hierher gebracht und dienen neben den zahlreichen Hängebauchschweinen ausschließlich zur Eigenversorgung der Dschungelbewohner.

Die Mitnahme eines Regenumhangs und eines wasserdichten Beutels ist von Vorteil. Die gleißende Sonne führt hier zu rascher Quellwolkenbildung und man kann richtig zusehen, wie sich die einst weißen Wolken im Laufe des Nachmittags zu einer immer schwärzer werdenden, gewaltigen Gewitterfront vereinen, die sich sodann in wolkenbruchartigen Ergüssen entlädt.

Neben zahlreichen, sporadisch verteilten Stelzenhäusern gibt es nur drei namhafte Siedlungen im Kanalbereich: *Parismina*, *Tortuguero* und *Barra del Colorado*. Ein motorisiertes Schnellboot (2-6 Personen) benötigt, vorausgesetzt der Kapitän fährt ständig Vollgas, von *Moín* nach *Parismina* etwa 90 Minuten, nach *Tortuguero* nochmals 60 Minuten und wei-

Los Canales - die einzigen Verkehrsadern nördlich von Limón

tere 45 Minuten bis *Barra del Colorado*. Größere Flussdampfer brauchen für jeden Teilabschnitt 20-30 Minuten länger.

Wenn Sie sich in Moín frühmorgens selbst ein Boot organisieren, so zahlen Sie je nach Verhandlungsgeschick für die Strecke nach Parismina etwa 50-100 US$, nach Tortuguero das Doppelte und nach Barra del Colorado nochmals 30-50 US$ mehr. In der Hauptsaison finden Sie oft noch Reisende, die den Bootspreis mit Ihnen teilen. Sicherer und billiger ist jedoch der Anschluß an eine organisierte Tour.

Parismina

Kirche, Schule und der Fußballplatz bilden das Zentrum des idyllischen 400-Seelen-Dorfes zwischen Kanal und Strand. Zudem verfügt die Siedlung über Pulperia, Supermarkt und sogar einen eigenen Flugplatz mit holpriger Betonpiste, auf der nur geübte Buschpiloten ihr Glück versuchen sollten. Eine alte Hexenmeisterin (Witch doctor) versorgt im Notfall fachmännisch Moskitostich und Schlangenbiss. In der lauten, geräumigen Disco schwingen abends die vorwiegend schwarzen Dorfschönheiten das Tanzbein.

Real Parismina Lodge, am östlichen Flussufer, Tel. & Fax: 798-0918, rustikale Zimmer, Vollpension (reichhaltig Fisch, Fleisch und frisches Obst), ca. 150 US$ p. P. inkl. Bootsausflüge.

Tortuguero

Das Dorf liegt ca. 75 km nördlich von Moín und ist nur auf dem Wasser- oder Luftweg (ab San José) zu erreichen.

Der heiße, dunkle Sandstrand lädt nur bedingt zum Schwimmen ein. Die krokodilreichen Lagunen sollten Sie unbedingt meiden und im offenen Meer wimmelt es von Haien. Allenfalls beim Geplansche am seichten Meeresstrand ist das Risiko gering...

Tortuguero besucht man also nicht zum Baden, sondern aus ganz anderen Beweggründen:

• Die **grünen Meeresschildkröten** *(tortuga verde)* legen von Juli-November an den Stränden des *Tortuguero Nationalparks* (südlich des gleichnamigen Orts) zu Zehntausenden ihre Eier ab. Auch Leder-, Karett- und Bastardschildkröten (letztere von Februar-Juni) nisten hier. Um die Tiere bei ihrer anstrengenden Tätigkeit (s. auch S. 161) nicht zu stören, sollten Sie den Anweisungen der Parkverwaltung folgen und sich nach Möglichkeit einer Führung anschließen. In Tortuguero gibt es eine eigene Forschungsstation für Meeresschildkröten.

• Eine **Bootsfahrt durch die Kanäle** mit Tierbeobachtung bei Tag (Vögel, Schmetterlinge, Affen, Faultiere) und Nacht (Krokodile) gehört zum Pflichtprogramm für Tortuguero-Besucher.

• Der **Cerro de Tortuguero**, mit nur 119 m über dem Meeresspiegel die höchste Erhebung zwischen der nicaraguanischen Grenze und Limón, ermöglicht eine nette Aussicht. Obwohl der Hügel nicht hoch ist, fordert der matschige Weg unter tropischer Sonne und Moskito-Begleitung eine gewisse Kondition.

• Erfahrene Gerätetaucher bekommen mit etwas Glück den **Gaspar-Fisch** zu Gesicht. Das bis zu 70 cm lange lebendige Fossil kommt nur in dieser Gegend vor und soll schon seit 90 Millionen (!) Jahren die Erde bevölkern.

Cabinas Tortuguero (ab 5 US$) und *Cabinas Sabina* (ab 10 US$), einfache, saubere Zimmer in Meeresnähe.

* *Mawamba Lodge*, nördlich des Ortes, Tel.: 223-7490, Fax: 255-4039, sehr schöne, gepflegte Anlage mit gutem Restaurant und Pool, nur Komplettangebote mit Transfer ab San José, VP und Exkursionen, 3 Tage / 2 Übernachtungen ab 290 US$.

Skyline Panama City

Typischer Panama-Bus

Panamas Altstadt - Casco Viejo

Panama Kanal

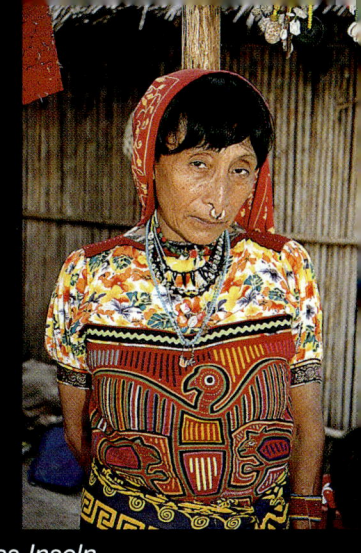

Kuna Indianer auf den San Blas Inseln

Johnny Cay vor der Isla de San Andrés

Aeropuerto de San Andrés

Barra del Colorado

Das Dorf liegt 30 Kanalkilometer nördlich von Tortuguero und überbietet mit über 5.000 mm durchschnittlichem Jahresniederschlag alle anderen Orte der Karibikküste. Bei soviel Regen wächst und gedeiht natürlich auch der Dschungel mit seiner vielfältigen Flora und Fauna über alle Maßen. Knappe 10 km nordwestlich des Ortes verläuft der *Río San Juan* als natürliche Grenze zum Nachbarstaat Nicaragua. Einen legalen Grenzübergang gibt es jedoch nicht. *Barra del Colorado* zieht leider nicht nur Naturfreunde, sondern auch zahlungskräftige Sportfischer (s. S. 92) an, die in dem fischreichen Gewässer einen Weltrekord nach dem anderen aufstellen.
Der Ort wird ab San José von SANSA angeflogen (s. S. 101).

Tarponland, am Flughafen, Tel.: 710-6917, einfach aber sauber, EZ/DZ ab 35 US$.

Samay Lagoon Lodge, an einer Seitenlagune südlich des Ortes, Tel.: 284-7047, Fax: 383-6370, sehr schöne, rustikale Anlage unter deutscher Leitung, Reiten, Fischen, Tauchen, Boots- und Dschungeltouren. 3 Tage / 2 Ü. inkl. Transfer SJO ab 250 US$.

Die südliche Karibikküste

Die Hafenstadt *Limón* wurde bereits auf S. 184 hinreichend beschrieben. Nun geht's auf der Nationalstraße N 36 gen Süden: Sie passieren den Flugplatz von *Limón*, überqueren den *Río Banano* und erreichen kurz darauf das Dorf *Bananito Sur*.

* *Selva Bananito Lodge,* 15 km landeinwärts ab Bananito Sur (ausgeschildert), Tel. & Fax: 253-8118, Mobil: 284-4278, vorbildlich geführte Öko-Lodge der Deutschen Sofia und Jürgen Stein, 7 gemütliche Bungalows auf einer Anhöhe, Warmwasser-Solaranlage, Helikoniengarten, Hängematten, Reiten, Radfahren, Baumklettern, Wasserfälle, DZ ab 80 US$ p.P.

Wollen Sie miterleben, wie die wohlbekannten Markenbananen der Fruchtzuchtgiganten von der Staude in die vertrauten Kistchen kommen? Dann fahren Sie weiter der Küste entlang Richtung Süden. Gleich nach der Brücke über den *Río Estrella* liegt rechts eine „Bananenfabrik", wo Sie zusehen können, wie die grünen Früchte gewaschen, gewogen und verpackt werden. Weitere Bananenfabriken finden Sie bei *Pandora,* 10 km landeinwärts ab *Penhurst*.

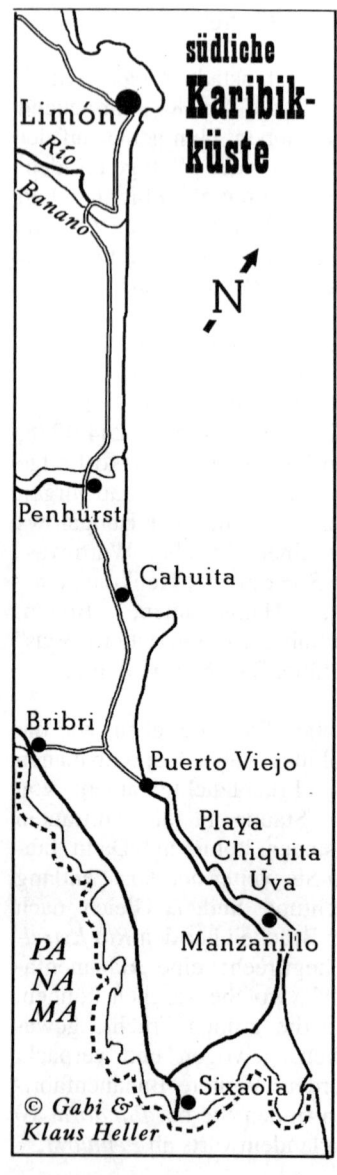

südliche **Karibik-küste**

N

Limón

Río Banano

Penhurst

Cahuita

Bribri

Puerto Viejo

Playa Chiquita

Uva

Manzanillo

PA NA MA

Sixaola

© *Gabi & Klaus Heller*

Cahuita

Gerade 10 km südöstlich von Penhurst und eine knappe Stunde (45 km) von Limón entfernt erreichen Sie *Cahuita*. Das landschaftlich äußerst reizvolle Gebiet gliedert sich in drei Zonen:

1. Die *Playa Negra* im Norden des Städtchens, einen schwarzen Sandstrand, dessen Färbung sich durch kohlehaltiges Gestein im Norden der Region erklärt, gemischt mit ein paar Felsen.

2. Den Ort *Cahuita* selbst, der etwa 200 m ins Meer hinausragt. Diese leichte Felsenausbuchtung reicht hier schon aus, um den schwarzen vom südöstlich des Ortes beginnenden weißen Bilderbuchstrand *Playa Blanca* zu trennen.

3. Den im Süden anschließenden *Cahuita Nationalpark*, eine spitze Landzunge, die 2,5 km in die See hinausragt und auch noch die vorgelagerten Korallenriffe einschließt. Der nördlichste Punkt *(= punto)* dieser Landzunge *(= punta)* trägt den Namen *Punto Cahuita*, der südlichste heißt *Punto Vargas* und der anschließende Strand *Playa Vargas*.

Zwischen den beiden Parkeingängen im Süden von Cahuita und Punto Vargas verläuft ein

Auf allen Wanderungen an der Karibikseite nicht vergessen:

- **knöchelhohe Schuhe**
- **Kopfbedeckung**
- **Sonnenschutzcreme**
- **Mückenabwehrmittel**
- **Trinkwasser / Getränke**

schöner, 8 km langer Wanderweg um die Landzunge *Punta Cahuita*. Es lohnt sich, vorher im Dorf für ein paar Dollar eine Schnorchelausrüstung zu leihen. So können Sie am vorgelagerten Korallenriff - dem größten des Landes - beobachten, wie sich die buntschillernden, exotischen Meeresfischchen in Scharen durch die oft meterhohen Riffkanäle schlängeln.

Obwohl die See tiefblau und das Wasser klar ist, trügt der Schein: Die Korallenriffe beginnen seit einigen Jahren zu verfallen. Der Grund dafür liegt in erster Linie in der starken chemischen Behandlung der Bananen, die wir sonst nie in der gewohnten Markenqualität auf unseren Tisch bekämen. Die Pestizide werden durch die Flüsse ins Meer geschwemmt und die sensiblen Korallenriffe reagieren darauf, lange bevor der Mensch mit seinen Sinnesorganen eine Verunreinigung wahrnimmt.

Bei *Punto Vargas* befindet sich ein Campingplatz, den Sie allerdings nur zu Fuß erreichen können. Für 3 US$ pro Nacht dürfen Sie Ihr Zelt aufstellen und die sanitären Anlagen benutzen.

Cahuita selbst ist längst nicht mehr so verschlafen, wie es in manch älteren Reiseführern dargestellt wird, sondern eher ein recht aufgeweckter Szenetreff. Neben seinen landschaftlichen Reizen ist das Örtchen noch aus anderen Gründen berühmt und berüchtigt:

Cahuita hat, gemessen an der Zahl seiner Einwohner, die höchste Quote an Raub- und Diebstahlsdelikten im Land. Last not least liegt dies auch am Leichtsinn vieler Besucher. Passen Sie also auf Ihre Kamera auf und lassen Sie nie Wertgegenstände unbeaufsichtigt am Strand liegen. Das unscheinbare Dorf gilt neben *Montezuma* auf der Nicoya-Halbinsel als eine der beiden Rauschgift-Hochburgen des Landes. Neben Haschisch und Marihuana werden oft auch härtere Drogen wie Koks und Crack angeboten. Obwohl Costa Rica eines der strengsten Rauschgiftgesetze des amerikanischen Kontinents hat, reicht der Arm der Gesetzeshüter aus San José nicht bis hierher. Die wenigen Dorfpoli-

zisten sind mit dem Problem völlig überfordert und drücken meist beide Augen zu, um zu überleben.

Cahuita ist *der Geheimtipp für die Damenwelt* Europas und Nordamerikas. In den letzten Jahren hat der weibliche Sextourismus in diesem idyllischen Fleck sprunghaft zugenommen. Im Bus nach Manzanillo trafen wir Heike, eine hübsche, langhaarige Blondine aus Düsseldorf, die uns nach kurzem Zögern unverblümt aufklärte: „Was sich die Männer in Bangkok oder in der Dominikanischen Republik holen, steht uns Frauen genauso zu!", erklärte sie uns selbstbewußt, während sie ihrem Roberto sanft den Nacken kraulte. „Er versteht kein Wort Deutsch", versicherte sie und fügte hinzu: „Ja, ich zahle ihm 100 US$ am Tag und er bringt mir mehr, als alles, was ich bisher erlebt habe."

Roberto war ein muskulöser, gut gewachsener Rasta-Neger mit strahlend-weißen Zähnen und einer freundlichen Ausstrahlung.

Wir wollen uns kein moralisches Urteil anmaßen, doch legen wir entsprechend ambitionierten Leserinnen dringend ans Herz: *Gib Aids keine Chance - nie ohne Gummi!* Und diese sollten Sie besser aus Ihrem Heimatland oder aus der Hauptstadt mitbringen, denn in Cahuita sind Kondome meist ausverkauft!

Beliebte Kontaktbars: *Salon Váz* und *Salon Uvita,* beide an der Hauptdurchgangsstraße.

Cahuita Tours & Rentals, Tel. & Fax:758-0652, bieten Exkursionen per Pferd, Bus, Jeep und Boot an und verleihen Fahrräder und Schnorchelausrüstung.

Cabinas Arrecive, Tel. 755-0081, schöne Lage an der nördlichen Ecke der Landzunge, nettes Restaurant mit Meerblick, ab 25 US$.

* *Alby Lodge,* Tel. & Fax: 755-0031, hübsche, gepflegte Holzhäuschen der Österreicher Yvonne und Alfons, 200 m vom weißen Sandstrand im Süden der Stadt, nahe am Nationalpark-Eingang, ab 35 US$.

Puerto Viejo de Talamanca

Wenn Sie auf der Nationalstraße N 36 weiter nach Süden fahren und nach 11 km nicht der Hauptstraße ins Landesinnere folgen, sondern die Schotterstraße am Meer entlang wählen, dann erreichen Sie nach 5 km Puerto Viejo, genauer gesagt *Puerto Viejo de Talamanca*, nicht zu verwechseln mit dem gleichnamigen Ort am Río Sarapiquí.

Wie Cahuita ragt auch Puerto Viejo auf einer kleinen Felsausbuchtung ins Meer hinaus und auch hier wiederholt sich das Phänomen mit dem schwarzen und weißen Strand: nordwestlich des Ortes liegt die *Playa Negra* mit feinem, kohlestaubdurchsetztem Sand und östlich des Ortes schließt sich die *Playa Blanca*, ein schneeweißer Strand aus weichem Muschelkalksand an.

Das Dorf liegt ebenso idyllisch wie das etwas größere Cahuita, ist jedoch touristisch noch nicht ganz so überlaufen. Pferde, Fahrräder und Schnorchelausrüstung können Sie aber auch hier problemlos ausleihen und entlang der Playa Blanca finden Sie wunderbare Korallenriffe.

Zwischen Dezember und März treffen sich hier geübte Surfer aus aller Welt, um die *Salsa Brava* - eine riesige Welle - zu reiten!

Man isst in Puerto Viejo gut und preiswert in der *Soda Tamara* im Ortszentrum und -

etwas teurer, dafür mit Meerblick - in den Strandrestaurants *Johnny's Place* und *Stanford's.*

Cabinas Jacaranda, im Zentrum, individuell gestaltete, einfache Zimmer mit Moskitonetz und Gemeinschaftsbad von 10-25 US$.

Cabinas Yucca, am Südende des Orts, zwischen Hauptstraße und Meer (weißer Sandstrand), deutsche Leitung, 15-35 US$.

Coco Loco Lodge, ruhige Lage nördl. des Zentrums, nahe der Schule, ca. 300 m von der Playa Negra, österreichische Leitung, 25-35 US$.

Punta Cocles

5 km südlich von Puerto Viejo liegt das Dorf Punta Cocles das stark von einer großen Hotelanlage dominiert wird:.

Best Western Punta Cocles, Tel.: 740-0336, Fax: 750-0043, 60 geräumige Zimmer mit je 2 großen Doppelbetten, AC, Kinderspielplatz, Swimmingpool + Kinderbecken, Fernsehraum, Restaurant, Bar, großer Privatstrand 500 m vom Hotel entfernt, Tourenangebote, 75 US$ pro Zimmer bis zu 4 Personen.

Playa Chiquita

Einsamer, paradiesischer Strand knapp 6 km südlich von Puerto Viejo.

Playa Chiquita Lodge, Tel. & Fax: 750-0062, rustikale Blockhausanlage des Deutschen Wolfgang Bissinger, Restaurant, Bar, botanischer Garten, Strandzugang über kurzen Privatweg durch den Dschungel, die Zimmer selbst sind einfach, man zahlt für das Ambiente, EZ 35 US$, DZ 45 US$.

Shawanddha Lodge, gegenüber der Playa Chiquita Lodge, landeinwärts, Tel.: 750-0018, Fax: 750-0037, 12 stilvoll in einem tropischen Garten eingebettete Bungalows, komfortabel ausgestattete Zimmer, Schnorcheln, Surfen, Kajak-Fahren, Reiten, Tourenangebote, DZ ab 95 US$

Bribrí

Auf dem Rückweg nach San José, oder auch als Ausflug ab Puerto Viejo oder Cahuita sollten Sie mal dahin fahren, wo der Pfeffer wächst: nach *Bribrí.* Das Indianerdorf liegt genau 8 km landeinwärts von der Wegegabelung Puerto Viejo / Cahuita / Bribrí. Wer sich jedoch ein

paar Wilde im Lendenschurz erwartet, die in primitiven Strohhütten hausen, wird hier enttäuscht. Das kleine Dörfchen macht einen gepflegten und sauberen Eindruck. Den Bewohnern ist die indianische Abstammung deutlich anzusehen, doch sie tragen heute zeitgemäß Jeans und T-Shirts. Die gut ausgebaute Bergstraße nach Bribrí wird vorwiegend von Bananenplantagen gesäumt.

Auf dem Weg zum Dorf und entlang der schlechten Ausfallstraßen Richtung Sixaola, Uatsi und Bratsi finden Sie vereinzelt noch einfache Holzhütten, in denen Indianerfamilien unter ärmlichen Verhältnissen auf engem Raum hausen. Geschlafen wird meist in Hängematten und die Menschen überleben gerade vom Pfefferanbau, ein paar Hühnern und dem Verkauf von Korbflechtarbeiten. Die Indianer kennen den weißen Mann hier noch nicht als Wohlstands- und Devisenbringer, sondern vielmehr als Ausbeuter und Landräuber. Sie sind dennoch bescheiden und freundlich.

Das Dorfzentrum besteht aus dem *Comercial Bribrí*, einem Gemischtwarenladen mit Bushaltestelle, dem leuchtend grünen *Restaurant Bribrí* und den *Cabinas El Mango*, EZ 8 US$.

Die Fahrt nach Sixaola (34 km), dem Grenzübergang zu Panama lohnt nicht, es sei denn Sie haben die Almirante-Region in Panama (78 km ab Bribrí, s. S. 224) zum Ziel.

Der Norden

Den Nordwesten und den Nordosten kennen Sie bereits aus den vorangegangenen Kapiteln. Der mittlere Norden ist touristisch wenig erschlossen und vielleicht gerade deshalb besonders reizvoll. Wir schlagen Ihnen zwei Ziele vor:

Puerto Viejo de Sarapiquí

Der schnellste und bequemste Weg ab San José führt Sie über die Nationalstraßen N 32 und N 4, vorbei an der *Rain Forest Aerial Tram* über Horquetas in ca. 4 Stunden nach *Puerto Viejo de Sarapiquí*.
Landschaftlich reizvoller, aber länger ist die Strecke auf der Carretera 126 über *Heredia* vorbei an Kaffeeplantagen und dem Vulkan *Poás* bis auf 2.000 m Höhe. Nach *Varablanca* geht´s wieder bergab und Sie gelangen über *San Miguel* (510 m NN), *La Vírgen* (185 m NN) und *Chilamate* (130 m NN) zu Ihrem Ziel *Puerto Viejo de Sarapiquí* (35 m NN). Der ruhige Ort lädt zum Verweilen ein. Die Gegend lebt von Viehzucht und Bananenanbau. Der *Río Sarapiquí* ist beliebter Ausgangspunkt für Kajak-, Boots- und Raftingtouren.

Posada Andrea Cristina, 350 m westlich der Kreuzung nach Río Frío, auf der Landstraße nach La Vírgen, Tel. & Fax: 766-6265, freundliche Familienpension inmitten eines tropischen Gartens. Besitzer Alexander Martinez (spricht auch engl.) ist ein ausgezeichneter Naturkenner und gibt sein Wissen auf interessanten Führungen durch Regenwald, Obstplantagen, med. Pflanzungen ect. gerne weiter. EZ 20 US$, DZ 35 US$.

La Quinta de Sarapiquí Lodge, am Río Sardinal, zw. Chilamate und La Vírgen, Tel. & Fax: 761-1052, saubere, gepflegte Anlage mit Restaurant, Pferde- und Fahrradverleih, EZ 65 US$, DZ 75 US$.

Boca Tapada

Für die 150 km lange Strecke von San José nach Boca Tapada müssen Sie gute 4 Stunden Fahrzeit einplanen. Das erste Teilstück führt Sie, wie nebenan beschrieben, durch abwechslungsreiche Landschaft auf der Carretera 126 über *Heredia* und *Varablanca* nach *San Miguel*. Dort fahren Sie in westlicher Richtung über *Río Cuarto* und *Venecia* bis *Aguas Zarcas* und

dann gen Norden bis *Pital*. Für die 31 km auf ungeteerter Straße über *Sahino* nach *Boca Tapada* müssen Sie 1 ½ Sunden einrechnen.

La Laguna del Lagarto Lodge, Tel.: 289-8163, Fax 289-9295, e-mail: lagarto@sol.racsa.co.cr, www.worldheadquarters.com, 6 km nördl. + 1 km östl. von Boca Tapada, nur mit Allradantrieb erreichbar (Abholung nach Vereinbarung), vorbildliche Öko-Lodge des Deutschen Vinzenz A. Schmack am *Río San Carlos,* nahe der nicaraguanischen Grenze. 500 Hektar (!) tropischer Urwald, 3 Lagunen und ein kleiner Schmetterlingsgarten gehören zur Lodge. Hier finden Sie den gleichen Artenreichtum an Flora und Fauna wie in den großen Nationalparks: Brüllaffen, Dreifinger-Faultiere, Schlangen, Warane, Alligatoren, Kolibris, Tukane, Papageien und winzige, knallrote Pfeilgiftfrösche.

In dem Paradies für Ornithologen wurden schon über 360 Vogelarten und etwa 150 verschiedene Baumarten bestimmt. Sie sehen Pfeffer-, Ananas- und Palmenplantagen und erfahren viel über tropischen Landbau. Rinder und Pferde besiedeln die sattgrünen Weiden. Sie können auf der Lagune paddeln, auf über 10 km ausgeschilderten Lehrpfaden durch den Dschungel wandern oder die Gegend auf dem Rücken eines Pferdes erkunden. Außerdem werden mehrstündige Bootsfahrten auf dem *Río San Carlos* bis zum nicaraguanischen Grenzfluß *Río San Juan* angeboten.

EZ 67 US$, DZ 98 US$ inklusive Vollpension (drei reichhaltige Mahlzeiten) und freien Kanufahrten.

Der Süden

San José - Palmar - Sierpe - Golfito - Halbinsel Osa mit Corcovado Nationalpark

Die Südroute führt Sie auf der Interamericana durch verschiedene Klimazonen bis an die panamesische Grenze. Für die bergige, 260 km lange Strecke von *San José* nach *Palmar* müssen Sie mit 6 Stunden Fahrzeit rechnen. Von dort brauchen Sie in das 85 km entfernte, ständig feucht-heiße *Golfito* nochmals 2 Stunden. Die letzten 55 km (1 ½ Stunden Fahrzeit) zur Grenzstadt *Canoas* sind touristisch nicht von Bedeutung. Die Zeiten gelten für den Bus (Alfaro, Tel.: 222-2666, tägl. 7 u. 15 Uhr, 6 US$ von San José bis Golfito) und Leihwagen gleichermaßen: Nicht die Motorkraft, sondern die Straße bestimmt die Geschwindigkeit. Pausen, die wir Ihnen dringend empfehlen, sind in der Fahrzeitberechnung nicht enthalten. *Palmar Sur, Golfito* und *Puerto Jiménez* werden auch täglich von den nationalen Fluglinien SANSA und TRAVELAIR (s. S. 101) angeflogen.
Sie verlassen San José mit vollgetanktem Wagen am frühen Vormittag über die Avenida Central und den Stadtteil San Pedro im Osten und bleiben immer auf der Carretera Nacional N 2. Kurz vor dem Ortseingang von Cartago biegt die Hauptstraße, auch Interamericana oder Panamericana genannt, scharf nach Süden ab und von nun an können Sie sich für den Rest des Tages nicht mehr verfahren. Bei Kilometer 56 erinnern Steinkreuze beidseits des Weges an Verkehrstote und mahnen zu einem defensiven Fahrstil. Mühsam windet sich die kurvenreiche Interamericana durch düstern Nebelwald auf den *Cerro de la Muerte* (Berg des Todes, 3.491 m) und wird bei Kilometer 95 zur höchsten Passstraße Costa Ricas.
Hier liegt das *Hotel La Georgina,* Tel.: 771-1299, das Ihnen anzeigt, dass Sie etwa die Hälfte der Strecke zwischen der Hauptstadt und Palmar und ein gutes Drittel der Strecke nach Golfito geschafft haben. Der beliebte Stopp für Busse und Fernfahrer verfügt neben einer schmackhaften Großküche auch über ein 20-Betten-Hotel, in dem Sie für 5 US$ pro Person eine blitzsaubere Schlafstätte finden (Geheimtipp!). Die nähere Umgebung bietet Gelegenheit zum Wandern und unter den Durchreisenden können Sie

eine Menge interessanter Charaktere beobachten.

Weiter Richtung Süden bleibt die Strecke noch viele nicht enden wollende Kilometer holprig, kurvig und unwegsam. Man wundert sich zuweilen über die zahlreichen, weitverstreuten Hütten und Häuser, in denen die *Campesinos* (Kleinbauern) fernab jeder Großstadtzivilisation ein scheinbar einsames, aber offensichtlich glückliches Dasein in vollem Einklang mit der Natur führen. Zuweilen sieht man auch ein kleines Dorf mit Kirche und einem ordentlichen Schulhaus, z.B. die *Escuela la Esa* bei Kilometer 115.

Langsam führt die Interamericana wieder bergab. An der Abzweigung zum Dorf *Buenos Aires*, mitten im größten Ananas-Anbaugebiet des Landes, bieten Straßenhändler die süßen Früchte mundgerecht zubereitet an.

Ab dem Dorf *Brujo* begleitet Sie links der Straße der mächtige *Río Grande de Térralba*. Kleine Bananen-, Öl- und Ananasplantagen wechseln mit unkultivierten Urwaldabschnitten. Jenseits des Flusses erhebt sich eine dichtbewaldete Hügelkette, deren Silhouette bei tiefstehender Sonne ein unvergessliches Bild zeichnet.

Palmar

Der *Río Grande de Térralba* teilt die Stadt in einen Nord- und einen Südteil. Tankstelle und Bushaltestelle als zentrale Treffpunkte liegen in *Palmar Norte*, der Flugplatz in *Palmar Sur*. *Palmar Norte* ist auch Verkehrsknotenpunkt für die Menschen aus Cortés, Camíbar und Sierpe sowie Umschlagplatz für deren Waren (Bananen, Reis, Kakao, Ananas). Nur hier und auf der Isla del Caño findet man riesige Steinkugeln aus präkolumbianischen Indianerkulturen, deren Bedeutung bis heute ungeklärt ist. Die Einheimischen sagen dazu *Esferas de Piedras*.

Es gibt ein paar billige Unterkünfte und Restaurants mit Wartehäuschen-Charakter. Wir empfehlen Ihnen einen Abstecher nach Sierpe.

Sierpe

Am Ortsende von *Palmar Sur* biegen Sie - vorausgesetzt Sie sind unserer Tour gefolgt und kommen aus dem Norden - rechts nach Sierpe ab. Für die 10 km auf der holprigen Schotterstraße brauchen Sie eine gute halbe Stunde. Die Fahrt führt Sie vorbei an Ölpalmen, Ka-

kaosträuchern und Reisfeldern. Zentraler Treffpunkt im Ort ist die *Pulperia Sonja*, deren Inhaberin übrigens auch ein paar Worte Deutsch spricht und einen der wenigen Telefonanschlüsse im Ort verwaltet, Tel.: 788-8111. Wer immer im weiten Einzugsgebiet des *Río Sierpe* Rang und Namen hat, kommt täglich einmal zu Sonjas begehrtem Kommunikationszentrum um Nachrichten abzuholen oder aufzugeben.

So auch der Amerikaner Mike Styles, ehemals hochdotierter Management Consultant, Zivilisations-Aussteiger und Besitzer der *Río Sierpe Lodge*. Wenn Sie seine Lodge besuchen wollen, sollten Sie sich am besten unter obengenannter Telefonnummer anmelden und Ihre Rückrufnummer hinterlassen. Falls Sie sich jedoch spontan entscheiden und spätnachmittags oder abends ankommen, übernachten Sie am besten für 28 US$ im *Hotel El Pargo Rojo* (Tel. & Fax: 788-8032) und hinterlassen bei Sonja, wo Mike Sie finden kann. Er kommt meist am frühen Vormittag in die Pulperia um einzukaufen und zu telefonieren. Schließen Sie sich ihm an und verbringen Sie ein paar faszinierende Tage in tiefster Wildnis, fernab von jeder Zivilisation:

Río Sierpe Lodge, von Sierpe aus 50 Bootsminuten oder 4 bis 5 Stunden auf dem Pferderücken, Anmeldung und Anreise siehe oben. Auf der Lodge gibt es kein Telefon und keinen Fernseher. Strom muss per Diesel-Generator erzeugt werden und steht nur abends für 2 bis 3 Stunden zur Verfügung. Ohne Einschränkung gibt´s frisches Quellwasser, Säfte, tropische Früchte und fangfrischen Fisch. Die 10 Zimmer sind einfach, die Betten hart. EZ 60 US$, DZ 95 US$ inklusive Vollpension (reichhaltige Mahlzeiten!) und Transfer ab Sierpe oder Palmar. Außerdem werden von der Lodge aus interessante Tagestouren zur Isla del Caño, Isla Violín (besonders vogelreich!) und zum Corcovado Nationalpark angeboten. Arrangements für Sportfischer, Gerätetaucher und Reiter auf Anfrage.

Weitere Lodges mit gleichem Tourenangebot gibt es in der nahen Region *Drake Bay* (Sir Francis Drake landete hier im März 1579) am Nordrand der Halbinsel Osa:

Marenco Beach & Rainforest Lodge, Tel.: 221-1594, Fax: 255-1346 (über San José).

Drake Bay Wilderness Camp, Tel. & Fax: 771-2436.

Bootsausflug zur Isla del Caño

Isla del Caño

Von der *Río Sierpe Lodge* oder ab *Drake Bay* benötigen Sie je nach Seegang 1 ½ bis 2 ½ Bootsstunden zur *Isla del Caño*. Die Insel bietet neben ein paar Kriechtieren und Vogelarten drei Besonderheiten:

1. Das ganze 300 Hektar große Terrain diente vor über 1.000 Jahren mehreren Generationen von Indianerstämmen als riesiger **Friedhof**. Die von zwei Wächtern bewohnte Insel ist übersät mit Knochenstückchen und Tonscherben. Vereinzelt sieht man hier rätselhafte Steinkugeln aus präkolumbianischer Zeit (*Esferas de piedras*).

2. Auf der Insel wächst vorwiegend der exotische, bis zu 50 m hohe **Milchbaum** (lat.: *Brosmium utile*, span.: *Baco* oder *Mastate*). Seine Blattstengel sondern eine weiße, trinkbare Milch ab, der heilsame Kräfte bei Magen- und Hautleiden nachgesagt werden. Man erkennt den Baum auch an seinen weitverzweigten, roten Wurzeln.

3. Die Insel gilt als Eldorado für Taucher und Fischer, die ihresgleichen sucht: Bis zu 15 Meter hohe **Korallentürme** werden von glasklarem Wasser umspült, in dem sich Hunderte von buntschillernden Meeresfischen tummeln. Allerdings

gibt´s auch Haie, die jedoch in dem überaus fischreichen Gewässer immer gut genährt und selten hungrig auf Menschenfleisch sind.

Nach den beeindruckenden Naturerlebnissen an der Nordwestflanke der Halbinsel Osa fahren Sie über *Sierpe* und *Palmar* per Leihwagen oder Taxi-Bus-Kombination in das etwa 2 Fahrstunden entfernte Golfito, wo schon die nächsten Abenteuer auf Sie warten.

Golfito

Die Stadt entstand und fiel mit der *United Fruit Company*. Erst im Jahre 1935 gegründet - vorher lebten hier gerade drei Indio-Familien - erlebte Golfito einen kometenhaften Aufstieg als nahezu die gesamte Bananenproduktion des Landes hierher verlegt wurde, nachdem die meisten Plantagen an der Karibikküste von der Panama-Krankheit infiziert waren. Um so tiefer stürzte die Stadt mit ihren damals 50.000 Einwohnern in Elend und Arbeitslosigkeit, als die United Fruit Company 1985 wegen steigender Zölle, Gewerkschaftsforderungen und dem drohenden Ausbruch einer neuen Bananenkrankheit schlagartig ihren Betrieb einstellte. Die derzeit in der Gegend angebaute afrikanische Ölpalme bringt nur einen Bruchteil der Bananenerträge und beschäftigt nur wenige Menschen. Auch die von der Regierung 1990 im Norden der Stadt flugs eingerichtete Freihandelszone, in der die Einheimischen alle 6 Monate steuergünstig Elektrogeräte und andere Waren im Wert bis zu 500 US$ einkaufen können, hat die Stadt bisher nicht im gewünschten Maße belebt.

Golfito (dt.: der kleine Golf) ist heute ein idyllisches Dorf. Die Bergketten, die den Golf einsäumen, halten jede Brise ab und verstärken so noch das feucht-heiße Tropenklima. Die Gegend gehört zu den wenigen, saunaähnlichen Orten dieser Erde, wo Ihnen - gerade frisch geduscht - schon nach ein paar Minuten wieder der Schweiß in Strömen vom Körper rinnt. Nicht verwunderlich also, dass das landschaftlich recht reizvoll gelegene Golfito die meisten Touristen nur wenige Tage hält. Der Ort erstreckt sich mit sporadischer Besiedelung über einen 10 km langen Küstenstreifen. Die Strecke wird häufig von Sammeltaxis *(Collectivos)* frequentiert. Jede Fahrt im Stadtgebiet kostet pauschal 200 Colónes (steigt mit US$-Kurs).

Golfito, Ortsteil Hong Kong

Die Hauptstraße verläuft entlang der ehemaligen Eisenbahnlinie. Obwohl die Gleise längst stillgelegt sind, orientieren sich die Einheimischen heute noch daran und beziffern Adressen anstelle von Hausnummern mit der Entfernungsangabe ab dem ehemaligen Verladehafen = *Kilómetro cero (0)*. Von hier ab wird südwärts gezählt.

Sofern Sie von der Interamericana kommen, biegen Sie am Ort *Río Claro* ab und finden von Süden her der Reihe nach folgende Unterkünfte:

* *La Purruja Lodge*, Kilómetro siete (7), Tel. & Fax: 775-1054, Apdo. 83, 8201 Golfito / CR, saubere Zimmer in ruhiger Lage, EZ 15 US$, DZ 20 US$, der schweizer Besitzer und Ex-Orero Walter Rosenberg kennt die Gegend um den Golfo Dulce wie kaum ein anderer und bietet auch interessante Touren an, die individuell auf die Wünsche der Teilnehmer (2-4 Personen) zugeschnitten werden können. Wir empfehlen: ***Voranmeldung***!

Hotel Gaviotas, Kilómetro tres (3), Tel.: 775-0062, Fax: 775-0544, 2 Swimmingpools, Restaurant, Bar, 21 ordentliche Zimmer mit AC und Meerblick, EZ 35 US$, DZ 45 US$.

Nördlich des Hotels (Bereich Kilómetro tres) ragen Hunderte von wellblechbedachten Pfahlbauten ins Meer. Die armselige Fischersiedlung heißt bei den Einheimischen *Hong Kong*.

Hotel Golfito, Kilómetro 1-2, Tel.: 775-0047, einfache Zimmer, EZ 8 US$, DZ 12 US$.

Hotel Delfina, Kilómetro 1-2, Tel.: 775-0043, etwas heruntergekommene Zimmer, EZ 8 US$, DZ 12 US$.

* *Hotel Melissa*, Kilómetro 1-2, Tel.: 775-0443, bei Redaktionsschluss die beste Billigunterkunft im Stadtbereich, jedoch nur 4 nette Zimmer direkt am Meer, EZ 8 US$, DZ 12 US$.

Hotel Sierra, am Flughafen, neben der Freihandelszone Mercado Libre, Tel.: 775-0666, Fax: 775-0087, etwas verkommenes Mittelklassehotel, vorwiegend von „Einkaufstouristen" belegt, die wenig Interesse haben, über den Flughafen hinauszukommen, EZ/DZ 25 US$.

Golfo Dulce Lodge, nur per pedes, Boot oder Pferd erreichbar (Abholung nach Vereinbarung), Mobil-Tel.: 735-5062, Mobil-Fax: 735-5043, sehr schöne, auf Stelzen gebaute Bungalowanlage des Schweizers Markus Gretler, Tourenangebot, Vollpension um 100 US$ pro Person.

Restaurants & Cafés

Coconut Café, Kilómetro 1-2, gegenüber des Hotels Golfito. Die Amerikaner David und Veronica betreiben diesen neuen In-Treff für Touristen, ausgezeichnetes Frühstück, geöffnet tägl. 6.30-17 Uhr.

Restaurant Río de Janeiro, Kilómetro 7. Mike ist bekannt für ausgezeichnete deutsch-ungarische Kochkünste. Gute Steaks, Spare-Ribs und andere Fleischgerichte!

Tourenanbieter

Walter Rosenberg, s. Purruja-Lodge, S. 207.

Peter & Ilona, Kilómetro 1-2, unterhalb des Hotels Delfina, Tel.: 775-1664. Der Deutsche Peter Merkle betreibt zusammen mit Ilona die Wäscherei *Lavanderia Ilona* und bietet von dort aus interessante Touren zu seriösen Preisen an.

Etwa 1,5 km südlich des Flughafens liegt der nördlichste Stadtteil Golfitos, das *Amerikanerviertel,* genauer gesagt das Viertel, in dem die Führungskräfte der United Fruit Company zur Blütezeit der Stadt gewohnt haben, mit Krankenhaus, Bank, Bushaltestelle und einem kleinen Park. Viele der schmucken Häuschen sind heute von amerikanischen *Pensionados* bewohnt.

Zwischen *Kilómetro uno* und *dos* liegt die Hauptsiedlung *Pueblo Civil* mit zahlreichen Läden, Bars, Restaurants und Hotels sowie der Anlegestelle für Passagierboote (Mole, span.: *Muelle*) und einer alten, angerosteten Lokomotive.

Die Gegend um Golfito verfügt über drei nennenswerte Strände:

Playa Cacao, gegenüber der Bootsanlegestelle der Hauptsiedlung. Überfahrt mit dem Taxiboot (400 Colónes, ca. 15 Min.) lohnt! „Früchte-Hans", ein sympathischer Lebenskünstler aus Deutschland, offeriert am Westende des Strandes günstige Übernachtungsmöglichkeiten in seinem *Camping Rancho Atlantis.*

Playa Zancudo, per Boot 15 km südlich entlang der Küstenlinie, auf dem Landweg 35 km über schlechte Straßen. Guter Badestrand mit schwarzem Sand, ein paar Billigunterkünften und Restaurants.

Playa Pavónes, ein paar Kilometer südlich von Playa Zancudo. Surferparadies mit meterhohen Wellen.

Halbinsel Osa

Die Halbinsel Osa erreichen Sie auf dem Landweg, wenn Sie auf der Strecke zwischen Río Claro und Palmar beim Dorf *Piedras Blancas* nach Westen abbiegen. Sie sollten für die Fahrt nach und für Ausflüge auf Osa über ein geländegängiges Fahrzeug verfügen. Fähr- und Taxiboote bringen Sie in rund 90 Minuten von Golfito nach Jiménez. Der Preis hängt von der Auslastung der Boote ab. Die dritte Möglichkeit ist der Luftweg. Die Cessnas von *Alfa Romeo Aero Taxi*, Tel.: 735-5178, Fax: 735-5112, bedienen die Strecke Golfito - Jiménez (Flugzeit 8 Minuten) zu passablen Preisen. Bei entsprechender Auslastung kommt ein Flug billiger als ein Taxiboot. Außerdem fliegt Sie *Alfa Romeo Aero Taxi* auch nach Carate, Sirena, Drake oder einfach mal rund um die Halbinsel.

Jiménez

Das Dorf liegt gegenüber von Golfito, auf der anderen Seite des *Golfo Dulce* und ist der größte Ort auf der Halbinsel. Direkt neben dem Flugplatz befindet sich kurioserweise der Friedhof mit seinen schnee-

Goldkauf in Puerto Jiménez

weißen, stets blumengeschmückten Steinen und ein paar Meter weiter das Flugplatzrestaurant mit Hotel:
* *Los Manglares*, Tel.: 735-5002, Fax: 735-5121, mit Bad und Ventilator, EZ/DZ 25 US$.
Beliebtester **Dorftreffpunkt:**
* *Soda La Carolina*, reichhaltiges und schmackhaftes Essen.
Gleich nebenan liegt die Bushaltestelle, ein öffentliches Telefon und die *Pulperia Mercado el Tigre*. **Geheimtipp:** Im Hinterzimmer der Pulperia gibt es das preisgünstigste Gold im Land. Hier kommen täglich die Oreros her und zahlen ihre Einkäufe mit Nuggets und Goldstaub. Die Besitzerin verkauft die meist kleinen Stückchen etwas unter dem Tageskurs. Die fettesten Brocken bekommen Sie jedoch bei *Simon*, einem Niederbayern, der mitten unter den Goldgräbern von *Dos Brazes* (in manchen Karten auch Dos Bocas) vorwiegend von Immobiliengeschäften lebt.
Die Halbinsel ist vor allem wegen des Corcovado Nationalparks und wegen ihrer Goldvorkommen bekannt.

Corcovado Nationalpark

Der 52.000 Hektar große Nationalpark ist der artenreichste des Landes. Hier finden Sie über 500 verschiedene Baumarten, darunter so seltene Gewächse wie den *Ojoche*, den *Espavel*, die *Yolillo-Palme* und den *Mastate* (Milchbaum, s. auch Isla del Caño, S. 205).

Der Park beherbergt rund 7.000 Insektenarten (darunter 150 Schmetterlingsarten), 150 Säugetier-, 120 Reptilien- und 370 Vogelarten! Ameisenbär, Boa constrictor, Brüll- und Kapuzineraffe, Jaguar, Puma, Tapir und Tukan leben hier im Einklang mit der Natur und ihren Gesetzen.

Zugang zum Corcovado Nationalpark finden Sie im Norden über *San Pedrillo* und *Los Planes,* im Osten über *Los Patos,* im Süden über *La Leona* und im Westen bei *Sirena.* Auskunft über die aktuelle Begehbarkeit des Parkes und Übernachtungsmöglichkeiten erhalten Sie bei der Parkverwaltung in Jiménez, 150 m westl. des Flughafens, an der Parallelstraße zur Landepiste (Voranmeldung s. S. 45!).

Goldgräber (Oreros)

Bis 1960 war die Halbinsel völlig unberührt. Dann begann man, an der noch am besten zugänglichen Südspitze die wertvollen Tropenhölzer zu schlagen. 1975 wurden Teile der Halbinsel unter Naturschutz gestellt. Als jedoch kurz darauf ein kiloschweres Nugget gefunden wurde, setzte der größte Goldrausch unserer Zeit ein. Über 5.000 Oreros aus aller Welt versuchten hier ihr Glück! Ende der achtziger Jahre hat die Regierung das Goldsuchen im Nationalpark verboten und die Oreros wahlweise mit Geld oder fruchtbarem Weideland am Rande des Parks abgefunden. Nach Insider-Berichten schürfen zwar die meisten Oreros nur noch an den erlaubten, aber weniger ertragreichen Randgebieten des Parks, einige aber ließen sich abfinden und gehen trotzdem in den dichten Dschungel auf die gefährliche Suche nach dem großen Glück.

Feste und Feiertage in Costa Rica

1. Januar	Neujahr
19. März	St. Josef *San José*
	Karneval in Puntarenas
Gründonnerstag	zeitgleich mit Europa
Karfreitag	zeitgleich mit Europa
Ostern	zeitgleich mit Europa
11. April	Gedenktag an die Heldentat des *Juan Santamaria* (s. S. 14)
19. April	Tag des Indianers *Diá del Indigena Costarricense*
1. Mai	Tag der Arbeit *Día del Trabajo*
15. Mai	Tag des Bauern *Día del Campesino Costarricense*
Pfingsten	zeitgleich mit Europa
Fronleichnam	zeitgleich mit Europa
29. Juni	Peter und Paul *San Pedro y San Pablo*
16. Juli	Tag der hl. Jungfrau des Meeres *Día de la Virgen del Mar*
25. Juli	Eingliederung der Halbinsel Nicoya *Anexión de Nicoya*
2. August	Tag der heiligen Jungfrau *Día de la Virgen de Los Angeles*
15. August	Muttertag *Día de la Madre*
9. September	Tag des Kindes *Día del Niño*
15. September	Unabhängigkeitstag *Día de la Independencia Nacional*
12. Oktober	Kolumbustag *Día de Colón*
31. Oktober	Halloween
8. Dezember	Mariä Empfängnis *Inmaculada Concepción*
25. Dezember	Weihnachten *Navidad*
27. Dezember	*El Tope*, Reiterparade in San José

PANAMA

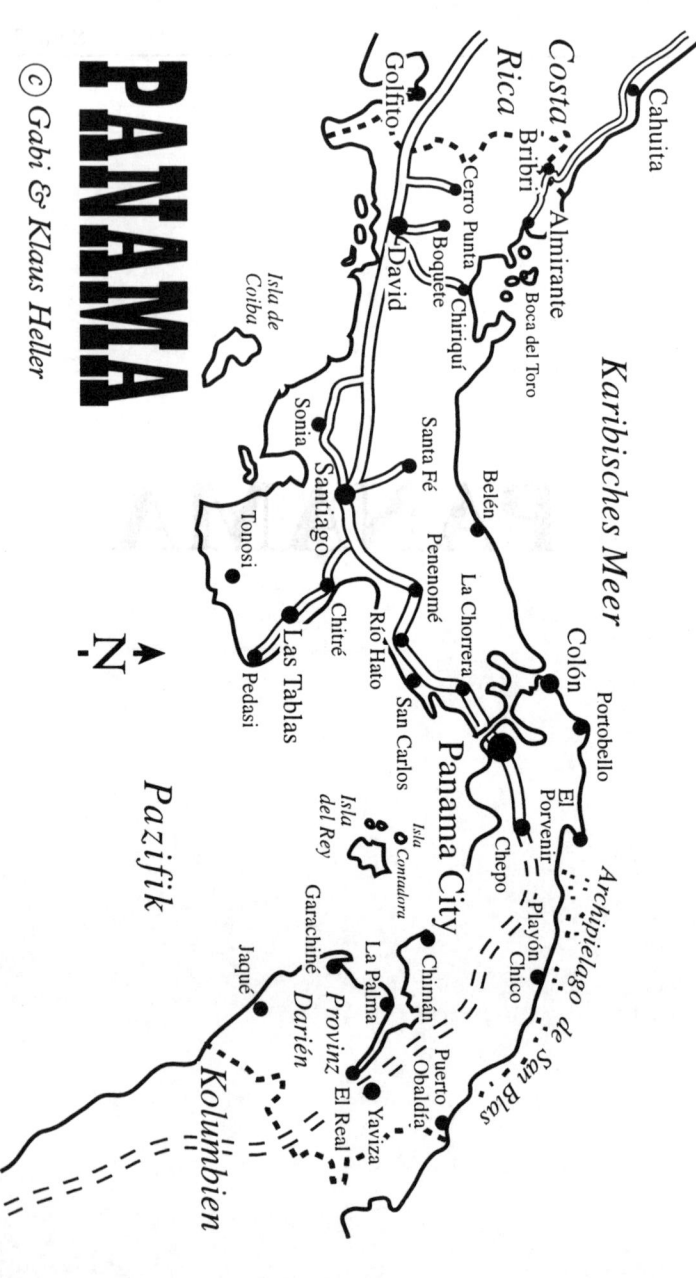

Warum nach Panamá?

Panamá ist für viele ein alter Kindheitstraum, spätestens seit Janosch´s Klassiker *„Oh wie schön ist Panama!"* Die folgenden Seiten sollen Sie dazu verführen, im Rahmen Ihrer Costa Rica-Tour einen 3- bis 14-tägigen Seitensprung zu wagen. Erleben Sie die pulsierende Finanzmetropole Panama City und die historische Altstadt Casco Viejo, sehen Sie sich den Panama-Kanal an und besuchen Sie die Kuna-Indianer auf den San Blas Inseln.

Ein weiterer Grund für eine Exkursion nach Panamá wäre die Erneuerung Ihres Touristenvisums für Costa Rica, das nach 90 Tagen abläuft und eine Reise außer Landes erfordert.

Panamá ist derzeit politisch stabil, doch die Verbrechensrate ist höher als in Costa Rica. Meiden Sie nächtliche Ausflüge in einsame Straßen und „passen Sie gut auf sich auf", wie Pfarrer Fliege zu sagen pflegt.

Die *República de Panamá* im Überblick

Fläche: 77.082 km^2 Kfz-Länderkennzeichen: PA

Einwohner: 2,5 Mio., davon in Panama City: 1,2 Mio.

Bevölkerungsdichte: 33 Ew./km^2 Regierung: präsidiale Republik

Sprache: spanisch (Amtssprache), am.-engl. (Panama City), pidgin-engl. (Karibikküste), indianische Dialekte (San Blas, Darién)

Währung: 1Balboa (nur Münzen) = 1US$ (offiz. Zahlungsmittel)

Zeitdifferenz: Panamá + 6 Std. (Sommer + 7 Std.) = MEZ

Panamá - 1 Std. = costaricanische Zeit

Stromspannung:120V (Flachstecker)   Landesvorwahl: 00507-

Export: Bananen, Garnelen, Rohzucker, Kaffee

Klima: feuchtheiß   Beste Reisezeit: Mitte Dez. - Anfang Mai

Wichtige Rufnummern und Adressen in *Panama City*

Deutsche Botschaft, Av. 4 Sur / Calle 53 Este, Tel.: 263-7733

Österreichisches Generalkonsulat, Tel.: 229-2700

Schweizer Generalkonsulat, Tel.: 261-1530

Notruf (Polizei, Rettung): 104   *Taxi:* 226-0358 (Latino)

Centro Médico Paitilla, Calle 53 / Vía Israel, Tel.: 263-6060

Dresdner Bank de Lateinamerika AG, Calle 50 y Calle 55 Este, Tel.: 206-8100, Fax: 206-8109, geöffnet Mo.-Fr. 9-15 Uhr

Einreise aus Costa Rica

Die einzige direkte *Straßenverbindung* von Costa Rica nach Panama City führt auf der *Interamericana* über die Grenzstädte Canoas (CR) / La Concepción (PA) und weiter über David und Santiago nach Panama City. Es bestehen tägl. eine Busverbindung aus San José und mehrere Busverbindungen ab Golfito (CR) über David (PA). Die Fahrzeit nach Panama City beträgt (mit Pausen) ab San José ca. 16-18 Stunden, wobei die Grenze etwa zur Halbzeit erreicht wird.

Die Straße, die in 5-10 km Abstand parallel zur Karibikküste über die Grenzstädte Sixaola (CR) / Guabito (PA) und Chanqinola nach Almirante verläuft, *endet dort.* Es besteht keinerlei Straßenverbindung ins Landesinnere oder zur Hauptstadt! Sie können entweder ab Chanquinola nach Panama City fliegen oder, wenn Sie genügend Zeit und Muße mitbringen, ab Almirante per Wassertaxi auf die Isla Colón (30 Min.) übersetzen und von Bocas del Toro nach Panama City fliegen.

Eine Alternative ist das Wassertaxi von Almirante nach Chiriquí Grande, von wo aus es wieder eine Straße ins Landesinnere, nach David, gibt.

Weitaus bequemer ist natürlich ein *Flug* von San José nach Panama City (ca. 1 Std.), zumal von der panamesischen Staatslinie *COPA* über verschiedene Reisebüros äußerst günstige Tourenpakete (Hin- und Rückflug + 3 Hotelübernachtungen schon ab 300 US$) angeboten werden. Am besten wenden Sie sich in San José an eines der Reisebüros in der Calle 3, nördlich der Av. 1, z.B.:
Viajes Receptivos S.A., San José (CR), Calle 3, zw. Av. 1 u. 3, Tel.: 233-3366, Fax: 221-9466.
Nur-Flug-Bucher gehen zu:
COPA, Av. 5, Ecke Calle 1 (s. San José Stadtplan S. 109, Nr.19), Tel.: 222-6640, Fax: 221-6798.
Bei der Ausreise aus Costa Rica sind 17 US$, bei der Ausreise aus Panamá 20 US$ *Flughafensteuer* zu bezahlen. Ein *Sammeltaxi* vom internat. Flughafen Tocumen nach Panama City (28 km) kostet ca. 20 US$.

Info + Anreise aus Europa

Für die Einreise nach Panamá bis zu 3 Monaten benötigen Deutsche, Österreicher und Schweizer nur einen Reisepass, der noch 6 Monate über den Tag des Rückreisedatums hinaus gültig sein muss.

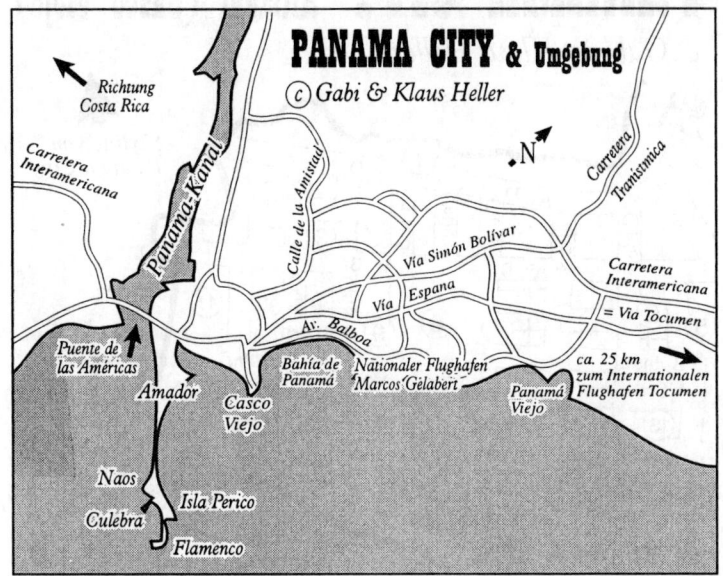

PANAMA CITY & Umgebung
© Gabi & Klaus Heller

Häckel Reisen GmbH (Panama Spezialist, Fremdenverkehrsbüro und Honorarkonsulat der Republik Panamá), Nördl. Münchner Str.31-33, D-82031 Grünwald bei München, Tel.: 089-649 3205, Fax: 089-649 2789, e-mail: mhaeckel@t-online.de

Salina Tours, Malzstr. 21, CH-8036 Zürich, Tel.:01-466 6868, Fax: 01-466 6800.

Iberia, tägl. ab Berlin, Düsseldorf, Frankfurt, Hamburg, München u. Zürich über Madrid und Miami nach Panama City; ab Stuttgart und Wien mit Übernachtung in Madrid.

Panamá City

Östlich des Zentrums ist die Ruinenenstadt *Panamá Viejo* (1519-1671) mit Mauerresten einer Kathedrale, eines Dominikaner- und eines Franziskanerklosters, des Gefängnisses, des Schlachthofs und der Großküche zu bestaunen. Der Kirchturm der Kathedrale ist am besten erhalten und heute noch das *Wahrzeichen* der Stadt.
Nachdem der berüchtigte Seeräuber Henry Morgan den Ort 1671 nahezu völlig zerstört hatte, wurde er 10 km südwestlich - dort wo heute das Altstadtviertel *Casco Viejo* liegt - in

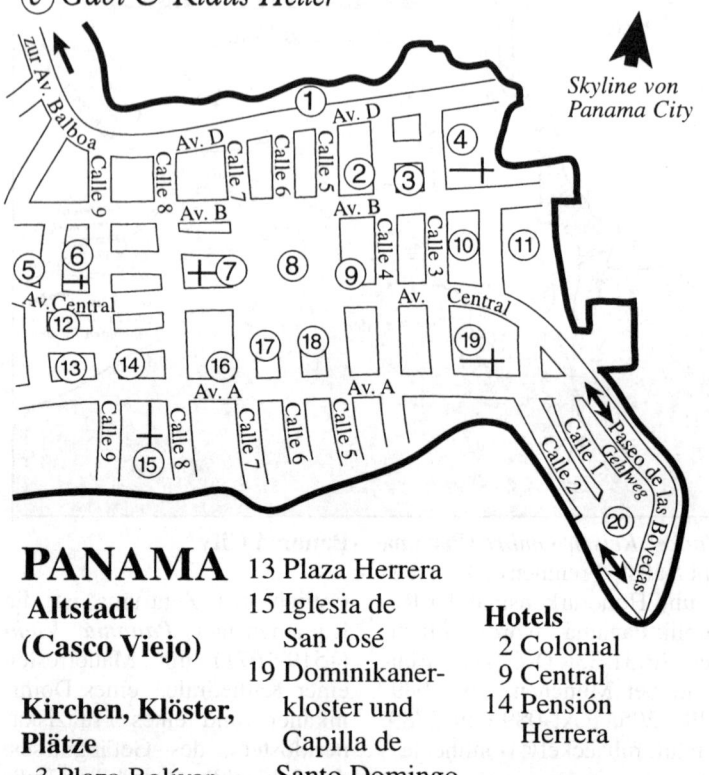

PANAMA CITY Altstadt (Casco Viejo)

© Gabi & Klaus Heller

Skyline von Panama City

PANAMA
Altstadt (Casco Viejo)

Kirchen, Klöster, Plätze
3 Plaza Bolívar
4 Franziskanerkloster und Iglesia de San Francisco
6 Iglesia de la Merced
7 La Catedral
8 Plaza Catedral
13 Plaza Herrera
15 Iglesia de San José
19 Dominikanerkloster und Capilla de Santo Domingo
20 Plaza Francia mit Obelisk

Museen, Theater
10 Nationaltheater
17 Histor. Museum
18 Museo de Canal
19 Museo de Arte Colonial

Hotels
2 Colonial
9 Central
14 Pensión Herrera

Sonstiges
1 Präsidentenpalast
5 ehemaliger Bürgermeistersitz
11 Parkplatz
12 Supermarkt
16 Ruinas de la Compania de Jesús
17 Rathaus

einer geschützten Bucht wieder neu aufgebaut. Bitte achten Sie also darauf, dass *Panamá Viejo* (altes Panama = Ruinen) und *Casco Viejo* (lebendiges Altstadtviertel) zwei verschiedene Örtlichkeiten sind.

Das *Casco Viejo* (s. Luftbild S. 190) gehört zum Stadtteil Santa Ana und ist (tagsüber!) unbedingt besuchenswert. Das Herz der Altstadt bietet die nach über 100-jähriger Bauzeit 1796 fertiggestellte *Kathedrale (7)* und die *Plaza Catedral (8,* auch *Plaza Indepedencia)*. An der Südseite des Platzes laden das *Historische Museum (17),* geöffnet Mo.-Fr. 8.30-15.30 und das *Panama-Kanal-Museum (18),* geöffnet Di.-So. 9-16 Uhr zu einem Besuch ein. Der berühmte Goldaltar der *Iglesia de San José (15)* stammt noch aus Panamá Viejo (s.o.) und wurde durch eine List gerettet.

Der schon äußerlich recht imposante *Präsidentenpalast (1)* ist auch heute noch Sitz des amtierenden Präsidenten und kann nur an Wochenenden besucht werden. Das ehemalige *Franziskanerkloster (4)* aus dem 17. Jahrhundert dient heute als Schule.

Unbedingt sehenswert ist die *Plaza Francia (20)* mit Obelisk und Büsten prominenter Persönlichkeiten aus der französi-

Aus Sicherheitsgründen raten wir, die Elendsviertel *El Chorrillo, Curundú* und *San Miguelito* generell zu meiden. Ab Einbruch der Dunkelheit sollten Sie sich nicht mehr westlich der Calle 30 Este (C 29 E, C 28 E usw.) aufhalten, dazu gehören auch die Stadtteile *Calidonia* und *Santa Ana* einschließlich der Altstadt *Casco Viejo*.

schen Kanalbauära. Von hier aus bietet sich ein Rundgang auf dem *Paseo de las Bovedas* an, der einen herrlichen Panoramablick auf die Bucht und die Skyline von Panama City bietet.

Das touristisch interessante Kerngebiet der modernen *Ciudad de Panamá (Panama City)* liegt zwischen der *Via Simón Bolívar* und der Küstenstraße *Av. Balboa,* die einerseits von der Altstadt *Casco Viejo* und andererseits von der Landzunge *Punta Paitilla* mit dem *nationalen Flughafen Marcos Gelabert* begrenzt wird. Hier konzentrieren sich Hotels, Einkaufszentren, Büro- und Bankhochhäuser, die die Skyline von Panama City zeichnen (s. Luftbild S. 189).

Das Nachtleben pulsiert auf der *Via Argentina* in der Nähe des

Universitätsviertels im Norden der Stadt.

In Panama City finden Sie auch ohne Vorreservierung Unterkünfte in allen Preisklassen:

Nuevo Hotel Discovery, Ecke Av. Justo Arosemana u. Calle Ecuador, Tel.: 225-1140, saubere Zimmer mit Bad, AC, TV, EZ/DZ 15 US$.

* *Hotel Covadonga,* Calle 29 E, Eingang zw. Av. Cuba u. Av. Perú, Tel.: 225-3998, Fax: 225-4011, sehr schöne Zimmer mit Bad, AC, TV, Telefon, EZ 25, DZ 30 US$.

Hotel Veracruz, Av. Perú Ecke Calle 30 E, Tel.: 227-3022, Fax: 227-3789, ordentliche Zimmer mit Bad, AC, TV EZ 30 US$, DZ 35 US$.

* *Gran Hotel Soloy,* Av. Perú Ecke Calle 30 E, Tel.: 227-1133, Fax: 227-3948, mit 24-Std.-Restaurant, Bar, Disco, Spielhalle, Swimmingpool am Dach, Reisebüro, 200 große, gepflegte Zimmer mit Bad, AC, TV, EZ/DZ 40 US$.

The Executive, Av. Aquilino de la Guardia, zw. Calles 51 u. 52, Tel.: 264-3333, Fax: 264-3989, altes Nobelhotel, bei dem bisher nur der Aufzug und die Empfangshalle renoviert wurden. Restaurant, Bar, Pool, AC, TV. Minibar, DZ 100 US$.

* *Hotel El Panama,* Via España, Tel.: 269-5000, Fax: 223-6080, sehr schöne, luxuriöse Anlage mit mehreren Restaurants, Cafés und Bars, großem Swimmingpool, Sauna, Fitnesscenter, Tennisplatz u. Casino, 345 geräumige Zimmer mit AC, TV, Telefon, Safe, Minibar, DZ ab 155 US$.

Miramar Intercontinental, Av. Balboa, Miramara Plaza in der Bahia de Panama, Tel.: 214-1000, Fax: 214-1004. Luxushotel mit allem was gut und teuer ist. EZ/DZ zwischen 250 US$ und 500 US$, Royal Suite 2.500 US$ pro Tag!

In der Umgebung der anfangs genannten Mittelklassehotels finden Sie jede Menge kleine, aber feine einheimische Restaurants mit preiswerter und schmackhafter Küche. Für Gourmets empfehlen wir:

* *Restaurante 1985,* Calle Eusebio A. Morales, Tel.: 263-8541. Hier verwöhnt der Schweizer Willy Diggelmann Ihren Gaumen mit täglich frischem Fisch, Steaks u. Pasta.

Frachter passieren die Miraflores-Schleusen

Der Panama-Kanal

An der Mündung des westlich der Stadt gelegenen Panama-Kanals ragen die Halbinsel *Amador* und die durch einen Damm verbundenen Inselchen *Naos, Culebra, Perico und Flamenco* ins Meer und bieten einen tollen Ausblick auf die Stadt einerseits und den Kanal andererseits. Kurz darauf verbindet eine imposante Stahlbrücke Nord- mit Südamerika. Die *Puente de Las Américas* ist 1.650 m lang, 117 m hoch und wurde 1962 dem Verkehr übergeben. Nördlich der Brücke laden auf der Ostseite des Kanals am Pier 18 *(Muelle 18)* Aus-

flugsboote zu Exkursionen ein. Die *Miraflores-Schleusen* sind der Stadt am nächsten (20 km, Taxi mit Wartezeit ca. 20 US$) und gewähren einen guten Einblick in die Schleusenvorgänge. Hier werden die Schiffe je nach Fahrtrichtung um ca. 16,5 m angehoben bzw. abgesenkt.

Der Bau des Kanals, der den Atlantik mit dem Pazifik verbindet, gelang erst im zweiten Anlauf: Im Januar 1881 erfolgte unter Leitung des französischen Ingenieurs *Ferdinand de Lesseps*, der auch den Suez-Kanal gebaut hatte, der erste Spatenstich. Doch hatte man die Kosten und Schwierigkeiten des Kanalbaus völlig unterschätzt. Nach 17 Jahren Bautätigkeit, bei der rund 20.000 Menschen durch Unfälle, Malaria und Gelbfieber starben, war die Kanalgesellschaft endgültig pleite und die Arbeiten wurden eingestellt.

Erst das Engagement der Amerikaner nach Panamas Unabhängigkeit von Kolumbien im Jahre 1903 ließ das Kanalprojekt wieder aufleben. Am 15.August 1914, kurz nach Ausbruch des 1.Weltkriegs in Europa, durchquerte schließlich das erste Schiff den Panama-Kanal.

Noch ein paar interessante Daten: Die Kanalfahrrinne zwischen den beiden Ozeanen ist 81,6 km lang, 153 m breit und 12 m tief. Die einzelnen Schleusenkammern sind 305 m lang, 35,5 m breit und 24,5 m tief. Die Bauinvestitionen der USA betrugen 427 Mio. US$.

Durchschnittlich werden 38 Schiffe pro Tag durch den Kanal geschleust, die im Schnitt je 35.000 US$ Gebühr zahlen. Die höchste Gebühr (141.345 US$) hatte die *Crown Princess* im Jahre 1993 zu entrichten, die niedrigste (0,36 US$) *Richard Halliburton,* der den Kanal 1928 durchschwamm.

Die Durchfahrtszeit beträgt 8-10 Stunden plus einer Wartezeit von ca.12 Std. vor dem Einlass.

Bei den Kuna-Indianern auf San Blas

Wer einmal einen Western gesehen oder Karl May gelesen hat, der hat auch eine ganz bestimmte Vorstellung vom Aussehen und der Lebensweise der Indianer: bronzefarbener Teint, pechschwarzes Haar, bemalte Gesichter, bunte Kleider, kunstvoller Schmuck, einfache Hütten, Trommeln, Tänze, Lagerfeuer. Doch mit ganz wenigen Ausnahmen wurden die Indianer auf dem gesamten amerikanischen Kontinent vom weißen Mann unterjocht und ihrer Tradition beraubt. In Panama finden Sie diese Ausnahmen noch: Zu den interessantesten Stämmen gehören die Kuna-Indianer, die sich immer tapfer und erfolgreich gegen eine Unterwerfung gewehrt haben, zuletzt im Kuna-Aufstand von 1925.

Das *semi-autonome Gebiet der Kuna* umfasst die *Comarca de San Blas* im Nordosten des Landes einschließlich der 369 vorgelagerten Inseln, von denen 49 bewohnt sind. Es gibt heute noch 35.000 Kunas, die sich vorwiegend von Fischfang und Landwirtschaft (Banane, Yucca, Brotfrucht, Reis) ernähren. Ein Besuch auf den Inseln ist ein unvergessliches Erlebnis. Auf Komfort sollten Sie jedoch

Kuna-Indianerinnen auf der Insel Wichubwala

verzichten können: Strom wird nur sparsam bei Bedarf erzeugt (Diesel-Generator) und Wasser holt man aus Regenwassertonnen. Da einzelne Restaurants kaum zu finden sind, ist es üblich, in den wenigen „Hotels" aus Stroh und Holz Vollpension (Seafood & Tropenfrüchte) zu buchen.

Die Kuna-Frauen stellen aus mehreren Stoffschichten farbenprächtige Bildsymbole, sog. *Molas*, her und tragen diese auf ihren Blusen oder verkaufen die kunstvollen Arbeiten an Besucher. Perlenschnüre zieren Fuß- und Handgelenke und der goldene Nasenring ist ein Statussymbol.

Vor dem Fotografieren müssen die Indianer gefragt werden. Meist verlangen sie zwischen ½ und 1 US$ pro Foto. Bitte bedenken und respektieren Sie: Die stolzen Kunas haben auf <u>ihren Inseln</u> das Sagen und der weiße Mann ist hier nur Gast! „Guten Tag" heißt in der Kuna-Sprache *„nuedi!"* und zum Abschied sagt man *„degi malo!"* Als Kuriosum fiel uns auf, dass es bei den Kunas für „Arbeit" nur ein Wort gibt, nämlich „Arbeit" (wie im Deutschen). Wir können nur darüber spekulieren, wie dieses gewichtige Wörtchen in den Sprachschatz der Kunas gelangen konnte. Eine wissenschaftliche Erklärung kennen wir nicht. Sollte ein Sprachforscher unter den Lesern des Rätsels Lösung wissen, bitten wir um Meldung an den Verlag.

AeroTaxi (Tel.:264-8644) fliegt tägl. um 6 Uhr für 60 US$ vom *nat. Flughafen Marcos Gelabert* in Panama City zur Insel *Porvenir.* Wir empfehlen, die Unterkunft mit Bootsabholung ab Porvenir vorher zu reservieren oder eine Tour zu buchen.

Hotel Porvenir, auf der Flughafeninsel Porvenir, Tel.: 299-9000, VP je nach Saison 30-50 US$ p.P.

* *Hotel San Blas,* auf Nalunega, für San Blas-Verhältnisse recht ordentliche Anlage mit Dusche und Traumstrand, VP 28 US$ p.P., Besitzer Luis Burgos spricht gut engl., Reservierung über Angelika Burgos in Panama City, Tel.: 262-5410.

Hotel Anai, auf Wichubwala, Tel.: 299-9011, VP 55 US$ p.P. für sehr einfache Unterkunft.

Divino Tours, im *Gran Hotel Soloy* (s.S.220), Tel: 225-2064, Fax: 225-4354.

Argo Tours, Tel.: 228-4348, Fax: 228-1234.

Almirante / Bocas del Toro

Die Region um *Almirante* und die vorgelagerten Inselchen in der Bucht *Bocas del Toro* im äußersten Nordwesten Panamas gewinnt zunehmend an touristischer Bedeutung. Genaugenommen ist es hauptsächlich die Kolumbusinsel *(Isla Colón)*, die mit ihren hellsandigen, palmengesäumten Stränden, üppiger Dschungelvegetation im Inneren und ein paar schönen Hotels die Besucher anlockt. Der größte Ort der Insel (mit Flughafen) heißt, genauso wie die Bucht, ebenfalls *Bocas del Toro*. Hier ging Christoph Kolumbus 1502 vor Anker. Der nächste Ort auf dem Festland ist nach seinem Titel *Almirante* - der Admiral - benannt.

* *Swan´s Key*, Tel.: 757-9090, Fax: 757-9027, schönstes Hotel auf Bocas del Toro, TV, AC, Restaur., Pool, EZ/DZ 70 US$.

Hotel Bahía, Tel.: 757-9626, Fax: 757-9692, älteres, ordentliches Haus, AC, TV, 10 Min. zum Strand, EZ/DZ ab 25 US$.

Der schmutzige Bananenverladehafen *Almirante* auf dem Festland ist allenfalls für einen halbtägigen Bootsausflug interessant.

SAN ANDRES

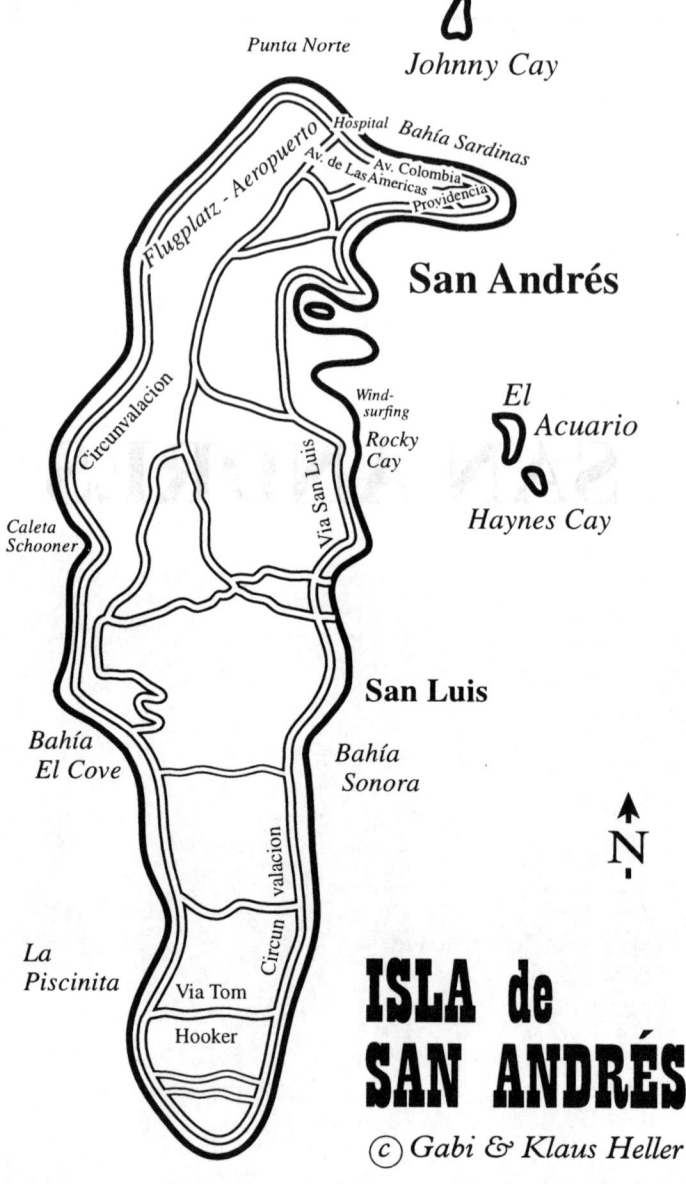

Johnny Cay

Punta Norte

Hospital Bahía Sardinas

Flugplatz - Aeropuerto

Av. Colombia

Av. de Las Americas

Providencia

San Andrés

Circunvalacion

Wind-surfing

Rocky Cay

El Acuario

Via San Luis

Haynes Cay

Caleta Schooner

San Luis

Bahía El Cove

Bahía Sonora

Circun valacion

La Piscinita

Via Tom

Hooker

ISLA de SAN ANDRÉS

ⓒ *Gabi & Klaus Heller*

Warum nach San Andrés?

Vielleicht, weil die überschaubare, kleine Insel mit den noch kleineren Nebeninselchen so typisch in das Bilderbuchklischee einer traumhaften Karibikinsel passt: Schneeweißer, feiner Sandstrand, unendlich hohe Palmen und türkisblaues Meer, soweit das Auge reicht. Dazu eine sanfte Brise, Meeresrauschen, Calypso- und Reggae-Musik. Die Isla de San Andrés, die geographisch auf der Höhe von Nicaragua liegt, politisch aber zu Kolumbien gehört, hat die höchste Bevölkerungsdichte, aber die geringste Kriminalitätsrate unter allen kolumbianischen Provinzen.

Erwarten Sie hier weder großartige Naturschauspiele noch Kulturgenüsse. Strecken Sie einfach - wie der Dicke in der Lotteriewerbung - Ihren Bauch in die Sonne, genießen Sie eine „Coco Loco" - das Hausgetränk der Insel - und lassen Sie die Seele baumeln.

Die Insel im Überblick

Fläche: 25 km^2 Einwohner: ca. 100.000
Bevölkerungsdichte: 4.000 Einwohner je km^2
Zugehörigkeit: Kolumbien   Vorwahl San Andrés: 0057-8-
Kürzeste Entfernung zu Nicaragua: ca. 200 km
                              Costa Rica: ca. 250 km
                              Kolumbien: ca. 750 km
Sprache: spanisch (Amtssprache), pidgin-engl., engl. (Hotels)
Währung: kolumbianische Pesos, 1 US$ = ca. 1.500 Pesos
Zeitdifferenz: San Andrés + 6 Std. (Sommer + 7 Std.) = MEZ
                San Andrés - 1 Std. = costaricanische Zeit
Stromspannung:110 V / 50 Hertz (Flachstecker)
Wirtschaft: Tourismus, Fischfang, Kokosnüsse
Klima: feuchtheiß, starke Passatwinde (vorwiegend Dez.-Januar)
Lufttemperatur, ganzjährig: 25-32° Celsius
Wassertemperatur, ganzjährig: 24-29° Celsius

Wichtige Rufnummern für *San Andrés-Reisende:*

Polizei: 112   *Krankenwagen:* 118
Touristeninformation, Av. Newball, Tel.: 512-4346
Deutsche Botschaft in Bogotá, Tel: 01-348-4040

Anreise und Ausreise

Ab San José (CR) bedienen die kolumbianischen Airlines SAM und AVIANCA täglich San Andrés. Günstige Tourenpakete (Hin- und Rückflug + 2 Übernachtungen ab 280 US$) bieten in San José die Reisebüros in der Calle 3, nördlich der Av. 1 an, z.B.:

Viajes Receptivos S.A., San José (CR), Calle 3, zw. Av. 1 u. 3, Tel.: 233-3366, Fax: 221-9466.

Ab Europa fliegen Sie z.Zt. am günstigsten mit BRITISH AIRWAYS und AVIANCA über Bogotá nach San Andrés.

Deutsche, Österreicher und Schweizer benötigen für den Besuch von San Andrés einen Reisepass, der noch 6 Monate über den Tag des Rückreisedatums hinaus gültig sein muss. Das bei der Einreise erteilte kolumbianische Visum (mit Touristenkarte) kostet 15 US$ und gilt 60 Tage lang.

Bei der Ausreise sind 18 US$ Flughafensteuer zu entrichten.

San Andrés und San Luis

Der Großteil der Inselbewohner lebt in der Provinzhauptstadt *San Andrés* in der Nordost-Ecke der gleichnamigen Insel. Hier finden Sie, gleich neben Flugplatz und Krankenhaus, Hotels in jeder Preisklasse, Touristeninformation, Tourenveranstalter, Fahrrad- und Vespa-Verleiher und last not least ein reges Straßenleben bis tief in die Nacht.

Der zweitgrößte Ort auf der Insel ist das langgezogene *San Luis,* etwa in der Mitte der Ostküste, eine hübsche Siedlung mit kunterbunten Holzhäuschen und ein paar kleinen Kirchen.

Hotels auf San Andrés

Hotel El Dorado, Strandpromenade Av. Colombia, San Andrés, Tel.:512-4057, Fax: 512-4056, EZ: 48 US$, DZ: 78 US$

* *Hotel De Cameron,* südl. v. San Luis, an der Bahia Sonora, Tel.: 512-7460, Fax 512-5561, schöne *All-Inclusive*-Anlage direkt am Meer, 3 Restaurants, 3 Pools, 235 Zimmer, AC, TV, Kühlschrank, um 100 US$ p.P.

Hotel Capri, Av. Costa Rica, im Zentrum v. San Andrés, Tel.: 512-4934, Fax: 512-5261.

Die schönsten Strände

Traumhafte, weiße Sandstrände finden Sie entlang der gesamten Ost- und Nordküste der Insel. Der Strand an der Nordflanke (Hauptstadt) liegt in der *Bahía Sardinas* (Sardinenbucht). Den schönsten Strand der Ostseite hat die *Bahía Sonora* (tönende Bucht) südlich von San Luis.
Die West- und Südseite ist felsig, besonders korallenreich und ein Eldorado für Taucher und Schnorchler.

Johnny Cay, El Acuario und Haynes Cay

Von der Hauptinsel aus in Sichtweite liegen die unbewohnten Inselchen *Johnny Cay, El Acuario* und *Haynes Cay*.
Johnny Cay (s. Abb. S.192) bietet den schönsten Badestrand und *El Acuario* ein paradiesisches Szenario für Schnorchler. Boote gehen von mehreren Anlegestellen der Hauptinsel immer dann ab, wenn sie voll sind. Nach *Haynes Cay* gibt es keinen Bootsverkehr. Zu diesem geschützten Inselchen dürfen Sie ab *El Acuario* schwimmen oder im meist nur bauchtiefen Wasser hinüberwaten.

Providencia und Santa Catalina

Wer auf eine gute touristische Infrastruktur verzichten kann oder will, der sollte unbedingt die nur 80 km oder 20 Flugminuten von San Andrés entfernten Inseln *Providencia* und *Santa Catalina* besuchen.
Providencia (19 km^2, ca. 5.000 Ew.) hat einen Flughafen, eine Rundstraße und mehrere bis zu 300 m hohe „Berge". In den kleinen, verstreuten Küstenorten finden Sie einfache und preiswerte Unterkünfte (ideal für Rucksacktouristen!) in familiärer Atmosphäre.
Santa Catalina (1 km^2, ca. 400 Ew.) ist vom Ort *Santa Isabel* im Norden der Insel Providencia per pedes über eine Brücke zu erreichen. Hier können Sie die Karibik ohne Boots- und Straßenverkehrslärm genießen.

Stichwortverzeichnis